Introducción a
Søren Kierkegaard;
o la teología patas arriba

Introducción a Søren Kierkegaard, o la teología patas arriba

Eliseo Pérez Álvarez

ABINGDON PRESS / Nashville

INTRODUCCIÓN A SØREN KIERKEGAARD,
O LA TEOLOGÍA PATAS ARRIBA

Derechos reservados © 2009 por Abingdon Press

Todos los derechos reservados.
Se prohíbe la reproducción de cualquier parte de este libro, sea de manera electrónica, mecánica, fotostática, por grabación o en sistema para el almacenaje y recuperación de información. Solamente se permitirá de acuerdo a las especificaciones de la ley de derechos de autor de 1976 o con permiso escrito del publicador. Solicitudes de permisos se deben pedir por escrito a Abingdon Press, 201 Eighth Avenue South, Nashville, TN 37203.

Este libro fue impreso en papel sin ácido.

A menos que se indique de otra manera, los textos bíblicos en este libro son tomados de la *Santa Biblia*, Edición de Estudio: Versión Reina-Valera 1995, Edición de Estudio, derechos reservados de autor © 1995 Sociedades Bíblicas Unidas. Usados con permiso. Todos los derechos reservados.

ISBN 978-0-687-65616-5

Library of Congress Control Number: 2009929430

Para

**Columbia Theological Seminary
Lutheran School of Theology at Chicago
København Universitet
St. Olaf College**

Por su acompañamiento solidario en mis encuentros y desencuentros en la mesa con Kierkegaard

Agradecimientos

Mi más profunda gratitud para quienes han estimulado grandemente mi palique o diálogo con Kierkegaard: mi Regina, David White, Cherie White, José Luis Velasco, Catherine Gunsalus, Justo L. González, José David Rodríguez, Marc Thomsen, Bruce Kirmmse, Hans Raun Iversen y Cynthia Lund.

La publicación de este libro se debe al apoyo económico del Rev. Dr. Gregory Villalón, Director Asociado de Vocación y Educación de la Iglesia Evangélica Luterana de América, y gurú de la educación teológica de mi gente.

Contenido

Un prólogo a manera de aperitivo 11

El Tenedor 15

1. Hijo de su lugar y de su tiempo 23
1.1 La época dorada de Dinamarca 1800-1860. Trasfondo
    económico, político y religioso 26
    1.1.1 El filisteo burgués: lo más granado de Copenhague . . . 28
    1.1.2 Nikolai Frederik S. Grundtvig (1783-1872) y
          el danés feliz: el campesinado clase mediero 30
    1.1.3 Kierkegaard y el danés triste: el campesinado
          paupérrimo 31
1.2 Geopolítica y teología 35
    1.2.1 Dinamarca y su empresa colonial 36
    1.2.2 El triángulo danés de la trata de esclavos 37
    1.2.3 Las Islas Occidentales 43
    1.2.4 La espada y la cruz: la iglesia morava 46
1.3 El Mapa filosófico 48
    1.3.1 George Wilhelm Friedrich Hegel (1770-1831) 50
    1.3.2 Ludwig Feuerbach (1804-1827) 53
    1.3.3 Karl Marx (1818-1883) 55
    1.3.4 Friedrich Engels (1820-1895) 57
    1.3.5 Friedrich Wilhelm Joseph von Schelling (1775-1854) . . . 57
    1.3.6 En la actualidad 59

2. Método teológico kierkegaardiano 69
2.1 El maestro de la sospecha ideológica 70

2.2 El maestro de la injuria narcisista: la pobreza material ... 73
2.3 El cristianismo *vs* la cristiandad: 81
    2.3.1 La iglesia: Jakob Peter Mynster (1775-1854) 83
    2.3.2 La universidad: Hans Lassen Martensen
    (1808-1884) 87
    2.3.3 El teatro real: Johan Ludvig Heiberg (1791-1860) ... 91
    2.3.4 La prensa: Meir Aron Goldschmidt (1819-1887) 95

3. Popurrí de sus escritos 101
3.1 Libros seudónimos de la comunicación mayéutica
    o indirecta 106
3.2 Libros de su autoría y de la comunicación directa 124
3.3 *Diarios y Apuntes* 132

4. Bocadillos doctrinales 137
4.1 El ser humano: unos más iguales que otros 138
4.2 El deseo mimético de apropiación 141
4.3 La pobreza y sus muchas caras 143
4.4 Los ministerios: doctores y pastores 144
4.5 El seguimiento doceta 147
4.6 ¿Qué marcas de la iglesia? 149
4.7 El becerro de oro: el ídolo mercado 150
4.8 La doctrina de la retribución temporal 151
4.9 La ataraxia o el Orden Establecido 154

5. El asalto a la cristiandad 159
5.1 Etapa de *La Patria* (*Fædrelandet*), 18 de diciembre
    de 1854 a mayo de 1855 160
5.2 Etapa de *El Instante* (*Øieblikket*), 26 de mayo a octubre
    de 1855 165
    5.2.1 Aire fresco: la cura para la enfermedad de la
        generación 166
    5.2.2 La visión piramidal de la sociedad 168
    5.2.3 El edificio y los reformistas 170
    5.2.4 La revolución interna y externa 171
    5.2.5 El jefe de bomberos y la dimensión política
        del amor 174

Para la sobremesa 181

Glosario 191

Bibliografía 195

Un prólogo a manera de aperitivo

Mucho me honra mi buen amigo Eliseo Pérez Álvarez al invitarme a prologar su libro, que no es sólo una buena introducción al Kierkegaard de que hemos leído en tantos libros, sino que también nos presenta un Kierkegaard por muchos desconocido— un Kierkegaard que no es ya el admirado y criticado, solitario y melancólico, "caballero de la fe", sino también el profeta, el denunciante de la injusticia social y de la hipocresía eclesiástica y religiosa. Es un Kierkegaard que con su vida y obra cumple su deseo infantil de ser "un tenedor". Como bien prueba el autor de este libro, Kierkegaard bien merece el título de El Tenedor. Es un Tenedor que ensarta al racionalismo hegeliano, a la inercia religiosa, a quienes hacen uso de la religión para apoyar los intereses del estado y de la élite social. Es un Tenedor que —aunque el autor no usa esa imagen— va acompañado de los afilados cuchillos del sarcasmo, la ironía, el ataque directo y la comunicación indirecta —la compleja obra seudónima con la cual Kierkegaard se propone sorprender a sus lectores, atacando sus prejuicios cuando menos se lo esperan o, como diría Pérez Álvarez, enganchándolos desprevenidos.

La metáfora culinaria aparece por todas partes en las páginas que siguen. El Tenedor no es sólo eso, sino que también es chef de cocina. Sabe sazonar el ataque con un pizca de humor, una cucharadita de sal y de vez en cuando su poquito de pimienta. Cuando por primera vez leí la famosa y enorme *Posdata acientífica* de

Kierkegaard, se me ocurrió ir marcando al margen, con lápiz rojo, cada vez que aparecía una nota de humor. Al terminar, escasamente había una página sin alguna marca roja, por pequeña que fuese. Tristemente, al recordar que Kierkegaard escribió su famoso libro *El concepto de la angustia*, frecuentemente se nos olvida que escribió también *El concepto de la ironía*.

Pero volviendo a este libro, la metáfora culinaria vale también, no solamente para Kierkegaard, sino también para Pérez Álvarez. Hay poquísimas páginas en las que no aparece su poquito de chile mexicano. Y, aparentemente para que los caribeños no nos "enchilemos", como dicen en México, hay también bastante sal—pues me dicen los expertos que el mejor remedio para quien se enchila no es un vaso de agua, sino un poco de sal. Lo que es más, por todas partes aparece el colorido, como si el autor, tras sus años de vivir en Puerto Rico, quisiera echarle también un poco de achiote a su caldo....

¡Pero cuidado, estimada lectora, querido lector! ¡Cuidado, porque lo que en este libro se nos presenta como una buena cena es mucho más que eso! Lo que aquí tenemos se me asemeja más a un restaurante-teatro—uno de esos establecimientos en los que, a la vez que nos llenan el buche, nos presentan una obra de teatro que quizá de otro modo no nos tragaríamos. En el teatro-restaurante de Pérez Álvarez, mientras nos entretenemos y deleitamos con la comida, se nos presenta una pieza teatral. La comida nos atrae; y mientras con nuestro tenedor engarzamos un exquisito bocado, con El Tenedor—Kierkegaard—Pérez Álvarez nos engancha. Demasiado bien ha aprendido mi buen amigo el arte de la comunicación indirecta de Kierkegaard. El danés engancha a sus lectores al poner en boca de autores seudónimos ideas que esos lectores no aceptarían si se les presentara directamente. El mexicano nos engancha entreteniéndonos con sus imágenes culinarias, al tiempo que nos lleva a reconocer cuánta razón tenía Kierkegaard en mucho de lo que dijo, y que mucho de lo que sucedía entonces sigue sucediendo hoy. El resultado es que los ensartados no son sólo los contemporáneos de Kierkegaard—personas como Grundtvig, Mynster, Martensen y los hegelianos de entonces—sino también los contemporáneos de Pérez Álvarez—los líderes religiosos, los intelectuales, y hasta Eliseo Pérez Álvarez y Justo L. González...

Por tanto, al leer las páginas que siguen, te sugiero que lo hagas deleitándote en la pimienta, la sal y la canela, el chile y la carne; pero que lo hagas también confesándote ensartado o ensartada por El Tenedor y por lo que aquí leerás. Hazlo además reconociendo que lo que aquí vas a leer sobre Kierkegaard no es lo mismo que leerás en ese enorme número de libros que circulan acerca de Kierkegaard. Como ampliamente demuestra Pérez Álvarez, esos libros nos presentan al Kierkegaard que todos esperamos y que a muchos nos gusta: ese Kierkegaard mitad loco y mitad soñador que nos hace pensar pero no nos hace actuar, ni nos cuestiona, ¡ni nos engancha con su tenedor! Ése fue en buena medida un Tenedor desdentado por sus intérpretes—intérpretes cuyas posturas económicas, sociales y religiosas se acercaban más a las de Grundtvig, Mynster, Martensen y los hegelianos que a las de Kierkegaard.

Pero basta de aperitivos. Pasa ahora al plato fuerte. Mastícalo. Saboréalo. Y si te indigesta un poco, no te preocupes. Tengo la sospecha de que, siguiendo a su maestro Kierkegaard, Pérez Álvarez no se propone darnos un banquete que nos haga dormir bien, sino uno que nos quite el sueño.

Justo L. González

El Tenedor

"¿Qué es lo que más te gustaría ser?" le preguntaron a Søren, el niño sentado en su acostumbrada esquina de la mesa. "Un tenedor" contestó sin ningún asomo de duda. "Para pinchar en la mesa lo que me plazca". "¿Y qué tal si te nos adelantamos?" "Entonces ¡los ensartaré a ustedes!"[1].

Fue en casa donde este niño precoz consiguió su primer apodo: "El Tenedor". De ahí vendrían en cascada otros tantos: "El Glotón", "O lo uno o lo otro", "El niño del coro", "Søren Calcetín", "El pequeño anciano", "El filósofo de los pantalones disparejos", etc., pero ninguno le hace justicia a su pensamiento picosito y penetrante como el de "El Tenedor" (*Gaflen*).

Mientras que las mesas del Norte sostienen que tenedor (*fork*) proviene del latín *furca*, los pueblos del Sur refieren su origen del latín *tenere*, es decir, sostener o asir. Este instrumento nació en la cocina (1 S 2:13) con la misión de ayudar a desmenuzar la carne en la olla. Así como "de la abundancia del corazón habla la boca", también de "lo que contenga la olla, eso sacará el cucharón", ¡o el tenedor!

En Bizancio dio el salto cualitativo a la mesa en la forma de tenedor personal con dos dientes. Una vez en Italia, el gran cocinero Leonardo Da Vinci[2] lo enriqueció añadiéndole una púa, trifurcándolo. Fue hasta fines del siglo XVIII cuando en Francia le dieron carta de naturalización, dado que en general, los europeos comían con los dedos y por servilleta usaban los paños que cubrían las mesas, sus propios vestidos o el pelaje de los perros.

En su travesía por el Atlántico, el tenedor terminó cohabitando con las culturas del maíz, cuya tortilla (*tlaxcalli* en náhuatl) hace las veces de ¡mantel, servilleta, plato, cuchara y tenedor!

El *garfo* en portugués, inspirado en los dedos de las manos, libró no pocas batallas, una de ellas contra su asociación con el tridente del mismísimo infierno, pero se impuso en la mesa a regañadientes del púlpito cristiano.

Así como este utensilio debajea o le da la vuelta a la comida, "El Tenedor" danés puso la teología patas arriba, logrando además ensartar, de una vez por todas, los saberes y sabores con el latín original, *sapere*. Así pues libro se llama el estómago del levanta muertos mondongo, menudo, pancita o callos. Y Michael Gershon titula su libro *El segundo cerebro* refiriéndose nada menos que al estómago, recordándonos que la materia gris y las vísceras son una sola masa.

En cierto sentido en esta introducción nos hemos dado licencia para colocar a Kierkegaard directamente al habla, a fin de encontrarle el gusto a su obra y de ser posible, que su teología liberadora ande de boca en boca.

Hace 18 años cuando tomé dos seminarios sobre Kierkegaard con Catherine Gunsalus y su esposo Justo González, hablaban de la necesidad de una introducción del genio danés para la comunidad hispana. Desde entonces empecé a cocinar este ensayo, a veces en la olla de presión, pero casi siempre en remojo o a fuego lento. Ahora gracias a Dios salió del horno, precisamente de cara al 200 aniversario del nacimiento de Kierkegaard este 2013. Quiera Dios que este bizcocho (de *bíz*, y *coctus*, dos veces cocido) o pastel de frutas sea como el buen vino: mientras más añoso más sabroso.

Esta merienda está preparada en clave culinaria. Pues, desde sus alusiones a la mesa y a su buen diente, Kierkegaard disipa el mito de ser un Robinson Crusoe, melancólico, asceta y melindroso o "místico" como dicen en el Caribe, para dar lugar al personaje jocoso, sociable, enamorado de la fiesta y de los manteles largos:

> … como los holandeses con sus turrones que todo mundo lame, no gracias. Mi demanda es difícil de satisfacer, porque la comida en sí misma ha de ser diseñada para despertar e incitar los antojos innombrables que la dignidad de cada comensal trae consigo. Insisto en que los frutos de la tierra estén a nuestro servicio, como si todo brotara en el mismo momento en que surja el antojo.

"El Tenedor"

> Insisto en el derroche de vino, hasta más no poder, tanto como el que tuvo Mefistófeles que hizo un hoyo en la mesa. Insisto en una luz más voluptuosa que la de los gnomos cuando levantan la montaña y sostenida con columnas, danzan en el océano de fuego. Insisto en lo que más dispare los sentidos. Insisto en esos inciensos deliciosos y refrescantes, más gloriosos que los encontrados en las *Noches de entretenimiento de Arabia*... Insisto en el incesante gorgoteo de una fuente... Insisto en un equipo de sirvientes bellos y selectos, como si estuviera sentado a la mesa de los dioses. Insisto en música para cenar, intensa y discreta e insisto en que sea mi acompañante todo el tiempo (SLW, 25).

A pesar de que la "McDonaldización" y la "Coca-colanización" están a la orden del día, los bebestibles y comestibles resisten los embates de la homogeneización del paladar. Ellos siguen siendo punto de referencia de un contexto temporal y espacial:

> A veces se explica al cristianismo especulativamente y el resultado es paganismo. En ocasiones no se sabe a ciencia cierta qué es el cristianismo. Únicamente hay que leer los catálogos de libros nuevos para ver en qué tiempos estamos viviendo. En el diario vivir, cuando oímos anunciar en la calle camarón, casi pensamos que ya es mitad del verano. Cuando anuncian coronas de hierbas, es primavera. Cuando anuncian mejillones, es invierno. Pero cuando, como sucedió el invierno pasado, anuncian en el mismo día camarones, coronas de hierbas y mejillones, estamos tentados a pensar que la vida se ha vuelto confusa y que el mundo no durará hasta la Pascua" (CUP, 1:362, 364).

En determinadas épocas y culturas es propio "cafetear" en un velorio. Circular de boca en boca el té de yerba mate durante una tertulia. "Refrescarse" con un palito puertorriqueño o un *schnaps* dinamarqués cuando te encuentras con una amistad. Celebrar la eucaristía con maví caribeño. Acompañar el almuerzo con guaraná brasileño o con una caña española. Así como lo que ingerimos está circunscrito a la geografía, análogamente la teología kierkegaardiana responde a un lugar y tiempo específicos. Él estaba muy consciente de ello, por eso en su obra no hay ningún asomo de recetas universales pues echando a perder se aprende: "Todo desarrollo es siempre dialéctico, la 'próxima generación' siempre necesitará del correctivo 'opuesto'" (Pap. X 5 A 106, 1853) (JP, 710).

El Tenedor trastoca la manera de hacer teología, la des-nortea, la des-occidentaliza, al romper con el eurocentrismo hegeliano: "Todavía no está claro desde la perspectiva de la historia mundial, el lugar que ocupa China en el proceso [hegeliano] de la historia mundial... el método admite únicamente a un chino, pero no excluye ni tan sólo a un profesor asistente alemán, especialmente a ningún prusiano, pues quien tenga la cruz empieza por bendecirse a sí mismo" (CUP, 1:50n).

Ante la filosofía hegeliana absoluta, objetiva, neutral que pululaba por toda Europa, Kierkegaard propone una teología enganchada con su terruño. Interés, del latín *inter esse,* significa "estar entre", es decir, involucrarse de lleno con algo. En ese sentido la teología de este laico luterano es interesada, toma partido, apuesta por la vida plena para todo ser humano. Engancha las instituciones sociales que le daban forma a la Dinamarca del siglo XIX: la iglesia, la universidad, la prensa y el teatro. Y lo más importante, la obra de Kierkegaard nos engancha como pueblo hispano en los Estados Unidos en nuestra misión de implantar los valores del Reino de Dios y su justicia en un contexto social injusto y cruel.

Søren Aaby Kierkegaard nació el 5 de mayo de 1813 en Copenhague, la capital de Dinamarca que hasta 1808 cada día cerraba las puertas de la ciudad amurallada y le entregaba las llaves al rey Frederick VI. Copenhague (*København*) significa literalmente puerto de compradores, o de comerciantes, pues los miércoles y sábados se ponía la plaza para regatear con ovejas, pollos, leche, bebidas espirituosas, papas, cereales, harina, paja, mantequilla, carne, saleas, y demás mercancías. Los otros días de la semana El Tenedor caminaba por la fuente de Gammeltorv donde las mujeres de Valby vendían aves de corral y huevos frescos y los comerciantes de camarón de la rivera de Gammel se quedaban roncos de tanto gritar para vender sus mariscos. Otras veces en Højbro Plads observaba a las mujeres de Amager ofreciendo a todo pulmón sus berros. En una de esas correrías cuando andaba pariendo ideas, el grito pelón de una vendedora de cerezas lo regresó a la cruda realidad[3].

Su apellido *Kierkegaard* indica su lugar de origen: una de las granjas cercanas a la iglesia del villorio de Sædding, en el corazón de Jutland. Aunque hay quienes apelan a la etimología y lo traducen como el cementerio de la iglesia, o camposanto, según se estilaba tener el camposanto adosado a los templos. *Aaby* refleja su pertenencia a la clase urbana privilegiada que estilaba tener un segundo nombre que no hacia referencia a ninguno de sus progenitores.

De cabeza grande y ligeramente inclinada hacia un lado, cubierta por un sombrero de ala ancha, ojos azules vivarachos, cabello oscuro castaño desaliñado, mejillas sumidas, cara arrugada y pálida, voz de gaviota. De cuerpo pobre, algo jorobado, hombros asimétricos, piernas de espagueti, arropado con un abrigo grueso y largo, apoyado por un bastón y con un paraguas pendiendo de su otro brazo. Con problemas de estreñimiento, de dolor en las vías urinarias, de almorranas, mareos, dolores de cabeza, vista cansada, calambres, insomnio. Kierkegaard era sin más, un esnobista (*sine nobilitate*) o excluido de la nobleza. A los 40 años ya había envejecido.

Con todo y este catálogo de achaques, El Tenedor gustaba del buen beber y comer. No era portador del "gen ahorrativo" causante de la obesidad de muchas personas. Era dado al café, vino, cerveza, jerez del caro, y el tabaco de sus pipas provenía de Venezuela de la marca Varinas. Sus puros "La paloma" y "Las tres coronas" se vendían en "cajas de muerto". Pero ahí tiró la raya. No siguió los pasos de su contemporáneo, el papa León XIII, mejor conocido como: "Su Cocantidad".

Los pobres comían pollo cuando la persona o el animal estaban enfermos. Pero el danés era adicto a la recientemente acuñada cocina *cordon bleu*. El cordón azul era el distintivo de los caballeros de la orden del Espíritu Santo, y éste de buenas a primeras se fundió con la cazuela. Kierkegaard degustaba comida gourmet: cordero salado, pato con curri, ganso rostizado, salmón, frijoles franceses, espinacas, pichón, sandía, potage o sopa la reina del invierno, consomé de res ya disponible en cubitos desde que era niño, entre otros antojos. Lo que sí es que nunca probó las tortugas de las islas caribeñas que comía Mynster[4].

Hay que decirlo. Siempre vivió en la *belle étage*, o sea, el segundo piso de sus diferentes casas y departamentos. Su guardarropa contenía sombreros, infinidad de bastones, abrigos color amarillo limón y rojo repollo, bufandas de seda, guantes, paraguas. Lo necesario para el atuendo de todo un caballero que se aprestara a salir para deambular por la calle *Strøget*, conocida como "La ruta".

Allí hacía escala en alguna de sus *conditori* o salones de té, donde ofrecían café, chocolate del maya (*chokol*), o té pero no en saquitos, pues éstos no estarían a la venta hasta el siglo XX. También había, obviamente, los panes daneses tan exquisitos, y que siguen estando en deuda con los árabes por haber introducido el molino de viento a Europa en la Edad Media.

Es un imperativo meterle el diente a la obra de Søren Aaby Kierkegaard al calor de la cultura hispana en los Estados Unidos de Norteamérica del tercer milenio. Ésta es sólo una probadita para adentrarnos en el genio vikingo y su pertinencia para nuestros días. Nada más lejos está de nosotros el querer degustar al Kierkegaard "definitivo", metido en una camisa de fuerza, hecho a imagen y semejanza nuestra. Él mismo se revolcaría en donde quiera que esté, para recordarnos que sus escritos no son un recetario para echar mano de ellos sin tomar en cuenta las culturas, lugares y tiempos tan diferentes al suyo de la Dinamarca luterana de la Época de Oro del 1800-1860.

Pero los refrigerios, botanas, aperitivos, piscolabis, entremeses, tapas, o tentempié, aunque surgen hasta ya entrado el siglo XIX, no son de poca monta. No decimos que sean "moco de pavo", porque en algunas culturas "todo lo que no mata engorda" y ¡el coral del guajolote es comida gourmet! Así también los aperitivos kierkegaardianos que aquí ofrecemos esperamos que abran el apetito para pasar al platillo fuerte de sus mismos escritos. Pues tengamos presente su crítica a la cristiandad:

> ...con el pica-pica de los aperitivos: pruebas, razones, probabilidades y símiles. Y he aquí que al final la predicación se concentra toda en los aperitivos. Es decir, se traiciona el cristianismo[5].

En el primer capítulo bregaremos con la ubicación social, económica, geopolítica y filosófica del "Sócrates nórdico". El mismo que se propuso no sacar conclusiones, sino más bien pinchar a su audiencia directamente con la necesidad de decidir por sí misma: "No vamos a especificar en términos generales en qué forma el hombre bueno utilizará la inteligencia en el mundo, pues lo que es necesario hacer puede ser totalmente diferente según el tiempo y las circunstancias" (Pap XI,2 A,31, XI,1 A 263; X,3 A,56 CN, 161).

El segundo apartado versa sobre el método teológico: las agendas ocultas al hacer teología, las afrentas narcisistas del discurso occidental, la sospecha ideológica, y demás elementos que hay que considerar en la obra del danés. Esta reflexión es necesaria dada la lectura selectiva de la que ha sido objeto su producción literaria. Son legión las introducciones que le cargan la tinta al joven Kierkegaard y disimulan al Profeta de la liberación quien lanzó su trueno contra las instituciones sociales de su tiempo productoras de la ideología de la impotencia y la dominación.

El maremagno de personas estudiosas de sus escritos han dejado a la vera del camino tanto sus *Discursos cristianos* como sus *Diarios y Apuntes* de los cuales emerge el campeón de la justicia social, encargado de despertar a la sociedad de su sueño letárgico: "Ofrecí al mundo *O lo uno o lo otro* con la mano izquierda y con la derecha los dos *Discursos Edificantes*; pero todos, o casi todos, asieron con sus diestras lo que yo sostenía con mi siniestra" (SV XIII 527, PV, 41). En este punto se apoya en Lutero para quien, con el perdón de las personas zurdas, Dios dispensa la gracia con su mano derecha, y con la izquierda su cólera. Aquí, en el tercer capítulo, presentaremos un bosquejo de las publicaciones de Kierkegaard, cuyas letras siguen impactando significativamente los terrenos de las teologías tercermundistas, la filosofía, la psicología profunda, la exégesis y la comunicación, entre otros. En el momento preciso desenmascaró los móviles del moralismo racionalista, el idealismo filosófico y los triunfalismos teológico y científico del siglo XIX. Una lectura contextualizada de los escritos del teólogo nórdico destaca sin duda una evolución de su pensamiento, pero ésta fue paulatina sin que sobresalga algún acontecimiento parteaguas espectacular. El joven conservador de la comunicación directa de sus escritos religiosos firmados con su puño y letra, y el de la comunicación indirecta de sus obras seudónimas da paso al Kierkegaard radical. Desde casi una década antes de su muerte, ocurrida en 1855, el intelectual comprometido ya articula su crítica religiosa, social, económica y política.

En la cuarta sección lo veremos en acción al suscribir la consigna de Martín Lutero de "inconfortar al confortable y confortar al inconfortado" o de poner la teología patas arriba. Concedido: el teólogo danés no articuló un sistema de doctrinas de un modo sistemático. No obstante, de ello no se sigue que no haya elaborado matizaciones importantísimas en torno al dogma cristiano. Sin pretender ser exhaustivos, y únicamente a manera de ejemplo, prepararemos un menú de algunas doctrinas en el penúltimo capítulo.

Cerraremos nuestro ensayo con los "años perdidos" de Kierkegaard, es decir, su último lustro tan poco visitado de 1850-1855. Este periodo arroja luz sobre la distinción que el danés hacía entre la cristiandad oficial vacunada contra el pobre y el cristianismo auténtico y solidario. El Kierkegaard adulto ensarta al cristianismo institucionalizado. Se abstiene de comulgar los viernes, hace un llamado público a boicotear el culto dominical. A la hora del servicio matutino Kierkegaard se exhibe en la sala de lectura de la biblioteca del Ateneo en el centro de Copenhague. Ateneo fue el trotamundos goloso de Egipto del siglo III d.C., autor de *El banquete de los sabios*. Ateneo también resucitó a Zenódoto de Éfeso, el bibliotecario de Alejandría que por el 280 a.C. luchaba por el banquete igualitario donde el pan dividido en porciones del mismo tamaño y copas de la misma medida fueran el signo de la justicia sobre la mesa.

Mediante los periódicos *La Patria y El instante* Kiekegaard convoca a toda la sociedad a abandonar la cristiandad externa que ha traicionado al cristianismo del Nuevo Testamento. Su "asalto al cristianismo" (1854-1855) nos permite ver al cristiano que denuncia el ayuntamiento entre la pobreza material y el sistema social basado en la competitividad; entre la condición privilegiada de los clérigos y la sanción divina que proporcionan a una sociedad indolente. Kierkegaard no le halla sentido a seguir curando a personas enfermas cuando todo el inmueble del hospital está contaminado. Tampoco ve cómo es posible extinguir un gran fuego con cubetas y buenas intenciones cuando ha de hacerse con el cuerpo de bomberos por delante. Kierkegaard pensó con categorías políticas al poner en tensión la revolución interna con la externa en su consigna de enganchar su época y tornarla patas arriba.

Capítulo primero
Hijo de su lugar y de su tiempo

En una ocasión cuando el maestro de alemán entró al salón de clases de Søren, encontró a sus pupilos celebrando en grande con tortas y cervezas. Frente a la amenaza de llamar al supervisor, todos a una empezaron a pedirle perdón al profesor Boy Mathiessen. Todos menos uno: Søren. Él se limitó a preguntarle: "¿También le informará al profesor Nielsen que siempre nos comportamos así en su clase?" (EK, 9). Bien pinchado, Mathiessen dejó la fiesta en paz.

Pero remontémonos un poco en nuestra historia. Michael Pedersen (1756-1838), el padre de Søren, tenía ocho hermanos y era técnicamente un esclavo de la granja del pastor local (*kierke-gaard*) en Sæding, Ringkøbing Amt, Jutland. Con el debido permiso del Estado, pudo migrar a los 11 años hacia la capital para dejar atrás la miseria de su vida pastoril. También huía de ese momento cuando maldijo a Dios por la miseria que lo rodeaba. Pero no fue sino hasta que cumplió 25 años que alcanzó la mayoría de edad, la liberación oficial de su calidad de siervo, y la ciudadanía danesa.

En Copenhague su adinerado tío Niels Andersen Seding le dio cobijo y trabajo en su mercería. Empezó desde abajo como mandadero, después como asistente y finalmente se independizó económicamente. Posteriormente expandió el ramo de su negocio incluyendo azúcar, jarabe de caña de azúcar y café provenientes de las actuales Islas Vírgenes norteamericanas. Eso pasó poco antes de que la Casa Havemeyer monopolizara la compra-venta del azúcar al nivel mundial en el siglo XIX. En esa misma centuria, tras un hongo que atacó los cafetales africanos, el grano bendito empezó a cultivarse masivamente en las Américas. Michael Pedersen también se diversificó invirtiendo en bienes raíces y especulando con bonos del banco. El platillo fuerte se lo sirvió su tío cuando al morir le heredó su fortuna. Por si fuera poco, Michael Pedersen se casó con Kirstine Nielsdatter, la hermana de su socio Mads Røyen, para apuntalar su sitio en la alta nobleza danesa. Con dicho capital, tranquilamente se retiró del mundo mercantil a los 40 años.

Su enlace con Kirstine sólo duró un año y tres meses pues falleció de pulmonía. Para ese entonces Michael Pedersen ya había embarazado a su prima y sirvienta: Ana Sørensdatter Lund. En ese entonces las viudas debían guardar luto por año antes de contraer nuevas nupcias. En contraste, para los viudos tres meses de duelo era suficiente para poder re-casarse. Así es que Ana también ascendió en la escala social, pero el contrato pre-matrimonial le negaba la parte de la herencia que le correspondía, le asignaba un salario y un presupuesto anual como empleada doméstica. Ana dio a luz a su primer hijo cincomesino Peter Christian. Søren llegó en séptimo lugar en la familia perteneciente a la primera generación de citadinos. Søren heredó de la provincia la conciencia de su origen pobre y la profunda religiosidad de los herrnhuters—mejor conocidos como moravos. Søren fue muy consentido y solapado por su madre, atrás de la cual se resguardó hasta los 15 años. Conservó y plasmó muchas de las palabras de su progenitora en sus escritos. Cuando su madre falleció él estuvo inconsolable[6]. El hecho de que no le haya dedicado ni un solo libro no significa indiferencia sino un reflejo de su época.

Søren asistió fielmente a los cultos dominicales matutinos de la catedral luterana "Nuestra Señora", y por las noches se congregaba con la comunidad morava, en un tiempo cuando los servicios religiosos duraban tres horas.

Esa época y clase social destinaba a los hijos varones a la universidad, al comercio, al mar y al banco, en ese orden. Peter Christian obtuvo su doctorado en teología en Göttingen. Niels Andreas (1809-1833) el segundo hermano, después de rebelarse contra su destino de administrar los negocios familiares, en 1832 se echó a la mar. Emigró hacia Nueva Jersey en calidad de refugiado económico. Allí falleció el 21 de septiembre del año siguiente. Dejó así truncas sus clases de español y sus ansias de hacer fortuna por sí mismo. Søren, el séptimo en la lista pero el primero en el favor de su padre, pudo seguir los pasos de su hermano mayor y se doctoró en teología; pero en Copenhague, la única universidad del país de ese tiempo. Su paso por la universidad le tomó una década. Con sólo 17 años de edad quería comerse al mundo de un bocado, pero pronto se indigestó y convirtió a la universidad en "una mesa redonda (*table d'hôte*) donde uno conoce con anticipación los huéspedes y el menú para cada día de la semana" (JSK, 9).

La vida amorosa de Kierkegaard ha sido asimismo objeto de numerosos psicologismos. Comprometido con Regina Olsen en 1840, él rompe el noviazgo en 1841, tal vez por razón de que a veces se sentía un objeto de lástima por parte de esta mujer de la clase acomodada. En una ocasión estando con ella, él rompió a llorar a lágrima viva. Regina se casó al poco tiempo y posteriormente emigró a las Indias Occidentales (hoy las Islas Vírgenes estadunidenses) donde su esposo fungió como gobernador general. Esas islas caribeñas cerraban el propio triángulo mercantil danés basado en la compra y venta de carne humana africana, materias primas americanas y armas de fuego y licores europeos.

A estas alturas de nuestra introducción, es necesario hacer una pausa para considerar lo siguiente. A pesar de la importancia de su vida y obra, Kierkegaard aún no ha sido valorado en su justa dimensión. Parte de la responsabilidad recae sobre Walter Lowrie (1868-1959), su hagiógrafo, traductor y propagador en el mundo angloparlante. Él pintó el retrato del danés huraño, melancólico crónico y burgués. El aristócrata norteamericano y pastor anglicano, durante sus 23 años de pastorado en Roma, trabó contacto con el pensamiento de Søren Kierkegaard, desconocido en habla inglesa. Lowrie aprendió el danés a los 65 años y de ahí en adelante consagró el resto de sus años a la traducción total o parcial de 15 volúmenes, es decir, más de la mitad de la obra filosófica y teológica de Kierkegaard. Asimismo, escribió dos hagiografías, las cuales crearon a Kierkegaard a imagen y semejanza de Lowrie[7]. Aunque, para ser justos con Lowrie, fue el crítico literario Georg Brandes (1842-1927) el primero que interpretó la biografía de El Tenedor desde la perspectiva psicologista, argumentando que el "terremoto" que experimentó en 1838 tenía que ver con la confesión de padre a hijo, de sus sacrílegos actos: maldecir a Dios y el adulterio. En Francia Jean Wahl diseminó la imagen del danés desesperado y angustiado. En Alemania, el protestante convertido al catolicismo, Theodor Haecker, logró algo parecido con su *La joroba de Kierkegaard*. En los Estados Unidos Bruce Kirmmse contrarresta esa lectura con la excelente aproximación histórica realizada en su *Kierkegaard en la Edad Dorada Danesa*. Pero lo que Kirmmse obvia es la conversión del dinamarqués al pobre, al hacer de Kierkegaard un liberal más de la larga cadena de intelectuales. Este investigador le da el crédito a la transición política de la monarquía absoluta a la democrática, la cual tuvo lugar en 1848-1849. La que resulta vencedora es la revolución danesa como rebote de la francesa (1789) y su tan llevada y traída cantaleta de "libertad, igualdad, fraternidad". Kirmmse señala al cambio de régimen social como providencial para el tránsito del conservadorismo al liberalismo de Kierkegaard. Pero, y éste es un pero muy importante, ¿no es ésta una forma de desacreditar a Kierkegaard? ¿No equivale a quitarle filo a El Tenedor? ¿Evolucionaron acaso simultáneamente las posturas reaccionarias del cuentista Hans Christian Andersen o del himnólogo Nikolai Frederik Grundtvig? ¿Qué tan liberadora para el pobre fue esa revolución "sin derramamiento de una sola gota de sangre"? Digamos, sin embargo, a favor de Kirmmse que nos ha prestado un gran servicio también con su libro posterior *Encuentros con Kierkegaard*, el cual es una mina rica de información aportada directamente por las personas contemporáneas del Profeta de la liberación.

Terminado este intermedio, metámosle el diente al contexto económico, geopolítico y cultural que alimentaron a El Tenedor.

1.1 La época dorada de Dinamarca 1800-1860. Trasfondo económico político y religioso

"Los intereses generales del Estado están más próximamente relacionados con el bienestar de la Compañía."

Schimmelmann

"Lo que es bueno para General Motors es bueno para Estados Unidos de América".

Wilson, 1953

"Esto ya no es un gobierno del pueblo con el pueblo y para el pueblo. Es un gobierno de las empresas, con las empresas y para las empresas[8]."

Rutherford Hayes, presidente EUA, 1876

La Edad de Oro se refiere al desarrollo de las artes y de la cultura por parte de un grupo muy selecto de la capital danesa, cuyo lema era "Dios, virtud e inmortalidad" (*Gud, Dyd og Udødelighed*). En la Copenhague de mediados del siglo XIX existía una enorme brecha entre la clase rica y la pobre. Simultáneamente había una zanja entre la ciudad y el campo y entre Dinamarca y sus colonias. Más del 90% de sus habitantes eran braceros, o trabajadores manuales, principalmente de la agricultura.

El comercio trasatlántico fue de importancia para la época dorada del país nórdico. Schimmelmann no sólo era el Ministro de Finanzas del país, también era el dueño de grandes plantaciones, traficante de esclavos y mecenas de la ilustración danesa a través de Oehlenschläger y Friedrich Schiller[9]. Oehlenschläger, nada menos que el poeta más prominente, fundó la literatura de la Edad de Oro. Era cuñado de la esposa de K. L. Rahbek, decano de la crítica literaria del siglo XVIII; y por si esto fuera poco, también era cuñado del todopoderoso A. S. Ørsted, miembro del gabinete real.

En abril de 1763 el conde Ernst von Schimmelmann, Ministro del Tesoro del gobierno danés, compró las plantaciones reales de las Islas Occidentales junto con sus esclavos para continuar el comercio con seres humanos. En 1772 el conde Henrich Carl von Schimmelmann, típico terrateniente-ausente europeo y dueño de las refinerías de Copenhague, nombró como administrador a su sobrino Ernst von Schimmelmann, el mismo que dos años después fue promovido a Gobernador General (*Generalgouvernør*). Este Schimmelmann sostenía que la raza africana era de cabeza dura, la cual únicamente podía gobernarse mediante la amenaza de castigos severos[10].

Otras figuras ligadas a la Ilustración danesa también lo fueron el comerciante Christian D. Reventlow, y el respetable Gobernador-General de St. Croix Ernst von Wanterstorff (1781-1796) quien de la gubernatura de las Indias Occidentales pasó a ocupar la dirección del Teatro Real (*Kongelige Teater*)[11].

Anders Sandøe Ørsted (1778-1860), Consejero Privado y célebre jurista, jugó un papel central en la trata de esclavos. En una fecha tan tardía como 1802, él contribuyó para la aprobación del veredicto que autorizaba exportar a un esclavo africano desde Dinamarca[12]. Asimismo tuvo mucho que ver con la nueva ley antagónica de los cimarrones: "Después de 1802 Dinamarca cerró el cielo para los fugitivos. Ese año la Suprema Corte decretó en relación con el esclavo Hans Jonathan que el suelo libre de la madre patria no le confería la libertad a los esclavos"[13]. Ørsted solía citar la ley natural además de las leyes antiguas romanas y nórdicas para legitimar la servidumbre y la esclavitud[14]. Él concluyó que en las Indias Occidentales la persona libre que asesinara a un esclavo no era culpable de la pena capital[15]. El futuro (1842) Primer Ministro de Dinamarca visitó las Islas Occidentales en 1843-1844[16]. A. S. Ørsted, hermano de H. C. Ørsted, descrubridor del electromagnetismo, fue el miembro más influyente del gabinete real durante la primera mitad del siglo XIX. Fue el fundador de la jurisprudencia danesa-noruega y quien apadrinó como obispo de Zealand a Martensen, el hijo del capitán del barco en Flensborg. No fue sino hasta diciembre de 1854, cuando Ørsted llegó al final de su vida política, que Kierkegaard emprendió su asalto a la cristiandad[17]. Aunque eso no le restó brillo a su compromiso profético: "No hubo alguien aún lejos de los confines de Dinamarca quien atacara, de la manera tan radical con que lo hizo Kierkegaard, el paradigma popular político-religioso del Estado, la iglesia y la sociedad, arriesgándolo todo, inclusive su propia existencia personal"[18].

1.1.1 El filisteo burgués: lo más granado de Copenhague

"[donde] el dinero está siempre disponible, todo es gratis" (EO, 287)

En *La enfermedad mortal*, Kierkegaard elabora un par de tipologías sociales como la del "filisteo burgués" (*Spidsborger*[19]) simbolizando al citadino clasemediero, hombre de negocios quien "constituía el grueso de la burguesía y del público letrado. Ellos no eran quienes creaban corriente de opinión, sino únicamente seguidores y consumidores de la ideología cocinada por los culturalmente superiores representantes de la Edad de Oro"[20]. En esa misma obra, Kierkegaard traza la línea entre tener y ser. Tener, o conocerce a sí mismo por lo externo, equivale a permitir "que los otros nos engañen acerca de nuestro propio ser", al convertirnos en una cifra o una copia. Por lo que es mucho más sencillo ajustarse a las convenciones sociales y mejor existir para los otros: "Pues en el mundo por lo que menos se pregunta uno es por el ser... El gran peligro de perder el ser pasa inadvertido como si no fuera nada. Cualquier otra pérdida, un brazo, una pierna, cinco dólares, la esposa, etc. se notará en seguida"[21].

En relación con el mapa social de la Edad Dorada danesa, digámoslo de una vez, el rechazo de Kierkegaard del estilo de vida clerical equivale a su crítica de toda la constelación de valores de su sociedad particular. La imagen del pastor no se reducía a la de un líder religioso. La asociación del clero con el Estado hacía de la figura pastoral un funcionario del gobierno.

Contextualicemos por ejemplo el certificado de la confirmación o profesión de fe[22]. Este documento eclesiástico era el requerimiento legal que le otorgaba al campesinado la edad adulta. Esta constancia era indispensable para contraer nupcias; para establecer una relación contractual; para ingresar a una asociación de mercaderes; para cambiar el lugar de residencia; para viajar por el país; para ingresar a la universidad; para acceder al mercado laboral.

Ahora revisemos la descripción de trabajo del pastor. Era dueño de la hacienda independiente más grande de la región. Suya era la única biblioteca de la comunidad, como nos lo recuerda el famoso cuentista Hans Chrisian Andersen, quien se inició en el mundo de la literatura gracias a las bibliotecas de dos viudas de pastores de Odense.

Los deberes pastorales incluían: recolectar impuestos; levantar censos; auxiliar en la administración del reclutamiento obligatorio o levas militares; llevar el registro parroquial de nacimientos, defunciones, bodas y confirmaciones; supervisar e inspeccionar las escuelas locales; animar las innovaciones agrícolas; supervisar el sistema de ayuda parroquial de ayuda a los pobres ejerciendo gran poder discrecional; a partir de 1841 presidía el concilio local otorgaba auto-gobierno a distritos rurales. Todo ello ¡además de sus responsabilidades pastorales!

Con este telón de fondo, cuando Kierkegaard aborda el asunto del clero tiene en mente a la figura que representa la autoridad de la corona y de la gente bien educada. El pastor legitimaba el status quo en lugar de reflejar al Jesús sufriente. Tenía la misión de justificar el orden establecido con todas las implicaciones políticas: "...el pastor pronunciaba su bendición sobre la sociedad cristiana, el Estado cristiano, donde estafaban como en el paganismo. Y lo hacían también al pagarle al 'pastor', el cual con esta marca es el más grande estafador, y ellos se estafan a sí mismos con la noción de que esto es el cristianismo" (MLW, 185).

1.1.2 Nikolai Frederik S. Grundtvig (1783-1872) y el danés feliz: el campesinado clasemediero

El consagrado himnólogo, poeta, educador, pastor, filólogo y político Grundtvig hizo su opción por el campesinado acomodado.

El rey Frederick VI mejoró considerablemente la condición del campesinado durante su reinado de 1787-1807. Innovaciones tecnológicas, programas educativos, incentivos monetarios, el consumo doméstico de papas a fin de liberar el grano para el mercado... Todo ello contribuyó al bienestar del campo pero "lo que marcó la diferencia fue el aumento del precio del 55% de los granos debido a la demanda de cereales en Inglaterra"[23]. Las reformas agrícolas reconfiguraron el mapa de los grandes terratenientes, los villorios y las propiedades dispersas. Eso explica cómo para 1807 aproximadamente el 60% de quienes tenían la tierra a concesión cambiaron su estatus a dueños propios. A pesar de la reforma agraria del rey Frederick VI, no fue sino hasta el final de la década de 1840, cuando hubo cambios en la política, que emergió "la persona común". Una nueva clase social que estaba surgiendo incluía al campesinado recientemente emancipado, además de pequeños artesanos, granjeros, sirvientes y trabajadores.

Con todo y las reformas, los jornaleros del campo permanecieron en lo más bajo de la pirámide social: "La redistribución de las concesiones y el cambio a la propiedad privada fue una opción que los más pudientes concesionarios llevaron a cabo inmediatamente; sin embargo, quienes contaban con pocas tierras y contratos de renta menos ventajosos no pudieron comprar la tierra y los forzaron a engrosar las filas de los jornaleros"[24].

Grundtvig, en sus prolongados viajes a Inglaterra, trabó contacto con las ideas religiosas de John Locke, el cual, dicho sea de paso, era miembro de la *Royal African Company* traficante de esclavos. De este Inglés tomó la idea de la tolerancia religiosa, y en 1831 propuso que en el interior de Dinamarca se permitiera a la feligresía escoger la parroquia de su predilección como solamente se estilaba en la capital del país nórdico. El ya no estar atado a la iglesia de su lugar de residencia, sin embargo, no se logró hasta el año 1855, cuando Grundtvig consiguió "soltar a cada uno" para decidir su religión como un asunto individual a "la usanza de Norte América"[25]. Desde la década de 1830 se empezó a fraguar el grundtvgianismo con Peter Christian, el hermano de Søren por delante y con la base del campesinado económicamente privilegiado. Este movimiento, como bien lo notó Søren, fue de carácter reformista permaneciendo fiel a la iglesia luterana del Estado. Ello contribuyó a neutralizar los esfuerzos metodista y bautista por el derecho a la libertad de credo. El grundtvigianismo contribuyó a la creación de los concilios parroquiales liderados por el laicado y desarrollaron así el sentido de pertenencia a la congregación. Por otro lado, este movimiento continuó en la línea de lo intocable de la propiedad privada y del individualismo económico tan apelante para la clase media.

Los hijos afortunados de la reforma de 1848, es decir, el campesinado acomodado, pronto abrazaron los intereses de los grandes terratenientes y mantuvieron a los jornaleros como reserva de mano de obra barata. Hay quienes sostienen que Kierkegaard derivaba su amor al prójimo del imperativo bíblico "amarás a tu prójimo"[26], pero ese juicio no le hace justicia a su búsqueda del Reino de Dios y su justicia unida a su rechazo del espíritu burgués[27]. El Tenedor apostó por los daneses tristes, o sea, el campesinado de hasta abajo, el cual constituía el 30% de la población danesa de mediados del siglo XIX[28]. Este segmento social fue caldo de cultivo durante la segunda mitad de ese siglo para la emigración a grande escala, muchos de los cuales terminaron en las Américas. Noruega exportó la mitad de su población. Europa expulsó 55 millones de hambrientos, pues como decía Edmund Burke, los propietarios hicieron la revolución en contra del rey y en contra de la gente pobre.

1.1.3 Kierkegaard y el danés triste: el campesinado paupérrimo

> He de otorgarle gran importancia a las redadas-del-pan que se dan este año en toda Europa. Ellas son un indicador de que la constitución europea (así como el médico habla de la constitución del ser humano) lo ha alterado todo. En el futuro tendremos disturbios internos (Pap VIII 1 A 108, 1847) (JP, 4116).

El Tenedor punzante echó su suerte con los jornaleros del campo y la gente hambrienta de la ciudad. Su experiencia personal facilitó el camino de su conversión teológica a la causa del "danés triste". Conversión (*metanoia*) es precisamente eso: la revolución de las entrañas. Poner los intestinos al revés[29].

El acento pueblerino y el atuendo de mal gusto de su padre así como la condición de sirvienta de su madre le recordaron permanentemente su origen pobre: "En honor a la verdad nunca he pretendido ser socialmente superior. Siendo yo mismo de origen pobre he amado a la gente ordinaria o lo que se conoce como la clase simple" (PV, 91). Para Kierkegaard era vital sus "duchas de gente". Conversaba regularmente con las personas de la calle incluyendo a la niñez. Él no se limitó a cierto amor ingenuo del pobre, sino que tomó partido por el pueblo oprimido: "La gente ordinaria es mi objetivo, tanto que contínuamente tengo que sostenerlo en las altas esferas del mundo culto y distinguido" (JP, X2 A48). O más directo aún: "Hacerse uno mismo literalmente uno con los más miserables...es 'demasiado' para cualquiera. La gente llora durante la hora quieta dominical pero cuando lo ve en *la realidad* suelta la risotada" (TC, 63).

El veredicto constitucional de 1848-1849 rebautizó a la iglesia del Estado como la iglesia del pueblo (*Folkekirke*). Kierkegaard no fue un reaccionario; sino un agudo observador de la realidad que le dio la bienvenida a esos cambios socio-políticos: "¿No es acaso la ley de la confusión la que gobierna los acontecimientos recientes de Europa? Quieren parar todo mediante una revolución y parar la revolución a través de una contra-revolución. Pero ¿no es acaso la contra-revolución una revolución? Y ¿a qué compararíamos una revolución si no con un mosquito insistente o molestón?" (LD, 260).

Reies López Tijerina, el lider agrarista chicano habló con lucidez en 1971: "Actualmente parecemos un grillo. ¿Qué es un grillo? El rey de los insectos; un animal pequeño, chico. Todo lo que el grillo puede hacer [es decir] 'cri, cri, cri'. Únicamente un ruido y nada más. Pero, como usted sabrá, si ese grillo se mete a la oreja de un león y rasca su interior, el león es incapaz de hacer algo. No hay nada; no hay manera de que el león use sus garras y quijadas para destruir al grillo. Mientras más se rasca el león, el grillo va más profundo[30]. Martin Luther King era del mismo espíritu justiciero:

"...hemos de ver la necesidad de contar con mosquitos no violentos a fin de crear un tipo de tensión en la sociedad que ayude a la humanidad a salir de las profundidades oscuras del prejuicio y del racismo y moverse hacia las alturas majestuosas de la comprensión y la hermandad[31].

Reies López Tijerina, Martin Luther King, Sócrates y Kierkegaard son eslabones de la cadena profética que engancha el Reino de Dios con una sociedad justa: "[fui] consagrado y dedicado por la más alta aprobación del Gobierno Divino a ser un tábano molestón, un fuete veloz en toda esta falta de espíritu, en toda esta mediocridad secularizada, cuyo parloteo ha hecho del cristianismo un sinsentido, un ente incapaz y sin espíritu, una ilusión sofocante" (JP, 6943).

Søren sacudió las estructuras políticas causantes de la pobreza económica y privilegió a los analfabetas (*Den Udannede*): "El pueblo, el grueso de la población, quien invierte la mayoría de su tiempo en buscar su sustento mediante el trabajo manual. Al pueblo sería cruel subirle los precios". Y extiende su tenedor: "No. Hay que apuntarle a la clase culta y acomodada, a la crema y nata, a la burguesía. A ella es a la que, desde los salones selectos, hay que subirle los precios" (Pap X1 A135, 1849) (JP, 236).

Otra fuente del humanismo de Kierkegaard fue su igualitarismo ontológico: "En esto consiste la humanidad: en que todo ser humano tiene la capacidad de ser espíritu. No tiene caso hacerse acompañar por cerebritos, pues frecuentemente la gente sencilla vive dentro de los linderos del espíritu mientras que el profesor vive muy alejado de él" (Pap. IX A 76, 1848) (JP, 69). De acuerdo con nuestro teólogo, delante de Dios una empleada doméstica es tan importante como el más eminente genio. Él estaba consciente de "su exagerada simpatía por el pueblo, la gente sencilla" (Pap. XI A 135, 1849) (JP, 236). Pero lo hace de cara al sistema anti-cristiano y cruel: "Quise vivir con el pueblo; me gratificaba enormemente, preocuparme, ser amistoso, tierno y atento hacia la clase social que sencillamente yace olvidada en el susodicho 'Estado cristiano'" (Pap. X, 2 A48, 1849) (JP, 6498).

El laico luterano acompañó su opción por el pueblo con la traición a su clase, renunciando a "toda ventaja de sus nexos con la cúpula social" (Pap. X3 A 13, 1850) (JP, 6611). Pues al final del camino también echa mano del testimonio bíblico: "¿cómo es posible que el evangelio, el cual es para la gente pobre, ahora sea para la élite?" (FSE, 43).

Buena observación. Kierkegaard nunca se afilió a algún partido político, pero de eso no se sigue que no haya hecho contribuciones importantes en este terreno[32], particularmente cuando hizo suya la causa de los jornaleros sin tierra. La transición de la monarquía absoluta a la democrática, sellada en la constitución del 5 de junio de 1849, trajo buenos dividendos como el que los varones de las clases pobres tuvieran acceso al voto, pero la estratificación social permaneció intacta (LD, 216, n5). La crítica social kierkegaardiana estaba arraigada en la cotidianidad y la concretez como bien lo detectara Adorno: "Muchas de sus declaraciones positivas adquieren un significado concreto, que de otra manera perderían tan pronto uno las traduce en conceptos como la sociedad correcta"[33].

Kierkegaard tomó distancia del optimismo científico de sus días al abordar los males sociales de la masificación, la anomia, el proletariado, etc. de la Europa occidental[34]. Él previó la magnitud de los acontecimientos que presenciaba su país y su continente como las redadas por el pan en más de un país. Asimismo advirtió de la explosión demográfica. En 1840 cuando había 1,450 vacas y en 1845 cuando había 126,787 habitantes en Copenhague, El Tenedor advierte: "la gente vive como sardinas en las grandes ciudades. Desde su misma niñez la persona no recibe ninguna impresión de quién es ella. En las grandes urbes a uno le impresiona más una vaca que un ser humano, en tanto que en el campo hay dos, tres o más vacas por persona; mientras que en la ciudad grande hay 1,000 personas por vaca" (Pap. VIII 2 B 87, 1847) (JP 655). Igualmente denunció a tiempo la relación que se da entre la producción en serie y la uniformización de los seres humanos: "El crimen real, el que la gente considera como el peor de todos los castigos crueles, es el de no ser como los otros" (Pap. IX A 80, 1848) (JP 70).

Pero indudablemente la contribución más importante de "El Tenedor" es el análisis profético que hace de la iglesia jerárquica sorda y ciega al clamor de la gente sencilla: "Mientras tanto existen 1,000 pastores quienes han convertido a Cristo en dinero, quienes se ganan su sustento mediante 'la verdad que sufre en el mundo' Esos pastores son o aspiran a ser caballeros de la Orden de Dinamarca, etc. Y denlo por hecho, el país entero es cristiano, y ahora convocaremos un sínodo para reformar la iglesia. ¡Oh cielos! (X 2 A 7, 1849) (JP, 4166).

Nuestro teólogo puso patas arriba a todo el sistema religioso-político orientado hacia el servicio de la gente linajuda: "la obra de Kierkegaard es el último gran intento de restaurar la religión como el instrumento supremo para la liberación de la humanidad del impacto destructivo de un orden social opresor. A través de toda su filosofía elabora una crítica poderosa a su sociedad, al denunciar cómo distorsiona y hace añicos las facultades humanas"[35].

1.2 Geopolítica y teología

> De la misma manera en que se establecen compañías para especular con la pesca de arenques, otra con la de bacalao, otra con la de ballenas, etc., así también una compañía de acciones lleva a cabo la pesca de hombres, la cual le garantiza a sus socios un dividendo de tal y tal por ciento... (AUC, 203-204).

Una introducción a la teología kierkegaardiana desde la perspectiva hispana habrá de tomar en cuenta el contexto de la metrópoli, e igualmente lo que acontece también en la periferia[36]. Pues las colonias con sus esclavos son parte integral de la historia toda y no simples apéndices[37].

Søren tenía nexos económicos y afectivos con el Caribe, donde su padre incrementó su fortuna comerciando con azúcar, café y jarabe de las Islas Occidentales danesas[38]. Regina Olsen, su ex-prometida, terminó casándose con el Gobernador-General J. F. Schlegel, y hacia esas islas partió en 1854 previa una despedida discreta con el amor de su vida.

En 1848 Carlos López de Santa Ana fue forzado a vender más de la mitad del territorio mexicano a los Estados Unidos por la irrisoria cantidad de 25 millones de dólares. Repudiado por su país, se exilió en las Islas Occidentales danesas junto con sus millones en plata mexicana[39], ampliamente usada en sus monedas, junto al níquel, bronce y cobre. El oro y la plata tenían un valor más simbólico y conmemorativo aunque las monedas en general, como instrumento comercial, no poseían un valor económico. Eran tan sólo un vehículo de explotación en el Caribe[40]. La moneda era un negocio redondo pues garantizaba una mano de obra disponible e incondicional, atada a la hacienda. Este vehículo facilitó el pago mensual mientras los ricos jineteaban el dinero. Las tiendas de raya aparecieron paralelamente a la moneda a fin de que el dinero permaneciera en la plantación, además de continuar la esclavitud mediante el endeudamiento. Allí, en St. Thomas, Seward, el Secretario de Estado de los Estados Unidos, se reunió con el ex-presidente mexicano en 1866[41].

1.2.1 Dinamarca y su empresa colonial

La Dinamarca de Kierkegaard jugó un papel importante como país colonialista. Desde 1665, con la codificación de la Ley Regia, hasta 1848-1849, esta monarquía fue "el absolutismo más ilimitado de Europa"[42]. A pesar de ello, la revolución preparó el escenario para la transición hacia un régimen popular y democrático. Desde 1493 Dinamarca gobernaba sobre Suecia, Noruega, Islandia, Groenlandia, las islas Faroe y los ducados de Holstein y Schleswig. Pero eso no fue obstáculo para que en 1493 el rey danés protestara contra el Papa y su bula donde le otorgaba a Portugal el monopolio comercial con las Islas Occidentales. Groenlandia estuvo bajo el gobierno noruego desde 1261 el cual cerró sus costas a los países extranjeros desde 1721 hasta 1950. De 1262 a 1264 Noruega se anexó Islandia, hasta su independencia en 1944. En 1380 Dinamarca se apropió de Noruega y sus satélites. En el siglo XVI Dinamarca participó al lado de Polonia-Lituania, Suecia y Rusia en la guerra contra Livonia (1558-1583). La gran Livonia incluía a Estonia, Livonia, Courtland y Oesel. Como botín de guerra Suecia se quedó con Estonia y Dinamarca con las islas Oesel hasta el siglo XVIII cuando Rusia se impuso sobre los estados bálticos. En el siglo XVII Suecia se sacudió el yugo de Dinamarca, pero los daneses incrementaron sus posesiones en otras latitudes.

Los portugueses poseyeron el monopolio en la trata de esclavos desde 1450 hasta el siglo XVII cuando se volvió en libre-para-todos. En 1620 Dinamarca adquirió Tranquebar, en la costa Coromandel de la India. De 1658 hasta 1850 la corona danesa poseyó territorios en la Costa de Oro africana hasta que los entregaron a Inglaterra. Arrancando el siglo XVII el rey Chrisian IV (1588-1648) inauguró el comercio con las Islas Occidentales dando su voto de confianza a la Regia Compañía Danesa de las Islas Occidentales. En los siguientes años Dinamarca consolidó su poder con la compra de St. Thomas,

St. Croix y St. John, en el mar Caribe, hasta que los Estados Unidos de Norteamérica terminó comprándoselas en 1917, para coronar su política expansionista en el Caribe.

1.2.2 El triángulo danés de la trata de esclavos

> Cuando un rey, por ejemplo, participa en una comida con la gente pobre, tendrá la decencia (digno de la realeza) de comer los mismos platillos, y tomar el mismo vinillo o la cerveza barata. Si no lo hace así entonces se mantendrá distante, pues caerá en la cuenta de que, después de todo, sería un insulto sentarse a la mesa con ellos sin manifestar igualdad.
>
> Eso acontece con el cristianismo. No es una doctrina acerca del Dios que adopta y ama a los pobres, los residuos, los miserables, los desafortunados. No. El cristianismo es el mismo hecho de que Dios en Cristo se solidariza con los de abajo. Pero, si no nos igualamos nosotros mismos con los pobres como Dios en Cristo lo hace, realmente estamos insultando al pobre con nuestro estilo de predicar el cristianismo. Pues, al ser usted mismo rico, poderoso y afortunado y al querer proclamar el cristianismo... es en sí un insulto para los pobres[43].

Dinamarca no sólo se lucró del triángulo del comercio de esclavos entre Europa, África y América, sino que ella misma era dueña de su propio triángulo con Tanquebar, porciones de la Costa de Oro y las Islas caribeñas. Sus posesiones ultramarinas eran modestas pero estaban estratégicamente localizadas y bien interconectadas[44]. El "descubrimiento de América" desplazó por cuatro siglos el centro comercial del mar Mediterráneo al mar Caribe: "El Mediterráneo Americano".

La bula papal de 1493 le donó a España las islas caribeñas pero ésta no pudo administrarlas por sus muchas posesiones. Cuando Dinamarca compró su tercera isla en 1733 cerró el primer siglo de colonización caribeña no española. Los vikingos llegaron tarde al reparto del Caribe pues se les adelantaron los ingleses, franceses y holandeses. No obstante, los nórdicos aprendieron la estrategia de los nuevos imperios europeos. En lugar de la "ocupación efectiva" mediante la actividad económica en las colonias a punta de la lanza militar, los daneses optaron por la "colonización por invitación". Ésta incluía la presencia numerosa de pobladores extranjeros europeos lidereados por las compañías[45]. Tanto la compañía de la India como la del Caribe desempeñaron una función clave en la modernización y en sentar las bases para la industrialización de Dinamarca[46]. Estamos de acuerdo en que dichas instituciones no se comparaban con el poderío de las potencias europeas pero ello no le quita mérito a su contribución a la economía de Dinamarca[47]. Las compañías significaron fuentes de empleo para un gran número de daneses de la metrópoli, ya sea en las embarcaciones o en las colonias. Estas organizaciones exportaban bienes, muchos de ellos manufacturados por la corona: armas de fuego, bebidas alcohólicas, hierro, textiles... Las sociedades aportaban una suma considerable de dinero recaudado por los impuestos y aranceles; tramitaban fuera de casa préstamos para la metrópoli; afianzaron los lazos comerciales con el resto de Europa; establecieron bancos y un sistema de seguros; en el siglo XVIII coronaron la misión con la fundación permanente de la bolsa de valores, la cual eclipsó la economía agraria tradicional con nuevas formas de negocios e inversiones[48].

Dinamarca importaba materia prima para procesarla[49]. Comerciaban con África y las Américas y llegaron a exportar ron de caña hasta la misma Alaska[50]. El país de Kierkegaard comerció con una gran variedad de bienes siendo el más rentable de ellas el "marfil negro", "los costales de huesos", "los bozales", "el ébano" o sea, los cuerpos humanos africanos. Hernæs, historiador económico danés, informa que en números redondos, el cálculo concerniente al comercio de la trata de esclavos es el siguiente: De 1660 a 1806 los marineros y barcos daneses como el "Patriarca Jacob", vendieron 97,850 "cabezas"[51]. Las pequeñas antillas, particularmente St. Thomas, constituyeron el "Punto Intermedio" donde los barcos negreros procedentes del África se abastecían para continuar su ruta hacia los mercados de esclavos de las Américas.

En abril de 1764, Frederik V le otorgó a St. Thomas la categoría de puerto libre para mercancías europeas o americanas. Con ello el rey danés incrementó las transacciones comerciales mediante su política de permanecer neutral durante los disturbios de la revolución de los Estados Unidos de América. Paul Erdmann Isert, el médico oficial de la flota danesa informó, el 12 de marzo de 1787, que las embarcaciones con capacidad de transportar 200 esclavos estaban sobrecargadas con 452, y contaban únicamente con 36 capataces europeos blancos para someterlos. El galeno también comunicó que tan pronto divisaron St. Croix les dieron comida de mejor calidad a los esclavos, lavaron y aceitaron sus órganos pudendos y cuerpos. Ya en la subasta obtuvieron 364,000 coronas danesas en un promedio de 750 por cada uno[52]. De acuerdo con un estudioso de la esclavonía la edad promedio oscilaba entre los 15 y los 20 años hasta principios del siglo XIX, y de 9 a 12 años cuando la abolición era inminente[53].

A Dinamarca le cabe la satisfacción de haber sido la primera potencia esclavista europea en haber abolido el comercio con seres humanos africanos. El 16 de marzo de 1792 Christian VII dio a conocer el edicto regio donde declaraba que la trata de esclavos terminaría para 1803. A pesar de ello, lo cierto es que el comercio continuó de manera clandestina hasta la segunda mitad del siglo XIX. En total tenemos como 350 años del comercio maldito[54].

Ernst Schimmelmann, el Ministro de Finanzas de Dinamarca, traficante de esclavos y dueño de una plantación inmensa de caña de azúcar[55], fundó la Comisión del Comercio de Esclavos en abril de 1764. El móvil principal de esta acción fue adelantársele a Inglaterra, quien daba muestras de querer abolir la institución de la esclavonía[56]. El rey Frederick VI y también el mayor terrateniente de Dinamarca, estaba ganando tiempo al posponer el fin de la esclavitud por más de una década. Mientras tanto, con el fin de incrementar la producción, en Dinamarca se llevó a cabo una reforma agraria otorgándole a cada campesino una parcela. En las islas caribeñas se procuró mejorar las condiciones de vida. Schimmelmann mejoró el trato a los esclavos a fin de incrementar su fertilidad[57], o tal vez siguiendo las recomendaciones de Isert de no maltratar al esclavo[58].

Según Platón, "Los esclavos tienen la inevitable tendencia de odiar a sus amos". Así también Dinamarca tenía que justificar la esclavitud como estado naval que era. El 14 de agosto de 1838 declaró: "Los africanos no han tenido ningún avance en los últimos 3,000 años de historia. No tienen capacidad de recordar y mucho menos para razonar"[59]. El 15 y 22 de diciembre de 1840 los daneses se opusieron a la construcción de una "enorme prisión" en St. Croix: "No se debe derramar sangre para compensar la incapacidad de reconciliar a los esclavos con su existencia"[60]. "La Patria" (*Fædrelandet*), el mismo periódico que usara Kierkegaard para su asalto a la cristiandad, publicó el 15 de enero de 1841: "Los africanos son humanos pero predominan las características animales en ellos"[61]. El periódico *Dansk Tidskrift* consignó su pesimismo racial en 1848 al sostener que los africanos precisan del tutelaje blanco[62]. Ese era el mismo espíritu de la institución de la encomienda española en las Américas: el papa y la corona "encomendaban" a los salvajes indígenas a los cuidados de los "civilizados" europeos.

El eurocentrismo no nació del intento de monopolizar la razón y la ciencia. Los daneses no le añadieron nada nuevo a esa mentalidad existente desde el siglo XIV. Lutero decía que un doctor romano es un burro alemán. Leibniz sostenía que el gusto por la letra K por parte de los alemanes, es por su predilección por el poder (*können*). Los alemanes no sólo tienen el gusto por la precisión conceptual, sino por el lenguaje categórico dogmático. Julian Marías, el filósofo español, agradecía a la conquista de sus ancestros el que haya una lengua que unifique a muchos pueblos de las Américas.

El mismo Hegel al opinar acerca de África muestra su racismo: "la debilidad de su psique es una de las principales razones del por qué trajeron a América a los negros como fuerza de trabajo"[63]. No así, acerca de Europa sostenía: "Los inmigrantes han traído consigo mismos lo mejor de la cultura europea, a fin de que puedan empezar una vida en América con las ventajas que en Europa fueron el fruto de miles de años de desarrollo"[64]. El filósofo alemán primero romantiza la esclavitud africana: "los negros no tienen sentimientos de arrepentimiento desde su condición de esclavitud. Después de trabajar todo el santo día, los esclavos negros tienen contentamiento, bailarán con las convulsiones más violentas la noche entera"[65]. E inmediatamente después legitima la búsqueda de riqueza y dominio: "Quienes zarpan a los mares saldrán ganando en el trayecto... arriesgarán sus vidas y propiedades. Esto les proveerá de una clase de agallas que los dotará de una conciencia individual, mayor independencia y libertad. Esta adquisición tan elevada muy por encima de su nivel, los transformará en su empresa noble y valiente... La búsqueda de riqueza, como ya ha quedado claro, se remonta a una actividad noble y valiente en tanto se dirige hacia el mar"[66].

La esclavitud dio un giro hacia el racismo primero en contra del "ser humano africano" (*homo africanis*) y posteriormente contra del "ser humano caribeño" (*homo caribensis*). Con todo y ello, la esclavitud no es el resultado del racismo sino todo lo contrario: el racismo surge de la esclavitud y de sus intereses económicos[67]. O más claro aún, la esclavitud africana fue determinante para el capitalismo europeo[68]. Las islas caribeñas danesas representaron una ganancia económica como puntos comerciales: "[En las colonias danesas] la esclavitud y el comercio negrero fue significativo para el desarrollo de la 'Madre patria'"[69]. A eso se debe el que Dinamarca tuvo acceso a la mano de obra africana e igualmente a la "esclavitud blanca". Primero a través de contratos de periodos cortos, y posteriormente con fuerza de trabajo asiática. No es gratuito el hecho de que tan pronto se declaró la libertad a África, el primer barco procedente de la India ancló en St. Croix en 1855[70].

No faltan quienes critican a Kierkegaard por su "increíble insensibilidad y ceguera frente a la institución inhumana de la esclavonía, del sistema de castas y su relación con la historia del cristianismo tanto en Europa como en América del Norte"[71]. Este juicio se inspiró en la frase de nuestro autor: "Ha quedado atrás el tiempo cuando únicamente los poderosos y prominentes eran considerados humanos; en tanto los demás eran tenidos como esclavos y servidumbre. Respecto a ello, estamos en deuda con el cristianismo" (WL, 84). Pero, contextualicemos tal aseveración. Kierkegaard estaba consciente desde temprana edad de este mal social: "Me parece como si fuera un esclavo en las galeras encadenado a la muerte. Cada vez que la vida se agita, la cadena suena y la muerte hace que todo desfallezca –*y eso acontece a cada momento*" (Pap. II A 647, 1837) (JP, 5256). En el mismo libro por el que fue criticado, el danés denuncia a la esclavitud y su contraparte, el ídolo del oro: "Porque la seriedad consiste en hacer dinero; hacer mucho dinero. No importa si ello implica vender seres humanos, en esto consiste la seriedad. Ganar grandes cantidades de dinero a través de mentiras despreciables, en esto consiste la seriedad... Dinero, dinero, en esto consiste la seriedad. De esta manera nos educan desde la más temprana infancia, iniciados en la adoración diabólica del dinero" (WL, 297).

En 1848 Kierkegaard presentía que el todopoderoso Ministro de Finanzas y comerciante de esclavos A. S. Ørsted esperaba la inminente abolición de la esclavitud africana (LD, 274). También sentía en carne propia la deshumanización de ese mal social: "Si el viajero se fija en cómo los esclavos gimen encadenados, tendrá la conciencia, se despertará su simpatía, y dará una descripción viva de lo espantoso de la esclavitud" (TA, 244).

En 1851 Kierkegaard anotó en sus *Diarios* que el comercio no se basa en la razón sino en la indiferencia. Que hay una correlación entre la economía de las plantaciones de esclavos y la incipiente economía industrial: "Aún los portugueses reconocen lo ventajoso y útil de la tolerancia en el comercio. Creo realmente que esto lo explica: las compañías que comercian y transportan, el ferrocarril, y toda la socialización terrena, están interesadas en la tolerancia. ¡Que tengan éxito!" (JSK, 429-30).

Kierkegaard se remonta hasta los primeros siglos del cristianismo. Incluye en sus *Diarios* una nota acerca de la esclavitud cuando el imperio romano adoptó la fe de Jesús: "Entonces echaron por los suelos lo que significa ser cristiano. Los ricos y poderosos, quienes querían gozar de la vida, también se hicieron cristianos. Entonces, quizá por vergüenza, ayudaron un poquito a la gente pobre y esclava". El Tenedor apuntó sus dientes hacia las contradicciones religiosas: "los cristianos ricos y poderosos algunas veces citan a Pablo en relación con la pobreza, ¡qué insolencia!" -con tal de ser consistente, el danés corrige-: "...si ser cristiano se entronca con el disfrute de la vida, entonces, mucho, mucho más ha de hacerse en pro de la gente pobre y sufriente". -A renglón seguido Kierkegaard discrimina entre cantidad y calidad-: "si el cristianismo se hubiera relacionado continuamente con lo intenso, si nadie hubiera permitido auto denominarse cristiano a menos que su vida expresara su igualdad con los miserables, entonces el cristianismo hubiera seguido siendo la sal del mundo. En lugar de ello se ha diluido espantosamente en esos millones y millones de cristianos, convirtiéndose en algo irreconocible mediante la politización evaporada" (X 4 A 541, 1852) (JP, 3201).

La agenda de Kierkegaard es la de "trabajar para los demás" específicamente por quienes viven en los márgenes de la sociedad: "Siempre he defendido que el cristianismo es realmente para el pobre, quien quizá lucha y se ensucia todo el santo día y a duras penas consigue para vivir. Entre más ventajas más difícil es llegar a ser cristiano" (JSK, 423).

1.2.3 Las Islas Occidentales

Importamos la cosa maldita; la estrechamos, empleamos nuestra habilidad y maquinaria para hacerla más encantadora tanto al ojo como al paladar. La exportamos a Leghorn y a Hamburgo, la enviamos a todas las cafeterías de Italia y Alemania. De todo ello obtenemos ganancias. Pero luego inhalamos un aire farisaico y agradecemos a Dios porque no somos como esos italianos y alemanes pecadores quienes no tienen escrúpulos al engullir el azúcar cultivado por los esclavos[72].
Lord Tomás Babington Macaulay, 1845

Esta confesión de pecados nos habla del papel que el azúcar desempeñó en las economías europeas. Su señoría con una mano apoyaba la esclavitud y las importaciones del azúcar de Brasil para refinarla y con la otra se oponía a su consumo. Era buen torero.

El príncipe Frederik VI promovió una reforma agraria significativa durante los años 1787 a 1807, la cual se tradujo en la independencia económica de muchos campesinos respecto a los terratenientes. No obstante, la situación política experimentó cambios drásticos debido a la política de neutralidad que Dinamarca asumió durante las guerras de la revolución francesa. De 1801 a 1807 florecieron los negocios comerciales entre Francia y Copenhague, pero el 16 de agosto de 1807 Inglaterra bombardeó e incendió gran parte de la ciudad capital danesa debido a su renuencia en rendirse. En 1812 Inglaterra, Suecia y Rusia le dieron otra oportunidad a Dinamarca de unírseles en contra de Napoleón, pero tampoco entonces capituló. Como consecuencia de esa diplomacia mal orientada, el mismo año en que nació Kierkegaard, en 1813 Dinamarca se declaró en banca rota. El año siguiente perdió Noruega en el congreso de Viena. Los años siguientes presenciaron el declive de la famosa industria naval vikinga. El otrora progresista y simpatizador del campesinado príncipe Frederick, ahora en su carácter de rey, durante los años 1815 al 1830, fue un autócrata cuyas decisiones políticas fueron desastrozas. En 1830 tuvo lugar el avivamiento religioso campesino, el surgimiento del movimiento liberal danés y el asunto nacional de la relación con las poblaciones de habla alemana y danesa asentadas en el sur de Jutland. Todo ello convergió en la revolución de 1848 que dio como resultado la constitución de 1849.

Inglaterra bombardeó Copenhague la primera vez en 1801 y de abril de ese año a febrero del siguiente cercaron las Islas Occidentales. En 1807 bombardearon nuevamente la capital danesa y volvieron a bloquear las islas hasta octubre de 1814. No fue sino hasta la derrota de Napoleón y con el Tratado de París que Dinamarca recuperó sus posesiones.

St. Thomas contaba con un puerto natural largo, profundo y espacioso. De 1821 a 1830 anclaron en él un promedio de 2,890 embarcaciones, con un total de 177,441 toneladas[73]. De 1841 a 1867 generó muchas ganancias como centro del tránsito. Los barcos de Europa, Sur y Norteamérica permanentemente estaban enfilados esperando su turno ya sea para alguna reparación, para cargar pasajeros, o para transportar bienes manufacturados en Dinamarca a otras partes del mundo[74]. En lugar de abastecerse de carbón en St. Lucia, o de proveerse de agua en St. John, los marineros preferían hacer una sola escala en St. Thomas con el mismo fin. Su importancia disminuyó después de 1867 reduciéndose a un puerto para reparaciones, hasta que finalmente en 1885 Barbados la sustituyó como estación de paquetería. En cualquier caso y a pesar de la mala administración de Schelegel, el rival de amores de Kierkegaard, St. Thomas era el centro de los barcos de vapor en los años 1850's.

Johan Frederik Schlegel (1817-1896) casado con Regina Olsen, la ex-prometida de Kierkegaard, no tuvo olfato político. En lugar de expandir el puerto se concentró en construir edificios públicos y céspedes; en uniformes de filigrana para el aparato burocrático; en inmaculados cuarteles militares, etc[75], como todavía se pueden apreciar hasta el día de hoy.

El mismo año de 1848 cuando nació la monarquía parlamentaria, St. Croix fue testigo de la revuelta de esclavos que conquistó la libertad para las Islas Occidentales. El 30 de agosto de 1852 el parlamento tuvo que decretar una nueva ley para las islas. Por fin, después de 120 años de colonización los isleños ahora tenían voz en el gobierno. Sin embargo, en la práctica Schlegel neutralizó su eficacia pues a partir de 1855 y durante cuatro años: "arbitrariamente no convocó al concilio colonial para sesionar, aunque se suponía que debía realizar cuatro juntas de una semana cada año"[76]. El esposo de Regina redujo el parlamento a un mero comité asesor encargado de secundar sus sueños de grandeza.

En St. Thomas todo mundo comerciaba con esclavos, incluso los prusianos. De 1685 a 1715 el Estado alemán de Brandenburgo-Prusia, a través del gran elector Frederick William I, estableció una compañía para administrar una plantación además de hacer negocios con Guinea y las Islas Occidentales[77]. La compañía tuvo negocios jugosos por 30 años usurpando las ganancias de los daneses[78].

Arnold Ruge (1802-80) el filósofo sueco que publicó una reseña de la tesis doctoral de Kierkegaard en Alemania, era de memoria corta. A mediados del siglo XIX dejó fuera a los alemanes y su comercio negrero: "¿Tú crees que los negros son seres humanos? Tú, en Alemania, probablemente lo creas porque no tienes ningún negro, pero hay mucha gente que lo niega, ellos son los que poseen negros"[79]. Ruge asimismo omitió que los prusianos dueños de esclavos eran bienvenidos en Dinamarca por el mismísimo A. S. Ørsted. Según este Ministro de Finanzas los daneses no debían tolerar la esclavitud, pero tratándose de negreros de otros países, bien podían ingresar a Dinamarca con sus esclavos y ejercer sus derechos sobre ellos[80].

St. Croix, "la reina del azúcar" es la isla que albergó a comerciantes estadunidenses famosos como Sarah Roosevelt, John Hancock y Abram Markoe quien donó su casa de Pensilvania para el lugar en los Estados Unidos de la primera casa blanca[81]. En esta isla caribeña creció Alejandro Hamilton, el primer secretario del tesoro de los Estados Unidos de América[82]. St. Croix, pequeña en tamaño, pero rica en plantaciones de azúcar, tan sólo en 1812 exportó 20,535 toneladas del preciado endulzante[83].

El azúcar se originó en el sur del Pacífico. Posteriormente viajó a China y la India. Las Cruzadas la llevaron a Europa occidental. Hasta finales del siglo XVII fue un condimento para todo tipo de carne y guisos. Dos siglos después Kierkegaard ya lo había olvidado: "que alguien descubriera la manera de preparar el asado con azúcar y siguiera llamándolo asado a la cazadora: ¿me equivocaría si dijera que esto no es asado a la cazadora?"[84]. El azúcar pasó de Europa a las Canarias y por fin llegó a Santo Domingo, aunque Hawaii ya la conocía desde el año 800 d.C[85]. El "dinero-azúcar" fue básico para la economía danesa. Las refinerías de Copenhague la procesaban y exportaban rumbo a Suecia, Inglaterra y otras partes. Un gran número de comerciantes capitalinos tenían algo que ver o con el azúcar o con la esclavitud[86]. ¿Y qué decir de los Estados

Unidos donde en el último siglo cada persona incrementó su consumo anual de 6 kgs. a 45 kgs.? y donde el maíz (*corn*) es la piedra angular (*corn-er stone*) omnipresente en unos 3,000 productos sin contar las gargantas motorizadas de cientos de millones de coches.

La historia de las especias son harina de otro costal. Nos basta con recordar el grito de los marinos europeos al pisar tierra firme: "¡Por Cristo y por las especias!".

St. Croix asimismo es importante pues allí tuvo lugar la segunda revuelta exitosa de esclavos, después de la de Haití (1791-1804). Justo en 1848 cuando surgió el parlamento monárquico en Dinamarca, el esclavo Buddoe encabezó un levantamiento el 2 y 3 de julio. El gobernador general Carl Frederick von Scholten Scholten (1784-1854) tuvo que otorgarles la libertad. Scholten dio cuenta de su negligencia en una corte de Dinamarca y finalmente, el 22 de septiembre se declaró oficialmente la independencia. Lo cierto es que fueron los esclavos quienes conquistaron su libertad aunque en el sentido estrecho de la abolición de la servidumbre: "La victoria conseguida con la mediación de la aprobación del Estado, con la excepción de la esclavitud legal, dejó intactas las estructuras de la política colonialista, incluyendo los mecanismos para administrar la ley y el orden"[87].

La mejor opción contra la esclavonía siguió siendo la cimarronería. Los amos llamaron a los esclavos prófugos marranos, es decir, cerdos salvajes o cimarrones, o sea, monos[88]. En Venezuela o la pequeña Venecia, los ricos llaman a su presidente Hugo Chávez de mono por sus raíces africanas, y el Rey Juan Carlos de España le quiere quitar el *logos*: "¿Por qué no te callas?".

1.2.4 La espada y la cruz: La iglesia morava

Durante la monarquía absoluta (1660-1849) la ciudadanía danesa era sinónimo de pertenecer a la iglesia luterana. Sólo toleró a unos cuantos reformados, católicos romanos y judíos. Era de esperarse entonces que la iglesia del Estado fracasara ante el reto de la evangelización de las Islas Occidentales de principios del siglo XVIII. Los bohemios, mejor conocidos como hermanos moravos, llenaron ese vacío y comenzaron la obra en 1732. De ahí continuaron la misión hacia Groenlandia. Desde el inicio demostraron que los esclavos se comportaban mucho mejor con su religión[89]. Esta denominación protestante también se conocía como Hernhuters debido a que la villa de Hernhut de Sajonia les ofreció cobijo. Fue allí donde organizaron el "Refugio del Señor".

Los Hernhuters llegaron a Dinamarca al final de la década de 1720 pero les tomó 10 años para establecerse en Copenhague. Michael Pedersen Kierkegaard los apoyó económicamente y con su asistencia los domingos por la tarde. La Congregación de los Hermanos (*Brødremenighed*), en todo tiempo se mantuvo bajo el manto de la iglesia del Estado. En Jutland existió el "cinturón Hernhut" que alcanzaba especialmente a la gente sencilla.

Su fundador y lider fue el Conde Nicolás Ludwig de Zinzendorf (1700-1760), egresado de la universidad de Halle, Alemania. Él básicamente se guió por dos premisas: la primacía de la vida moral sobre las formulaciones teológicas, y la contemplación de Cristo y de sus sufrimientos en la cruz. En 1739 visitó personalmente las islas caribeñas a fin de supervisar la obra religiosa entre los esclavos. La situación de éstos era miserable, con un horario desde las 5.00 a.m. hasta las 6.30 p.m. de labor ardua[90]. Por si fuera poco, la teología morava no tenía mucho que ofrecerles pues "ejerció una influencia poderosa al pedirle a los conversos que aceptaran el lugar que ocupaban en este mundo y que oraran para que la redención llegara en el próximo"[91]. Los misioneros metodistas en las Indias Occidentales inglesas seguían la misma consigna "fue por la influencia misionera que moderaron sus pasiones, se mantuvieron enfocados en sus deberes, y los libraron de pecar contra Dios al ofender las leyes de los hombres. De 1760 a 1833, es decir, por más de 70 años, nunca encontraron a algún esclavo metodista culpable de incendiario o rebelde"[92].

En la década de 1740 los moravos establecieron la primera estación misionera en San Juan, siempre alineados con los luteranos, católico-romanos, reformados holandeses, anglicanos y metodistas al ser también dueños de esclavos personales. El clero en general era un instrumento de control social que predicaba el deber de la servidumbre, la resignación y la humildad[93].

Es precisamente en este contexto donde El Tenedor articula su crítica profética a la cristiandad, ensartando cautelosamente sólo al luteranismo y catolicismo romano, pues ambas tradiciones tenían mucho en común[94]. Divergían más respecto a la ética económica en los diferentes niveles del desarrollo del capitalismo de los imperios, que en relación a su sistema doctrinal.

1.3 El mapa filosófico

Fue en la Escuela Metropolitana donde el profesor de la disciplina de hierro Michael Nielsen examinó a su grupo acerca de la Batalla de Salamina (ca. 500 a.C.) cuando los griegos derrotaron a los persas. El primero en la lista era el hermano mayor de Søren, Peter Christian y la pregunta rezaba: "¿Estuviste tú ahí en la Batalla de Salamina?" El futuro obispo contestó que no y recibió a cambio un cocotazo en la cabeza. Peter Ravn vino en segundo término y contestó afirmativamente. ¿Te dio permiso tu padre? continuó inquiriendo el profesor. Ante el no del estudiante, le administró el mismo castigo. Le tocó el turno a Søren: "¿Estuviste ahí, en la Batalla de Salamina?" "¡Sí! estuve presente en espíritu, Señor Profesor", fue su respuesta. El maestro estricto sonrió, lo tomó de la barbilla y le confesó: "Tú serás para mí una fuente de felicidad y honor". El Tenedor atrapó a su atrapador.

Dinamarca llegó tarde al periodo de la industrialización. No fue sino hasta 1847, 22 años después de su invención, que conoció el ferrocarril y hasta esa década que accedió a la energía a base de vapor. Los años 1830-1832 trajeron cambios políticos sustanciales a Francia, Inglaterra y Bélgica. Las clases pobres trabajadoras organizaron una fuerza revolucionaria, derrotaron a los aristócratas burgueses y "dejaron al descubierto el poder transformador y el gran impacto del capitalismo industrial"[95].

En Alemania el ambiente para la reflexión teológica y filosófica fue más o menos favorable hasta el año 1840. Karl Freiherr Von Stein zum Altenstein, el Ministro de Culto Público, personaje clave de la administración prusiana, simpatizó mucho con la ilustración alemana. Por si fuera poco, el rey Frederick William III, aunque era reaccionario, proveyó un espacio de libertad a los intelectuales con la condición de que no interfirieran con el Estado prusiano. Altenstein logró colocar a Jorge Andrés Gabler en la cátedra Hegel de filosofía en la universidad de Berlín, la cual permaneció vacante por mucho tiempo. Y en el año de 1835 vio nacer una rama hegeliana nueva: los jóvenes hegelianos, o de izquierda.

Pero en 1840 "se cebó el caldo". Johann Albrecht Friedrich Eichorn ascendió a Ministro Prusiano del Ministerio Público. Y para acabarla de arruinar, Frederick William IV dejó atrás la política de tolerancia y consideró la crítica a la religión como un ataque directo a la monarquía. El ideal del nuevo monarca fue "el Estado cristiano" y su guerra contra todo lo que oliera a hegelianismo[96].

Kierkegaard inicialmente trabó contacto con el pensamiento de Hegel a través de fuentes de segunda mano, pero pronto se familiarizó con los escritos directos del filósofo alemán[97]. "El Tenedor" respetó al "Maestro Hegel", aprendió y conservó mucho de él aunque nunca se consideró su discípulo. No se concebía a sí mismo como alguno de esos hegelianos con tres estómagos que rumiaban y rumiaban el bolo alimenticio del genio alemán[98].

Rechazaba la idea de que "el sistema" hegeliano pudiera, con la presunción de ser un conocimiento omniabarcante, reducir la fe al acto cognitivo. Ante el panorama intelectual que predicaba que el conocimiento especulativo accedía a la verdad mediante conceptos claros y rigurosos, y que la religión lo hacía a través de la narrativa, Kierkegaard apuesta por esta última. Para él "El contar historias es un formato que ha de utilizarse como un arma en contra del sistema"[99].

Precisamente en relación con el "sistema" Kierkegaard preparó una ensalada de géneros literarios: aforismos, eufemismos, parábolas, fábulas, cuentos, historias cortas, anécdotas, alegorías, historietas, prefacios, oraciones, sermones, diarios, reseñas críticas, ensayos, novelas...[100].

Søren se inició en la filosofía de Hegel durante sus primeros años de estudios en la Universidad de Copenhague. Temprano en 1834 leyó *Doctrina fundamental de la dogmática cristiana como ciencia* (*Grundlehren der christlichen Dogmatik als Wissenschaft*)[101], del más prestigioso de los discípulos de Hegel: Philipp Konrad Marheineke (1780-1846). Con mucha probabilidad lo escuchó por vez primera en 1836, cuando Marheineke visitó la Universidad de Copenhague en el marco de la celebración del tercer centenario de la Reforma Protestante en Dinamarca[102]. Además de ello, *La historia de la Reforma*, de la pluma de Marheineke, fue el primer libro que Kierkegaard reseñó en sus días de estudiante (Pap. I C i). En 1841, tan pronto rompió con Regina, viajó a Berlín en plan de estudios y nos cuenta: "Ya empecé a escuchar conferencias. Oí una de Marheineke que me complació. Pues, aunque no dijo nada nuevo, es mucho mejor escuchar a alguien a quien uno está acostumbrado a leer" (LD, 90).

Kierkegaard también escuchó y leyó al teólogo H. N. Clausen y al político liberal Hohlenberg, ambos editores de la *Revista de literatura teológica extranjera* (*Tidskrift for Udenlandsk Theologisk Litteratur*). En 1836 ambos tradujeron porciones importantes de *La vida de Jesús examinada críticamente* (*Das Leben Jesu*) de David Friedrich Strauss (1808-1874) (Pap. III C 54 ss. XIII 167-168), donde divorcia la fe cristiana de la razón y la experiencia humanas. Esta obra fue un parteaguas al preferir la filosofía crítica y reducir las narrativas del Nuevo Testamento a puros mitos.

Hans Lassen Martensen, gracias a la bendición de Heiberg, director del teatro regio, y de Mynster, obispo primado, se convirtió en la autoridad en los estudios hegelianos en Dinamarca. Pero ya nos ocuparemos de este trío más abajo.

En su primer viaje a Alemania, Kierkegaard también se registró en diciembre en las conferencias de Karl Werder: *Lógica y metafísica*. No lo comentó en su *Diario* (III C 28, 29, 30 JP V 5537, I 257)., pues ya había tomado un curso similar en Copenhague basado en el libro *Lógica como doctrina del pensamiento* (*Logik som Tænkelære*), de su profesor y compañero de caminatas Frederick Christian Sibbern (1785-1872).

Pero echémosles un vistazo a los principales filósofos contemporáneos del danés y otro a la reflexión filosófica en la actualidad.

1.3.1 George Wilhelm Friedrich Hegel (1770-1831)

El pensamiento super abarcador (*Umgreifende*) del luterano alemán dominó la arena teológica y filosófica mientras enseñó en Berlín de 1818 a 1831, y hasta 1848 mediante sus sucesores. Para aceitar sus ideas intercambiaba direcciones de expendios de vino con su colega Schleirmacher.

En su *Filosofía del derecho* (*Rechtsphilosophie*) (1821), brega con la teoría de la sociedad burguesa y la teoría del Estado, legados de la Revolución francesa. A este respecto, Marx matizó que los derechos humanos (*droits de l'homme*) tal como los definen apelan a la burguesía en particular; mientras que los derechos de los ciudadanos (*droits du citoyen*) se aplican al hombre en general. Así era enteramente compatible emular a Voltaire quien vivió de la muerte de los negros y de la renta que le propinaban. Olympia de Gouges fue más allá al denunciar en 1793 que ellos no tomaban en cuenta a la mujer. Tal atrevimiento le costó ser guillotinada. Ni que hablar de las masas hambrientas que se arremolinaban en las afueras de París en busca de ratas, evocando la Escritura "cualquier cosa que se mueva será carne para ti" (Gn 9:3), o en arroz, habichuelas y pega'o: "Todo lo que camina o vuela, a la cazuela".

Kierkegaard vio en Hegel al defensor del status quo y al apologista mayor del estilo de vida burgués de los "paladares exquisitos"[103]. De hecho, Hegel dejó fuera la igualdad ante la ley al evitar lidiar con las desigualdades económicas y sociales; al no reconocer que la ley fue elaborada por la clase dirigente para beneficio propio; y al disimular que la ley en Francia y en Alemania es pura ficción pues sólo se aplica en contra de los pobres.

El prefacio de *La filosofía del derecho* afirma que "lo que es racional es real; y lo que es real es racional". Ahora bien, por real no se refiere a los hechos o a los datos. Real significa ideal. Tiene que ver con la unidad existente entre la esencia y la existencia. Lo real es lo necesario, o dicho de otra manera, el realismo hegeliano equivale al idealismo de hoy día. La razón hegeliana también precisa una explicación. Según él, es el espíritu lo que determina la humanidad de las personas, es su esencia, su logos o razón. De acuerdo con Hegel, el Espíritu Absoluto no es una categoría antropológica sino teológica. Su "Sistema" promovía una entidad monolítica en la cual lo Santo y lo Verdadero, el auto-conocimiento y el conocimiento de Dios, la fe y el conocimiento, la religión y la metafísica fueran intercambiables. En síntesis, su propuesta era la de una soteriología gnóstica, o una salvación apta sólo para las personas iniciadas en un conocimiento privilegiado. Hegel entroncó su sistema con la larga tradición greco-cristiana de pensadores como Clemente de Alejandría, Orígenes, Tomás de Aquino, Melanchton, los racionalistas, etc., quienes casaron lo Santo con la Verdad. Dicho de otra manera, quienes a lo largo de la historia han entendido la salvación como la aceptación de una serie de doctrinas, o la construcción de un sistema de conocimiento[104]: "La salvación es a través de la ortodoxia, y la humanidad se divide entre la aristocracia espiritual de los filósofos capaz de entender conceptos abstractos, y el proletariado espiritual capaz de conocer la verdad valiéndose de la doctrina o mitología"[105].

Kierkegaard, en lugar del sistema universal hegeliano, optó por el existente concreto; en vez de buscar el en-sí de Dios, se quedó con el Emanuel, el Dios con y para nosotros. El danés no daba nada por sentado: "Yo sigo dando vueltas a mis pensamientos hasta que, en mi opinón, el plato está listo"[106]. Pero subordinada su reflexión a la vida plena, como lo consigna en su célebre carta que tal vez nunca envió a su pariente el paleontólogo P. W. Lund establecido en Brasil:

> Encontrar la verdad es la cuestión crucial, pero la verdad para mí. Encontrar la idea por la cual deseo vivir y morir. ¿De qué me serviría tener frente a mí a la verdad, fría y desnuda, indiferente al hecho de si yo la reconozco y no… qué es la verdad si no vivir por esa idea? (JP, 1835, 5100).

La fe en la razón hizo de Hegel el padre de la desmitologización[107] en tanto que consideraba los dogmas cristianos verdaderos pero opacos. Eran señal de la inmadurez humana, de la intuición poética, en contraste con el lenguaje científico y abstracto de la metafísica. Hegel lo llamó lenguaje cristiano o representación (*Vorstellung*): "la religión se comprende a través del pensamiento representacional, mientras que la filosofía se comprende mediante la comprensión racional"[108]. A pesar de ello, en otro lugar utilizó el término mito con otro significado: "Encontramos en la Biblia una historia bien conocida (*Vorstellung*) llamada de manera abstracta *la caída*. Esta representación es muy profunda. No es sólo una historia contingente sino la historia eterna y necesaria de la humanidad aunque ciertamente aquí expresada de un modo externo y mítico"[109].

Kierkegaard no tardó en extender su tenedor hacia la academia: "Cuando el cristianismo llegó a este mundo era una paradoja para todo mundo pues no había nada de profesores ni maestros particulares. En la presente generación podemos asumir que uno de cada diez es un maestro particular, por lo que el cristianismo es una paradoja para nueve de diez. Y, cuando por fin la plenitud del tiempo llegue, ese futuro extraordinario cuando la generación entera de mujeres y hombres, maestros particulares pueblen la tierra, entonces la paradoja habrá cesado" (CUP, 198).

Marx también reaccionó contra su maestro. En la introducción de su *Una contribución a la crítica de la filosofía del derecho de Hegel* (1842), rechazó el maridaje entre religión y sociedad: "La miseria de la religión es a la vez una expresión y una protesta en contra de la miseria real. La religión es la vista de la criatura oprimida, el corazón de un mundo sin corazón y el alma de la situación desalmada. Es el opio de los pueblos"[110]. Marx "tornó la crítica del cielo en una crítica de la tierra; la crítica de la religión en una crítica del derecho, y la crítica de la teología en una crítica a la política"[111].

Kierkegaard por su lado, sistemáticamente discriminó entre la cristiandad (*Christendom*) y el cristianismo (*Christenhed*)[112]. En lugar de huir del mundo dejando intacto el *status quo*, el cristianismo ha de asumir su voz profética en la sociedad. Ya en 1843 elaboró su crítica social apoyándose en su concepto de la paradoja: "La paradoja de la fe consiste en esto: que el individuo está por encima de lo universal. Que el individuo... determina su relación con lo universal por su relación con el absoluto; no su relación con el absoluto por su relación con lo universal" (FT, 70). Aquí Kierkegaard tenía en mente la deificación del Estado, la sociedad o lo universal al recordarle a la persona que Dios es el único Absoluto[113]. Por otro lado, su categoría de la paradoja era una afrenta contra el conocimiento objetivo y su pretensión de abarcarlo todo racionalmente o científicamente.

Marx tomó prestado de Hegel y de los "Libres" o jóvenes hegelianos el elemento humanístico: "La única emancipación prácticamente posible de Alemania es la emancipación basada en la teoría particular que sostiene que el ser humano es el ser supremo para la persona"[114]. No obstante, en oposición a todos ellos, Marx añadió elementos específicos en su análisis social: "No puede ponerse en práctica la filosofía sin la abolición del proletariado; el proletariado no puede abolirse sin ponerse en práctica la filosofía"[115].

Kierkegaard estaba consciente del énfasis humanista de algunos hegelianos de izquierda pero, a diferencia de ellos, él percibió que la deificación especulativa del ser humano desembocaba en la apoteosis del mismo. En 1846 detectó cómo la voz del pueblo podía divinizarse (*vox populi vox dei*) de modo peligroso, pues la rebelión de las masas en contra de las formas socio-políticas incondicionales, orientaba de hecho su protesta en contra del mismo incondicional, justificando así cualquier crimen cometido en el nombre del pueblo.

1.3.2 Ludwig Feuerbach (1804-1827)

¿Quieres mejorar a la gente? Entonces, en lugar de predicar en contra del pecado, dales comida de la mejor calidad.

La esencia del cristianismo es el comer y el beber.

Así se expresaba Feuerbach (arroyo de fuego, en alemán), para quien "el sufrimiento precede al pensamiento". Este filósofo tenía en común con Bruno Bauer (1809-1882) y con Max Stirner (1806-56) el haber escuchado y conocido a Hegel. Después de sus estudios en Heidelberg viajó a Berlín para enlistarse en los cursos de Hegel durante dos años. Asimismo se matriculó con Schleirmacher y Marheineke. Allí se hizo miembro del "Club de doctores", conocido después como "Los libres" o "los jóvenes hegelianos". Al igual que la mayoría de ellos también perdió su trabajo en la universidad debido a sus posiciones radicales. En su obra clásica *La esencia del cristianismo* (*Das Wesen des Christentums*, 1842), traducida al danés por el sobrino de Kierkegaard, Feuerbach quiso explicar el hegelianismo en términos tangibles y concretos. Según este pensador, lo máximo de la esencia humana es lo corporal y finito. Le carga la tinta al amor de los seres humanos por sus queridos congéneres. Él propone un "humanismo realista" al estilo de Marx o un "humanismo monista"[116], según el cual la persona es ambos: naturaleza y espíritu, por lo que hemos de terminar con la enajenación que fragmenta esa unidad. Dios y los seres humanos también son una unidad, pues los seres humanos han heredado la divinidad y de hecho son Dios. Para él la filosofía del absoluto equivale a la teología filosófica que parte del ser humano corporal y finito. En el mismo tratado intenta armonizar el concepto de Dios con la humanidad como en su libro *Pensamientos acerca de la muerte y de la inmortalidad* (*Gedanken über Tod und Unsterblickeit* (1832), lo hiciera uniendo al cielo con la vida terrena presente.

En su *Tesis provisionales sobre la reforma de la filosofía* (*Vorläufige Thesen zur Reformation der Philosophie* (1843), condensó su entendimiento de la teología hegeliana: "El secreto de la teología es la antropología, pero el secreto de la filosofía especulativa es la teología, la teología especulativa. La teología especulativa de distingue de la teología ordinaria por el hecho de que ésta transfiere la esencia divina al mundo. Es decir, la teología especulativa visualiza, determina y se da cuenta de la esencia divina en este mundo, transportada hacia otro mundo por la teología ordinaria debido a su miedo e ignorancia"[117].

Feuerbach se distanció de Bauer y Strauss al afirmar al cristianismo[118]. Para él la filosofía era en sí misma religión cuyo objetivo de humanizar a la teología buscaba preservar la parte esencial de la antropología. Él propuso un "ateísmo devoto" como Stirner[119] basado en la apoteosis o divinización del ser humano.

Feuerbach resumió de esta manera su teología: "Dios fue mi primer pensamiento, la razón mi segundo y el ser humano mi tercero y último"[120]. Pero para el gusto de Marx, su idea del ser humano continuó dándose en términos burgueses. En cualquier caso, Kierkegaard fue un ávido lector y crítico de Feuerbach.

1.3.3 Karl Marx (1818-1883)

Marx y Kierkegaard nacieron un 5 de mayo; en 1841 coincidieron en el mismo salón de clases de la universidad de Berlín con el mismo profesor Schelling y al mismo tiempo; fueron incomprendidos en su tiempo; y ambos rompieron con Hegel.

El danés era mayor que el alemán, y podemos decir que fue anterior a Marx pues nunca lo leyó. Mientras el filósofo judío publicaba en 1848 su *Manifiesto del Partido Comunista,* el laico luterano ese mismo año descartaba al comunismo al compararlo con una versión a escala global de Christiansfeldt, un pueblo sureño de Jutland. Cuna de una comunidad pietista muy estricta que imponía la uniformidad: "…la riqueza, el arte, la ciencia y el gobierno, etcétera, todo es malo. Toda la gente debe ser semejante como quienes trabajan en la fábrica, como quienes viven en una casa pobre, todo mundo debe vestirse igual, debe comer la misma comida preparada en una gran cazuela, a la misma hora y en porciones iguales, etc. etc."[121].

En 1837 se unió al "Club de los doctores" corriendo la misma suerte de la mayoría de ellos: no pudo conseguir trabajo en Bonn, por su orientación de izquierda. Vivió con muchas limitaciones; su amigo Engels a veces tenía que darle dinero para alimentar a su familia. Según su testimonio, su obra magna *El capital* no le dio ni para los puros que se fumó mientras la escribió.

Peregrinó por París, Bruselas y Londres. En 1845 publicó sus *Tesis sobre Feuerbach* donde consignó en la número once que la crítica a la religión precede a toda crítica de la sociedad. De acuerdo con este filósofo cuyo padre se vio forzado a bautizarse en la iglesia luterana, no basta con la crítica a la religión. Se requiere de la acción política. Hay que pensar la realidad pero para transformarla.

Desde su exilio en Londres en 1867 publicó el primer tomo de su obra más representativa *El capital* (*Das Kapital*), no como "teoría pura y dura", sino siempre informada también por su activismo social y político. En esos tres volúmenes el judío-alemán matiza la naturaleza de su "ateísmo". De lo que se trata es de combatir la fetichización de la mercancía erigida en ídolo por el sistema capitalista. Marx se refería a los jóvenes hegelianos como a "ovejas con piel de lobos"[122], pues consideraba el "ateísmo" de ellos como el resultado de la burguesía del cristianismo oficial.

En su análisis del capitalismo Marx observa que no hay correspondencia entre lo que un obrero produce y lo que percibe económicamente y a eso lo denomina plusvalía. Ve cómo las elites burguesas son dueñas de los medios de producción y de qué manera amasan su fortuna "con el sudor del de enfrente", escuchando el canto de las sirenas: "¡Acumulad, acumulad! ¡Así suenan Moisés y sus profetas!".

Søren se cuece aparte. Él rompió con la corriente filosófica que adopta una posición estética ante la vida de la contemplación intelectual pura, divorciada del compromiso y de la acción. Ésta era la actitud de las personas cuya decisión consistía en escoger no escoger. Por lo mismo rechazó los sistemas de pensamiento que divorciaban el dogma de la ética; la doctrina del discipulado; la fe de la acción; el pensamiento de la existencia. De hecho, sus libros *Praxis del cristianismo* y *Las obras del amor*, así como sus *Diarios* y sus *Discursos religiosos* son un ejemplo claro de la crítica social constructiva del danés. En este sentido hay que interpretarse también su categoría del "salto de la fe", donde pone en tensión dialéctica al ser con el hacer. Kierkegaard nunca suscribió el dicho "por todos los medios hay que creerlo porque es absurdo" (*prorsus credibile est, quia ineptum est*). Todo lo contrario. El salto de la fe dice relación a la decisión, a escoger. El tránsito del pensamiento a la acción solo es posible a través del "salto de la silla"[123] (Niebuhr), realizado en el momento de la inspiración a la decisión. O si se prefiere siguiendo a Sobrino, experimentando "el salto de la fe" como una ruptura de una declaración histórica hacia una doxológica acerca de Dios, o del Jesús histórico partidario al escatológico ser humano pobre Jesús[124].

1.3.4 Friedrich Engels (1820-95)

Este filósofo ingresó al club de hegelianos de izquierda en 1841. En 1844 se encontró con Marx en París y desde entonces mantuvieron una colaboración de por vida. En 1846 ambos publicaron *La ideología alemana* donde se distanciaron de Bauer por querer superar a Hegel quien dejó fuera de su sistema la realidad alemana. Engels definió la ideología (*ideo – legein*, lo veo, lo digo) alemana como la ideología burguesa que busca esconder la realidad y termina alienándose de ella. La ideología es la "falsa conciencia" que legitima la realidad social.

Desgraciadamente ambos intelectuales siguieron siendo muy euro-céntricos, pues mientras Marx aprobó la empresa colonialista francesa en Algéria, Engels aplaudió el despojo de más de la mitad del territorio de los "perezosos mexicanos" por parte de los "enérgicos yanquis", y ambos silenciaron la revolución y la independencia de Haití de 1804. Su racismo les impidió decir algo ante el nacimiento de la doctrina del destino manifiesto en 1845, cuyo padrino de bautismo fue el periodista John O'Sullivan. Con la expropiación de las tierras mexicanas del tamaño de Argentina, atrás quedó el que otrora fuera el país más extenso del continente americano.

1.3.5 Friedrich Wilhelm Joseph von Schelling (1775-1854)

En un restaurante de cinco estrellas en Berlín, Kierkegaard entró con paso firme y engachado del brazo de Carl Weis, futuro Director del Ministerio Danés de Asuntos Eclesiásticos y Culturales. "El Tenedor" se detuvo a la entrada. Saludó con todas las normas que la etiqueta manda a un grupo de caballeros bien trajeados y encorbatados. Acto seguido, ¡dicho grupo empezó a servirles y a tomarles su orden[125]! Esta vez resultó ensartado.

Kierkegaard viajó por cuarta ocasión a Berlín tan pronto terminó su tesis doctoral. La ciudad alemana en ese entonces era la capital europea de los estudios teológicos y filosóficos. Su última estancia en Berlín fue de cuatro meses durante los cuales asistió a las conferencias de filosofía positiva pronunciadas por Schelling. El nuevo gobierno contrató a este filósofo ofreciéndole el atractivo salario de 4,000 thalers, con tal de "combatir la semilla del dragón del panteísmo hegeliano"[126].

Este experimentado Consejero Particular del gobierno (*Geheimerat*), ocupó la cátedra Hegel de filosofía de 1841 a 1846. Kierkegaard, Engels, Feuerbach, Burckhardt, Bakunin, etc., estudiaron a sus pies. Una de las principales controversias de esos días era la del abismo feo que se da entre lo que es (*Was - sein*) y el ser-ahí (*Dass - Sein*). Descartes fue el primero en resolver el problema al unificar al ser a través de la razón. En consecuencia, la filosofía negativa de Hegel sostenía que es exclusivamente a través de la razón que podemos comprender la realidad, y que ese acto es posible sólo en el concepto. Schelling atacó el principio de racionalidad de la realidad del idealismo clásico alemán. Según este principio, existe una identidad ideal entre el ser y el concepto, o entre lo real y lo lógico. De acuerdo con el viejo Schelling, Hegel se engañó a sí mismo al identificar lo lógico con lo que existe en acto[127]: "El acto puro de hecho no es nada, así como la blancura no existe sin el objeto"[128]. La potencialidad pura del ser hegeliana, en contraste con la realidad, transforma lo real en "la patria del desperdicio del ser", "en el pensamiento puro", "en potencialidad pura". O en labios de Kierkegaard: "El yo puro es una mera tautología" (CUP, 211-212).

En sus 13 conferencias Schelling quebró lanzas con la filosofía especulativa echándole en cara a Hegel su pretensión de ser un filósofo cristiano: "El Dios como Espíritu de Hegel arriba únicamente cuando se completa todo el desarrollo, *post festum*. Erróneamente, Dios es según Hegel una conclusión; no un punto de partida"[129]. Dichas conferencias marcaron el fin del idealismo clásico alemán. La filosofía del ser o de la existencia se impuso sobre la enseñanza hegeliana de la esencia (III C 27) (JP, 5536).

Tales conferencias igualmente marcan el surgimiento de una nueva era: el discurso anti-Schellingiano por parte de Kierkegaard, Feuerbach, Engels y Marx[130]. El danés siguió con atención la primera conferencia (III A 179,1841) (JP, 5535, 5552), pero al final dejó de asistir. En el libro que estaba escribiendo en Berlín se quejó del carácter abstracto de Hegel: "Lo que los filósofos dicen en torno a la realidad es tan confuso como cuando uno lee un cartelón en una tienda: 'Aquí se plancha'. Si usted trae su ropa para plancharla, será el hazmerreír; pues el cartelón está ahí para su venta" (EO, 62).

Según el danés, la mala memoria de Hegel confunde los planos: "…esta desgraciada filosofía moderna ha hecho entrar la realidad en la lógica y luego, por distracción, se olvida de que la realidad en la lógica no es más que la realidad pensada, es decir, posibilidad" (Pap, X2 A439).

No era ociosa la disputa entre la filosofía positiva de Schelling y la especulativa de Hegel. En 1843 Kierkegaard escribe en sus *Diarios*: "la vida ha de entenderse en retrospectiva, pero ha de vivirse en prospectiva" (*Livet kan kun fortåes baglæns - men det må leves forlæns*) con ello señala hacia su filosofía cuyo punto de partida es la práctica. Eso nos recuerda el latinajo: "primero se vive, después se filosofa" (*primum vivere, deinde philosophari*), donde existe la reciprocidad entre la teoría y la práctica. Desde la experiencia del pueblo hispano corregiríamos: "primero se come, después se filosofa" (*primum edere, deinde philosophari*). Kierkegaard lo dice así, de un pinchazo: la vocación del teólogo es la de sencillamente intentar articular el logos, la palabra de "la comunidad balbuceante de fieles".

1.3.6 En la actualidad

Un kierkegaardiano brasileño comenta: "El eterno problema del pensador danés fue el de la realidad (*Virklighed*), la cual le proporciona a su obra una dimensión que nos conquista: la realista, o inclusive podemos decir materialista"[131].

Según el teólogo y filósofo argentino-mexicano Enrique Dussel, las conferencias de Schelling versaron acerca de la filosofía de la revelación, es decir, de la revelación cristiana, por consiguiente, "el Señor del ser" (*der Herr des Seins*) es Dios y no el ser (*to óv*): "allende la dialéctica ontológica del ser y pensar, hay una positividad de lo que es impensable"[132]. En Kierkegaard, lo absurdo no significa lo irracional o sin fundamento, sino la suprema re-ligación con el Otro, la aceptación de Su exterioridad ante cualquier especulación. Así, lo metafísico (trans-ontológico) o la apertura hacia el Otro ha superado el horizonte ontológico (el sistema): "Más allá del horizonte del ser como pensante, o de la norma ética universal, está la realidad del Otro quien es capaz de descubrir lo que es, no en contra de la razón sino más allá de sus posibilidades"[133].

Al negar la ontología hegeliana –continúa Dussel– lo que tiene lugar es la crítica a la divinización de la civilización europea. Ésta con su famoso "luego pienso" (*ergo cogito*), se ubica en el "centro" del mundo imperial como dominación *racional* de las "colonias" (la periferia)[134]. Por todo lo anterior, Dussel considera a Kierkegaard como el fundador de la "prehistoria de la filosofía latinoamericana y el antecedente inmediato de nuestro pensamiento nuevo latinoamericano"[135].

El Tenedor afiló sus púas para atrapar al sistema hegeliano. Su realismo radical se valió del sarcasmo y de la ironía para delatar el realismo basado en la realidad objetiva de un terreno estático y sin cambios. En boca de un filósofo mexicano: "el verdadero Dios no se relaciona con la ontología (el Dios verdadero no es *un* ser, ni *el* ser, tampoco el ser *supremo*); *en lugar de ello* Dios se identifica con el imperativo ético"[136]. El existencialismo del danés no buscó conocer la realidad desde la serenidad de la mente matemática cartesiana. Todo lo contrario. Con Miranda afirmamos que el Sócrates nórdico entró en comunión con la realidad con una conciencia culpable, con preocupación, y con el imperativo ético que nos obliga a tomar una decisión[137]. Con un poco de sal y pimienta, podemos decir que tanto Miranda[138] como Dussel[139], pudieron haber radicalizado su lectura de Kierkegaard si hubieran abrevado de sus *Diarios* y *Apuntes*.

Kierkegaard compartió con Hegel, vía los jóvenes hegelianos, el énfasis humanista. Éste se basaba en superar lo puro sentimental y arribar a las acciones concretas en favor de los seres humanos. La brecha fea entre lo que es y lo que está ahí, por otra parte, se relaciona directamente con el horrible abismo entre conocer y creer. En este contexto, la categoría kierkegaardiana de lo absurdo (de *surdus*, sordo, sonido falso) adquiere un significado muy distinto: El "totalmente Otro" no está más allá de la realidad presente, sino que está en clara contradicción con ésta[140]. El Otro –Dios– se nos presenta mediado por las personas cuya existencia tiene lugar más allá del sistema de la totalidad: la gente pobre, las mujeres, los países tercermundistas: "...es posible que él era el 'mosquito chavón' que el orden establecido necesitaba para no caer en el sueño letárgico, o peor todavía, para no caer en la auto-deificación. Todo individuo debe vivir con temor y temblor, así también no hay ningún orden establecido que se sostenga sin temor y temblor" (TC, 89).

Un kierkegaardiano del Canadá iguala al danés con Gandhi y Gustavo Gutiérrez como promotor de la corriente profética cristiana que no teme denunciar el orden social existente. Así el personaje incómodo irrita al Estado auto-complaciente y le recuerda que siempre existe una realidad alterna: "Cuando el mosquito chavón aparece para recordar que el individuo está por encima del orden establecido, inevitablemente habrá un encontronazo"[141]. Kierkegaard se alinea de esta manera con el principio protestante como lo definiera Tillich: "la denuncia profética del orden secular sacralizado". Esa postura implica: "una actitud de vigilancia permanente en contra de la ideología que puede ser tanto secular como sagrada"[142].

Claramente podemos observar cómo el danés maneja la dialéctica profeta-rey de la alteridad Divina respecto al sistema económico fetichista. Un premio nóbel de literatura quedó bien pinchado: "Søren Kierkegaard es uno de esos autores que constantemente provocan a sus lectores al enojo, esos autores que son constructivos a su manera. Tú no los quieres, a nadie criticas tanto como a ellos. Pero los lees y los relees y te molestan y admites a regañadientes que esa persona antipática habla de cosas groseramente importantes para ti (*die einem verflucht nahe gehen*)"[143].

Pero no todo es una perita en dulce. Asimismo con mucha frecuencia se violenta su pensamiento. Por citar un ejemplo: Bellinger se emocionó al descubrir la influencia de Kierkegaard sobre Franklin Roosevelt. Sucedió que durante la Segunda Guerra Mundial, Howard A. Johnson, pastor y teólogo de la catedral episcopal "San Juan el Divino" de Nueva York, le sugirió su lectura. Unas semanas después, Roosevelt le recomendó a su vez a Perkins: "Kierkegaard me explica a los nazis como nadie lo ha hecho. Nunca había podido entender cómo es posible que las personas, que obviamente son seres humanos, puedan comportarse de esa manera. Son seres humanos pero actúan como demonios. Kierkegaard te provee de una comprensión de lo que hay en el ser humano que hace posible que esos alemanes sean tan malvados"[144]. Hasta aquí todo va bien. Pero esta es una verdad a medias. Bellinger omitió mencionar que la "política del buen vecino" de Roosevelt incluía su apoyo a tiranos latinoamericanos como "El Chacal del Caribe" Trujillo, Somoza y Batista en la República Dominicana, Nicaragua y Cuba respectivamente. Asimismo es fácil repudiar el holocausto judío de 6 millones de vidas, pero:

¿Qué decir del holocausto de la población indígena de Norteamérica? En 1500 la población era de cinco millones y para 1900 contaba sólo con 250,000. La corona inglesa premiaba a sus inmigrantes cuando estos le entregaban cueros cabelludos especialmente de mujeres e infantes nativo americanos, pues eso, aunado a la matanza del búfalo y a la destrucción del *wild rice* -que ni es salvaje ni es arroz- aceleraba el exterminio por la boca. ¿Qué cuenta dar del holocausto femenino que le dio candela a cinco millones de brujas? Y ni qué hablar del holocausto de la población afro-americana. Hemos de poner pues los crímenes nazis en perspectiva como lo hizo la lectora de Kierkegaard, Simone Weil en 1944: "¿Por qué se escandalizan los europeos ante los crímenes del nazismo si ellos han hecho lo mismo con los pueblos del sur? La diferencia es que ahora sucede en casa".

Con este contexto político y cultural como primer platillo, el estómago está listo para el siguiente. El Tenedor, como todo un catador, discrimina entre los materiales usados por la teología oficial y concluye poniéndola patas arriba.

Preguntas para discusión

1. Comparte con el grupo tus reacciones respecto a la mescolanza entre teología y comida que presenta el autor. ¿Qué tan importante es el tema del alimento material en la enseñanza y práctica de la iglesia? ¿Qué propuestas tienes?
2. Comenta este capítulo en lo relativo al asunto de la justicia de género. ¿Qué podemos afirmar o reformar en nuestra comunidad respecto al uso y costumbres de la familia danesa del siglo XIX?
3. Da ejemplos de formas modernas de esclavitud y sugiere maneras concretas en las que la iglesia puede involucrarse para luchar contra ellas.
4. ¿Está presente en algún lugar la doctrina del sacerdocio universal de todos los creyentes? ¿Qué tan saludable o deseable es que la pastora o el pastor amase tanto poder?
5. Haz una lista de situaciones, instituciones, convencionalismos, inclusive doctrinas, que tengamos que poner patas arriba.
6. ¿Qué lugar ocupa o debiera ocupar el asunto de la tierra en nuestra reflexión teológica? ¿Hemos de decir nuestra palabra frente a su expropiación por parte de imperios, corporaciones y particulares voraces?
7. Así como Kierkegaard utilizó infinidad de géneros literarios para comunicar el evangelio, qué otros podemos usar o ya

están en vigor, para compartir el mensaje liberador de Jesucristo? ¿Quién es tu prójimo, el otro o la otra? Echa mano de la autocrítica respecto a tu comunidad de fe.

---

[1] Joaquim Garff, *Søren Kierkegaard; A Biography*. Princeton: Princeton University Press y Oxford, 2005, 8-9.

[2] Su legado incluye infinidad de recetas, el extractor de humo, picador de carne, asadores automáticos, máquinas de espagueti.

[3] Joaquim Garff, *Søren Kierkegaard*, 306.

[4] Joaquim Garff, *Søren Kierkegaard*, 533.

[5] Leonardo Amoroso (ed), *Maschere kierkegaardiane*. Turin: Rosenberg & Sellier, 1990, D 2816, citado por Francesca Rigotti, *Filosofía en la cocina; pequeña crítica de la razón culinaria*, Barcelona: Herder, 2001, 52.

[6] Julia Watkin, *Kierkegaard*. Londres y Nueva York: Continuum, 1997, 7.

[7] Walter Lowrie, *Kierkegaard*. vol. I, II. Massachussets: Peter Smith, 1970.

[8] José Ignacio González Faus, *Migajas cristianas*. Madrid: PPC, 2000, 135.

[9] Svend E. Green-Pedersen, "The Economic Consideration behind the Danish Abolition of the Negro Slave Trade." en *The Uncommon Market: Essays in the Economic History of the Atlantic Slave Trade*. Henry A. Gemery y Jan S. Hogendorn eds. Nueva York: Academic Press, 1979, 403 n. 2.

[10] *Rigsarkivet, Copenheguen. Forslag og Anmærkninger til Negerloven med Genparter af Anordinger og Publikationer vedkommende Negervæsenet*, 1785. Schimmelmanns Anmærkninger, 20, abril 1784, f.38. Citado por Neville A. T. Hall, *Slave Society in the Danish West Indies, St. Thomas, St. John, and St. Croix*. ed. B.W. Higman prólogo de Kamau Brathwaite. Mona, Jamaica: The University of the West Indies Press, 1992, 37.

[11] Jens Vibæk, *Dansk Vestinden 1755-1848. vol. 2 Vore Gamle Tropekolonier*. Johaness Brøndsted ed., 1966, Vol. 2, 44-45. Citado por Neville A. T. Hall, *Slave Society*, 17.

[12] Svend E. Green-Pedersen, *The Uncommon Market*, 402 n. 1.

[13] A. S. Ørsted, "Beholdes Herredømmet over en vestidisk Slave, naar han betræder dansk-europæisk Grund" *Arkiv for Retsvindeskaben og dens Anvendelse*. I (1824), 459-85. Citado por Neville A. T. Hall, *Slave Society*, 394.

[14] Neville A. T. Hall, *Slave Society*, 34 ss.

[15] Neville A. T. Hall, *Slave Society*, 36.

[16] Philip D. Curtin, *The Atlantic Slave Trade: A Census*. Madison, WI: The University of Wisconsin Press, 1969, 46.

[17] Bruce H. Kirmmse, *Kierkegaard in Golden Age Denmark*. Bloomington e Indianapolis: Indiana University Press, 1990, 185, 189, 483. Mucho del material de esta sección se la debo a Kirmmse.

[18] Hans Khng - Walter Jens, *Literature and Religion: Pascal, Gryphius, Lessing, Holderling, Novalis, Kierkegaard, Dostoyevsky, Kafka*. New York: Paragon, 1991, 193.

[19] *Spidsborger*, parienta del alemán *Spiesburger*, originalmente significó un ciudadano libre (*Borger*) lo suficientemente rico como para permitirsele participar en la milicia para defender a la ciudad y como tal, con permiso para portar una lanza (*Spyd*). Bruce H. Kirmmse, "Psychology and Society: The Social

Falsification of the Self in The Sickness unto Death" en *Kierkegaard's Truth: The Disclosure of the Self Joseph Smith*, ed. *Psychiatry and the Humanities 5*. New Haven: Yale University Press, 1981, 177-78 n. 11.

[20] Bruce H. Kirmmse, "Psychology and Society", 178.

[21] Alastair Hannay, *Kierkegaard: A Biography*. Cambridge: Cambridge University Press, 2003, 62-63.

[22] Bruce H. Kirmmse, *Kierkegaard in Golden*, 40 ss.

[23] Bruce H. Kirmmse, *Kierkegaard in Golden*, 12.

[24] Bruce H. Kirmmse, *Kierkegaard in Golden*, 18.

[25] Bruce H. Kirmmse, *Kierkegaard in Golden*, 217.

[26] Stanley R. Moore, "Religion as the True Humanism: Reflections on Kierkegaard's Social Philosophy", en *Journal of the American Academy of Religion*. 37:1 (1969), 19.

[27] Michael Plekon, "Blessing and the Cross: The Late Kierkegaard's christological Dialectic", en *Academy: Lutherans in Professions*. 28.

[28] Bruce H. Kirmmse, *Kierkegaard in Golden*, 20.

[29] Lisa Isherwood, *The Fat Jesus, Christianity and Body Image*. Nueva York: Seabury Books, 2008, 136.

[30] Rudy V. Busto, *King Tiger, the Religious Vision of Reies López Tijerina*. Alburquerque: University of New Mexico Press, 2005.

[31] *A Testament of Hope: The Essential Writings of Martin Luther King Jr.* ed. James Melvin Washington. San Francisco: Harper and Row, 1986, 291.

[32] Cf. Cap. 25, "Autobiographical Pieces, `Two Notes' Concerning `The Individual,' and the `Open Letter' to Dr. Rudelbach" citado por Bruce H. Kirmmse, *Kierkegaard in Golden*, pp. 405-422.

[33] Teodoro W. Adorno, *Kierkegaard; Ensayo*. Venezuela: Monte Ávila, 1966, 423.

[34] Knud Hansen, *Revolutionær Samvittighed. Essays og Taler om Søren Kierkegaard og Karl Marx. Revolutionary Conscience: Essays and Addresses on Søren Kierkegaard and Karl Marx*. Copenhagen: Gyldendal Uglebøger, 1965, 95.

[35] Hebert Marcuse, *Reason and Revolution: Hegel and the Rise of Social Theory*. Boston, MA: Beacon Press, 1960, 264-65.

[36] Sydney W. Mintz, "Africa en América Latina: una reflexión desprevenida", en *Africa en América Latina*. Manuel Moreno Fraginals, relator, México, D.F.: Siglo XXI, 1977, 394.

[37] Neville A. T. Hall, *Slave Society*, XIX.

[38] Walter Lowrie, *Kierkegaard*, 25.

[39] Florence Lewisohn, *St. Croix under Seven Flags*. Hollywood, FL: The Dukane Press, 1970, 289, 340-41.

[40] Florence Lewisohn, *St. Croix under*, 335, 340. Cf. Manuel Moreno Fraginals, *La historia como arma y otros estudios sobre esclavos, ingenios y plantaciones*. Barcelona: Crítica, 1983, 145-159.

[41] Florence Lewisohn, *St. Croix under*, 289.

[42] Ole FeldbFk, "The Organization and Structure of the Danish East India, West India and Guinea Companies in the 17th and 18th Centuries" en *Companies and Trade; Essays on Overseas Trading Companies during the Ancient Regime*. Leonard Blussé y Femme Gastraa eds. The Hague, The Netherlands: Leiden Unversity Press, 1981, 136.

[43] (Pap X 4 A 671, 1852) mi traducción del danés.
[44] Per O. Hernæs, "The Danish Slave Trade from West Africa and Afro-Danish Relations on the 18th Century Gold Coast", Roskilde, University of Trondheim, College of Arts and Sciences. Ph.D. Diss. 1992, 35 ss.
[45] Neville A. T. Hall, *Slave Society*, 5ss.
[46] Ole Feldbæk, "The Organization and", 157-58.
[47] Ole Feldbæk, "The Organization and", 157.
[48] Ole Feldbæk, "The Organization and", 158.
[49] Per O. Hernæs, "The Danish Slave", 40, 92.
[50] Florence Lewisohn, *St. Croix under*, 215, 221.
[51] Per O. Hernæs, "The Danish Slave", 56, 29.
[52] Isidor Paiewonsky, *Eyewitness Accounts of Slavery in the Danish West Indies: also Graphic Tales of Other Slave Happenings on Ships and Plantations*. Nueva York: Fordham University Press, 1989, 20, 28 ss.
[53] Moreno Fraginals, *La historia*, 29.
[54] Moreno Fraginals, *La historia,*, 24 ss.
[55] Svend E. Green-Pedersen, *The Uncommon Market*, 409, n.4.
[56] Svend E. Green-Pedersen, *The Uncommon Market*, 418.
[57] Svend E. Green-Pedersen, *The Uncommon Market*, 406, n.3.
[58] Isidor Paiewonsky, *Eyewitness Accounts*, 34.
[59] *Kjøbenhavn posten* Citado por Neville A. T. Hall, *Slave Society*, 49.
[60] *Fædrelandet*, Citado por Neville A. T. Hall, *Slave Society*, 135.
[61] Neville A. T. Hall, *Slave Society*, 49.
[62] 2(1848) 390-95 publicado por Victor Prosch's, *Om Slavee mancipation paa de dansk-vest indiske Øer*. citado por Neville A. T. Hall, *Slave Society*, 50.
[63] George Wilhelm Friedrich Hegel, *Lectures on the Philosophy of World History*. Cambridge: Cambridge University Press, 1975, 165.
[64] George Wilhelm Friedrich Hegel, *Lectures on the Philosophy of World*, 215.
[65] George Wilhelm Friedrich Hegel, *Lectures on the Philosophy of World*, 219.
[66] George Wilhelm Friedrich Hegel, *Lectures on the Philosophy of World*, 160-61.
[67] Erick Eustace Williams, *Capitalism and Slavery*. Londres: Andre Deutsch, 1964, 7.
[68] Sidney W. Mintz, "Reflexión desprevenida", en Moreno Fraginals, *África en América*, 381.
[69] Sidney W. Mintz, *Caribbean Transformations*. Chicago: Aldine, 1974. Citado por Philip D. Curtin, *The Atlantic Slave*, 64.
[70] Florence Lewisohn, *St. Croix under*, 277.
[71] Elsebet Jegstrup, "Kierkegaard on Citizenship and Character: A Philosophy of Political Consciousness." Ph.D. dissertation, Loyola University of Chicago, 1991, 252, n.24.
[72] Hansard, *Three Series* LXXVII, 1290,1292, 1300, 1302, Feb. 26, 1845. Citado por Erick Eustace Williams, *From Columbus to Castro: The History of the Caribbean 1492-1969*. Nueva York: Vintage Books, 1984, 194.
[73] Waldemar Westergaard, *The Danish West Indies: Under Company Rule (1671-1754)*. Nueva York: Mcmillan, 1917, 252.
[74] Isaac Dookhan, *A History of the Virgin Islands of the United States*. Epping Essex, United Kingdom: Caribbean University Press-Bowker Publishing House, 1974, 101.

75 Isaac Dookhan, *A History of,* 208.
76 Florence Lewisohn, *St. Croix under,* 285.
77 Erick Eustace Williams. *From Columbus,* 81-82.
78 Enid M. Baa "The brandenburges at St. Thomas", ensayo expuesto en la décima Conferencia Anual de la Association of Caribbean Historians, St. Thomas, 1978.
79 *Unser System, oder die Weltweisheit und Weltbewegun unserer Zeit* (1850) Leipzig III 85ss. Citado por Karl Löwith, *From Hegel to Nietzsche.* Nueva York: Harcourt, Brace, 1964, 312.
80 A.S.Ørsted, *Beholdes Herredømmet over en vestindisk Slave, naar han betræder danskeuropæisk Grund," Arkiv for Retsvindenskaben og den Anvendelse* 1 (1824): 459-85, citado por Neville A. T. Hall, *Slave Society,* 35 ss.
81 Florence Lewisohn, *St. Croix under,* 185-87.
82 Florence Lewisohn, *St. Croix under,* Cf. también Jean Louise Willis, *The Trade Between North America and the Danish West Indies, 1756-1807 with Reference to St. Croix.* Ph.D. diss. Columbia University, 1963, inédita.
83 Eric Eustace Williams, *From Columbus,* 115, 134, 366.
84 Francesca Rigotti, *Filosofía en la,* 51.
85 Noel Deer, *The History of Sugar II Vol.* Londres: Chapman and Hall, 1950, 13.
86 Svend E. Green-Pedersen, *The Uncommon Market,* 402-3.
87 Neville A. T. Hall, *Slave Society,* 211.
88 Noel Deer, *The History of,* 318.
89 Svend E. Green-Pedersen, *The Uncommon Market,* 407.
90 Isidor Paiewonsky, *Eyewitness Accounts,* 324.
91 Isidor Paiewonsky, *Eyewitness Accounts,* 111.
92 Carter G. Woodson, *History of the Negro Church.* 27. Citado por H. Richard Niebuhr, *The Social Sources of Denominationalism.* Connecticut: Yale University Press, 1954, 251.
93 C. G. A. Oldendorp, *History of the Mission of the Evangelical Brethren on the Caribbean Islands on St. Thomas, St. Croix, and St. John.* (1974) ed. Arnold R. Highfield and Vladimir Barac. edición alemana, 1777.
94 Eric J. Hobsbawn, *The Pelican Economic History of Britain vol. 3 From 1750 to the Present Day Industry and Empire.* Middlesex, Inglaterra: Penguin Books, 1969, 37-38.
95 John Edward Toews, *Hegelianism: The Path Towards Dialectical Humanism 1805-1841.* Nueva York: Cambridge University Press, 1980, 207 ss.
96 Lawrence S. Stepelevich, ed. e int. *The Young Hegelians: An Anthology.* Cambridge: Cambridge University Press, 1983.
97 "Las muchas citas y alusiones muestran que él, particularmente, intensamente y con ojo crítico leyó en todos los 17 volúmenes, en *Fenomenología del espíritu, en La ciencia de la lógica,* en ambos pequeños *Philosophische Propädeutik* y en la larga *Enciclopedia de las ciencias filosóficas, en la Filosofía del derecho,* en las *Conferencias sobre las bellas artes,* en *Filosofía de la religión,* en la *Filosofía de la historia* y en la *Historia de la filosofía.* Únicamente la sección de la filosofía de la naturaleza en la *Enciclopedia* parece que no dejó ninguna marca en Kierkegaard". Niels Thulstrup, *Kierkegaard's Relation to Hegel.* trans. George L. Stengren. Princeton, NJ: Princeton University Press, 1980, 380.

⁹⁸ Brand Frithiof, *Den unge Søren Kierkegaard*. Copenhagen: Levin and Munskgaard Forlag, 1929, 353. Citado por Niels Thulstrup, *Kierkegaard's Relation*, 113 n.42.

⁹⁹ Al citar las anotaciones en el *Diario (Journals)*, la primera referencia es de la edición danesa *Søren Kierkegaards Papirer (El Diario de Søren Kierkegaard)*. 13 vols. in 22 tomos, ed, P. A. Heiberg, V. Kuhr, y E. Torsting. 2da. Edición aumentada por N. Thulstrup. Indice por N. J. Cappelørn. (Copenhagen: Gyldendal, 1968-1978), y la segunda de *Søren Kierkegaard's Journals and Papers*. (de aquí en adelante JP) ed., tr. notas por Howard V. Hong y Edna H. Hong, auxiliados por Gregor Malantschuk; indices por Nathaniel J. Hong y Charles M. Barker. 7 vols. Bloomington and London: Indiana University Press, 1967-78. (Pap. IV, B 1).

¹⁰⁰ Svend Bjerg, "Kierkegaard's Story Telling," en *Studia Theologica*. Tr. David Stoner Vol. 45, (1991), 111-125.

¹⁰¹ *Fundamental Doctrine of Christian Dogmatics as Science*. 2nd. ed. (Berlin: 1827). Cf. Niels Thulstrup, *Kierkegaard's Relation*, 49. (Pap. I C 25, 9; I A 273).

¹⁰² Niels Thulstrup, *Kierkegaard's Relation*, 50.

¹⁰³ John Douglas Mullen, *Kierkegaard's Philosophy: Self-Deception and Cowardice in the Present Age*. Nueva York: New American Library, Mentor paper back, 1981, 167, n.1.

¹⁰⁴ Jaroslav Pelikan, *Fools for Christ: Essays on the True, the Good, and the Beautiful. Impressions of Kierkegaard, Paul, Dostoyevsky, Luther, Nietzsche, Bach*. Filadelfia, PA: Muhlenberg, 1955, Caps. 1, 1-27.

¹⁰⁵ Duncan B. Forrester, "The Attack on Christendom in Marx and Kierkegaard". en *Scottish Journal of Theology* XXV, (1972): 182.

¹⁰⁶ Francesca Rigotti, *Filosofía en la*, 81.

¹⁰⁷ Duncan B. Forrester, "The Attack on", 181.

¹⁰⁸ George Wilhelm Friedrich Hegel, *Lectures on the Philosophy of World History*, 113.

¹⁰⁹ George Wilhelm Friedrich Hegel, *Lectures on the Philosophy of Religion Vol. II Determinate Religion*. Peter C. Hodgson ed., Berkeley, CA: University of California Press, 1987, 527.

¹¹⁰ Lawrence S. Stepelevich, *The Young Hegelians*, 310.

¹¹¹ Lawrence S. Stepelevich, *The Young Hegelians*, 311.

¹¹² Kierkegaard citó el término alemán-escandinavo *Christenheit/Christenhed* que significa *orbis christianus* o *corpus christianum* cuando él se refiere a un país cristiano (SV XIII 564, PV 22).

¹¹³ Merold Westphal, *Kierkegaard's Critique of Reason and Society*. Macon, Georgia: Mercer University Press, 1987, 77ss.

¹¹⁴ Karl Löwith, *From Hegel to*, 321-322.

¹¹⁵ Karl Löwith, *From Hegel to*, 322.

¹¹⁶ William J. Brazill, *The Young Hegelians*. New Haven: Yale University Press, 1970, 154.

¹¹⁷ Lawrence S. Stepelevich, *The Young Hegelians*, 156.

¹¹⁸ Karl Löwith, *From Hegel to*, 339.

¹¹⁹ George Lichtheim, *Marxism*. Londres: 1964, 16.

¹²⁰ *Fragmente*, 388.

¹²¹ Joaquim Garff, *Søren Kierkegaard*, 504-505.

¹²² *Selected Writings*, 160.

¹²³ H. Richard Niebuhr, *Christ and Culture*. New York: Harper Torchbooks, 1951, 233.

[124] Jon Sobrino, *Christology at the Crossroads: A Latin American Approach.* Maryknoll, NY: Orbis, 1980, 324.

[125] Joaquim Garff, *Søren Kierkegaard,* 207, 208.

[126] L. Noack's, *Philosophie geschichliches Lexikon Dictionary of the History of Philosophy.* Leipzig: 1879, 782. Citado por Robert Heiss, *Hegel, Kierkegaard, and Marx: Three Great Philosophers whose Ideas Changed the Course of Civilization.* tr. E. B. Garside Boston, MA: Seymour Lawrence. Nueva York: Dell Publishing House, 1975, 188.

[127] Bernard Bykhovskii, *Kierkegaard.* Amsterdam: B. R. Grüner B. V., 1979, 8, Conferencia 10.

[128] Schelling, *Werke,* Part I, Vol. X, 212 ff. Citado por Karl Löwith, *From Hegel to,* 117.

[129] Niels Thulstrup, *Kierkegaard's Relation,* 272.

[130] Bernard Bykhovskii, *Kierkegaard,* 15.

[131] Álvaro L. M. Valls, "Amar o Belo Amar o Feio Amar o Pobre" en *Estudos Teológicos,* 34 (2): 1994, 112-113.

[132] Enrique D. Dussel, *Método para una filosofía de la liberación: Superación analéctica de la dialéctica hegeliana.* Salamanca: Sígueme, 1974, 176.

[133] Enrique D. Dussel, *Método para,* 154.

[134] Enrique D. Dussel, *Método para,* 131.

[135] Enrique D. Dussel, *Método para,* 176.

[136] José Porfirio Miranda, *Being and the Messiah: The Message of St. John.* Maryknoll, NY: Orbis, 1977, 28.

[137] José Porfirio Miranda, *Being and,* 5, 16.

[138] "Kierkegaard nunca comprendió que Jesucristo es el Mesías al grado de que él es el Salvador de los pobres y el libertador de toda persona oprimida". José Porfirio Miranda, *Being and,* 56.

[139] "De todos los críticos de Hegel, Kierkegaard es el que más sentido metafísico tiene, pero como él no realizó ninguna crítica social, terminó apoyando el actual *status quo* europeo". Enrique D. Dussel, *Método para,* 149.

[140] Jon Sobrino, *Resurrección de la verdadera iglesia: los pobres, lugar teológico de la eclesiología.* Santander: Sal Terrae, 1981, 43.

[141] Abrahim Khan, "Opposition within Affinity between Religion and Politics with Reference to Golden Age Denmark and Brazil" en *Religious Transformations as Socio-Political Change in Eastern Europe and Latin America,* ed. Luther Martin, 189-203. Berlin: Walter De Gruyter, 1993, 197.

[142] Abrahim Khan, "Opposition within", 199.

[143] Herman Hesse, *Vivos Voco: a Review of Kierkegaard's Auswahl aus Sermon Bekenntnissen und Gedanken* (1920). 658 ss. en Helen M. Mustard, "Søren Kierkegaard in German Literary Periodicals 1860-1930" en *The Germanic Review.* Vol. XXVI, No. 2, (April 1951), Columbia University, 98.

[144] Frances Perkins, *The Roosevelt I Knew.* Nueva York: The Viking Press, 1946, 148. Citado por Charles Bellinger, en *Foundations of Kierkegaard's Vision of Community: Religion, Ethics, and Politics in Kierkegaard.* Connel, George B - Evans, C. Stephen eds. Nueva Jersey, Londres: Humanities Press, 1992, 229 n. 12.

Capítulo segundo
Método teológico kierkegaardiano

*D*espués de degustar una buena comida venía el momento más odioso. Así se expresaba Israel Levin, secretario de Kierkegaard de 1844 al 1850. Nada mejor que coronar el pipirín, la chaucha, el lonche, o almoço, o la comida, que con un café como el cubano o el brasileño, cargadísimo y dulcísimo. El café italiano pasado a presión (*espresso*) apareció hasta la Segunda Guerra Mundial, y el café de embuste o instantáneo vino después con el paladar estadounidense. Pero regresando al escribano, ese elixir de los dioses le resultaba un tanto amargo. Kierkegaard empezaba el ritual: se ponía de pie frente a la alacena y su colección de un medio centenar de tazas y platos, cada uno de ellos diferentes, y preguntaba: "¿Cuál de ellas prefieres hoy?". A Levin cada vez se le hacía más difícil su selección pues acto seguido El Tenedor lo picaba: "¿Ahora explícame por qué escogiste esta taza y no otra?" (WI, 150-151).

Este apartado es un breve asomo por encima del hombro de Kierkegaard, no para saborear su teología, sino para ver cómo la cocina: ¿de qué recetas secretas se sirve el discurso teológico?, ¿qué ingredientes se imponen?, ¿hacia qué paladares va dirigida?, ¿cuáles especias brillan por su ausencia?, ¿cómo condimenta ciertas doctrinas?.

Kierkegaard "ya no se cuece al primer hervor". A través de su método teológico no pretende que aprendamos algo, quiere más bien que aprendamos a aprender, y junto con ello aprender a desaprender. Busca que ejerzamos el criterio por cuenta propia, que leamos entre líneas. Nos complica la vida, en el sentido de que no hemos de dar nada por sentado.

Søren, es "un hueso duro de roer" pues no da recetas, no por celos profesionales, sino porque cada generación y cada lugar tienen sus propios desafíos y Kierkegaard es alérgico a la dieta vegetariana del "mangó bajito, mamey y ñame", es decir, cogerlo a uno de tonto o "darle todo peladito y en la boca". Rafael dijo lo mismo con su pincel en su obra *La Escuela de Atenas*. En un fragmento de ella aparece Melisa, la esposa abnegada dándole de comer en la boca a su amado Carneades. Este filósofo escéptico no quiere ser interrumpido con la comida pues está en trance divino con las ideas. Aprendió bien la lección de Platón: "El alimento espiritual nutre más, pues tiene más ser".

Verdad significa para Sócrates y la tradición platónica el no-olvido (a-lede), pues dan por sentado que el alma incorpórea gozaba del conocimiento pleno, pero desde que habitó el cuerpo humano cayó en el mundo de lo opaco. Por eso conocer es recordar, volver al alma luminosa. En este punto, el danés disintió de su mentor. Más que el no-olvido, es el no-velo, el des-velar o delatar los elementos anti-vida presentes en la teología imperial. La verdad entonces no se puede reducir al conocimiento, ni al encuentro como sostenía Emil Brunner, sino que dice relación a la categoría central kierkegaardiana: el reino de Dios y su justicia.

"Al pan duro, diente agudo" dice el refrán, como si evocara a El Tenedor y su vocación de re-velar o desmontar el andamiaje teológico de la Edad Dorada danesa puesto al servicio de las clases acomodadas. En el afán de Kierkegaard por des-velar las agendas ocultas del quehacer teológico, permítasenos lidiar únicamente con tres ejemplos: la sospecha ideológica, la injuria narcisista y la cristiandad.

2.1 El maestro de la sospecha ideológica

> Desde una perspectiva totalmente diferente, estoy más interesado en un asunto más apremiante que cualquier sutileza de teólogo, el problema en torno al cual gira la salvación de la humanidad: el problema de la comida.
>
> Friedrich Nietzsche[145]

Método teológico kierkegaardiano

La sospecha ideológica se refiere a esa desconfianza que surge ante la imposición de cierta ideología o conjunto de valores compartidos por ciertos segmentos sociales, en detrimento de otros. También se conoce como hermenéutica de la sospecha. Nuestra palabra hermenéutica proviene de Hermes, el mensajero entre los dioses griegos y las criaturas. Roma lo rebautizó como Mercurio y nos recordó que Hermes no sólo es el traductor entre el cielo y la tierra sino también, el más paquetero, quien más miente. Nuestra hermenéutica hispana ha de tener esto en mente. Ha de ser desnorteada, re-contextualizada a nuestro tiempo y lugares ya sea en la diáspora o en nuestras tierras expropiadas.

El Tenedor traicionó su clase social y renunció a los privilegios de su iglesia a través de su punzante crítica, pero ésta no se dio de la noche a la mañana ni en un vacío histórico.

Carlos Marx, siguiendo al filósofo presocrático Demócrito, explica el mundo desde el mundo, de ahí su materialismo. Friedrich Nietzsche da razón del infierno desde el resentimiento, o esa experiencia de incapacidad de la persona rencorosa (*rancidus*, rancia, renga). Sigmund Freud concibe a Dios como producto de la fantasía infantil. Los tres son considerados tradicionalmente como los maestros de la sospecha ideológica. Eso significa que cada quien desde los planos del análisis social, político-filosófico y psicológico cuestionó el orden establecido de sus días. Claro está, desde el punto de vista de la mujer, de la gente de color, de la población homosexual, de las culturas no-europeas etc., ellos no fueron lo suficientemente suspicaces.

Con todas sus contradicciones, el análisis de las causas de la pobreza de Marx todavía está vigente. Nietzsche fue sensible al flagelo mayor de la humanidad, el hambre. Pero en el caso de Freud que colocó la libido, es decir la pulsión sexual, como el eje del ser humano, fue el marxista Ernst Bloch quien le echó en cara que la energía sexual desaparece en un estómago vacío.

Siguiendo a Porfirio Miranda, uno de los padres de la teología de la liberación, tenemos que Kierkegaard ocupa un lugar central en el círculo de los maestros y maestras de la sospecha. Él tuvo la osadía de pinchar a su iglesia del Estado recordándole, es decir, despertándola de su sueño letárgico: "Era característica de toda filosofía previa bregar precisamente con el campo del ser que no depende de nuestra voluntad libre para ser lo que es. Es un ser que *no nos molesta, que no nos enoja…* Nietzsche, Marx y Kierkegaard se rebelaron y rompieron con ello. De los tres, Kierkegaard fue el más consciente de lo novedoso de ese método, el cual consistía en detectar qué campo del ser puede existir si yo hago una decisión"[146].

En tanto que los cambios prometidos con la transición de la monarquía absoluta a la democrática no trajo resultados sustanciales, el filósofo de la calle se autoimpuso el voto de silencio de finales de 1852 al 18 de diciembre de 1854, el mismo día en que dejó de asistir a la iglesia[147]. En cualquier caso, en estos tres años añadió 7 tomos a sus *Diarios y Apuntes*. El domingo 18 de mayo de 1851 predicó por última vez en la iglesia Højmessen de la ciudadela y registró en sus *Diarios* un comentario acerca de su sermón: "Los predicadores gordos ganan su sustento y también son condecorados como Caballeros de Dinamarca" (A330). El viernes 28 de mayo de 1852 fue el último día que comulgó[148]. De septiembre de 1851 hasta principios del año siguiente orquestó su asalto radical a la iglesia en su *Juzguen por ustedes mismos*, el cual apareció póstumamente en 1876. Asimismo sus *Diarios* de los años 1851-1852 reflejan su evolución política y social en relación con su conservadorismo de la década anterior[149].

Permítasenos una digresión explicativa para sopesar juicios como el de Moore, en el sentido de que Kierkegaard fue un huraño[150]. El hecho de que en sus últimos años muestre tendencias ascetas, y hostilidad hacia el sexo, no tiene que ver con su repudio a la vida sino con un nuevo método de "plantear el problema", tomando en consideración el contexto socio-político y religioso[151]. Kierkegaard es suspicaz del parentesco entre la iglesia y el Estado. Él no aborda el amor y la sexualidad dentro del marco del desarrollo individual sino en el plano de la cristiandad aburguesada; de la proclamación de Jesús y las instituciones oficiales que lucran con ello[152]. El no pretende engancharse con la familia o la sexualidad en sí mismas, pues juegan un papel subordinado. Enfoca más bien la relación con "la noción sacrosanta *del hogar,* lo clerical-erótico, la emanación nociva de la familia cristiana como el clima que promueve el más ostentoso crecimiento del auto-engaño e hipocresía, y la atmósfera de la moral burguesa diluida, garante del desarrollo de todo ese fenómeno[153]. Tengamos presente que familia viene de *famulus,* el nombre de los esclavos domésticos, lo que apunta hacia un concepto patriarcal y burgués de la familia. Cerramos la digresión de los supuestos años perdidos o locos de El Tenedor punzante.

Su suspicacia aumentó después del año 1852 donde se opone abiertamente al orden establecido (*der Bestaende*) el cual en teoría cambiaría radicalmente después de la revolución de 1848: "Precisamente aquellas personas que se preocupan con el deseo de disfrutar la vida, tener una carrera brillante en el mundo, precisamente esas personas consideran de suma importancia que la religión permanezca inmóvil. Tan pronto como 'el Espíritu' empieza a moverse, la existencia [*Tilværelsen*] se fastidia, pues la persona no puede vivir en armonía y hacer carrera en el mundo. Por eso es muy importante que todo permanezca como está, que nos apropiemos de lo religioso exactamente igual a las generaciones anteriores, o a lo mucho únicamente con pequeñas modificaciones" (Pap. X 4 A563, 1852) (JP, 1000), (Pap 5 A 125, 126, 147 et al.).

2.2 El maestro de la injuria narcisista: la pobreza material

> Primero dinero, y después puedes bautizar a tu criatura. Primero dinero y luego te echarán la tierra sobre tu ataúd y habrá una ceremonia fúnebre dependiendo de la cantidad acordada. Primero dinero y posteriormente llamaré a la persona enferma. Primero dinero… y entonces el Reino de Dios…Y todo el asunto consiste en lo primero: dinero (MLW, 235-236).

Sigmund Freud articuló las tres injurias que el ser humano no puede tolerar. La primera la propinó Nicolás Copérnico, aunque el director de la Biblioteca de Alejandría, Aristarco, ya lo había anunciado muchos siglos antes, es la heliocéntrica. Ella predica la expulsión de nuestro planeta tierra del centro del universo. Hirió nuestro orgullo al hacernos caer en cuenta de que nuestra Gaia, pachamama, tierra o como la llamemos, no es sino un granito de arena en la matriz cósmica.

La segunda ofensa a nuestro narcisismo viene del devoto anglicano y fiel patrocinador de las misiones, nacido hace 200 años, Carlos Darwin. 150 años atrás, el 24 de noviembre de 1859 publicó *El origen de las especies* y con ello destronó al género humano de la cima de la creación divina, en tanto que existe una continuidad entre nuestro ser y los del reino animal. Tal brecha ontológica no existe más. Para el espíritu patriarcal el darwinismo es doblemente ofensivo pues este británico además de la selección natural sostiene la selección sexual, y asienta que, es la hembra la que tiene la última palabra referente a con quién ayuntarse. Esa es la razón por la que el huajolote o pavo tiene que esponjarse, lucir su coral o moco y sus mejores poses en su pasarela frente a las pípilas o huilas. Pero tristemente, a veces captan primero la atención de los depredadores. Para los espíritus racistas y clasistas también Darwin es peligroso pues él nunca dijo que las especies más fuertes son las que sobreviven. Él sabía que las más vulnerables tejían redes de solidaridad para arrostrar la adversidad. El conuco venezolano o milpa es claro ejemplo de ello: el maíz le sirve de guía al frijol, el cual le da de comer al fijar el nitrógeno en el suelo. Las hojas de la calabaza conservan la humedad del suelo, las habas recién llegadas de Europa se adaptan a la perfección, las flores añaden belleza y ahuyentan depredadores. El chile es un plaguicida natural. El quelite, los quintoniles... hasta los hongos de maíz o huitlacoche (excremento de los dioses en náhuatl) hallan posada en la milpa.

Por último, Freud mismo se inscribió como el autor de la tercera injuria al descubrir mediante el psicoanálisis, que la persona humana no es enteramente consciente de sus acciones. Es un recordatorio a la humildad y no a la arrogancia y prepotencia tan socorridas.

Si nos lo permite Freud, dondequiera que esté, añadimos a su lista a Kierkegaard como el causante de la cuarta injuria narcisista: la pobreza material. Desde las entrañas de una Europa cristiana con su discurso triunfalista emerge El Tenedor para echarle en cara el lado feo que ella ha ocasionado tanto doméstica como foráneamente.

A diferencia de Marx que no profesó el luteranismo que le impusieron a su padre con el bautismo, el danés cocinó su crítica social y económica como cristiano militante: "En torno al pastor llegamos a esta conclusión: El cristianismo es con dificultad la verdad, pero la ganancia es la verdad" (AUC, 271).

En sus *Diarios* registra el contubernio que existe entre el estilo de vida burgués y la bendición del clero:

> Asumamos que ya es costumbre que un pastor tenga a un administrador de empresas como encargado de recoger su

dinero, diezmos, ofrendas, etc. lo cual es correcto en tanto que un administrador de empresas está al servicio del pastor. Pero supongamos que este administrador cuenta con medios propios para su subsistencia y que además él es el encargado de pagar el salario pastoral y que ahora él personalmente tiene planes y un proyecto financiero para el pastor y la congregación. ¿Qué pasa entonces? Bueno, en la práctica resulta que todos los sábados por la noche una vez que termine la preparación del sermón, irá a verlo el administrador de empresas y le permitirá inspeccionarlo. Y el administrador dirá: "si vuestra Reverencia habla de esta manera, ni los perros acudirán a la iglesia, y, !contra!, !demonios! eso no conviene a nuestros intereses. De modo que no podré liquidarle una suma anual, cosa que a usted también le interesa. No, es preciso que usted halague un poco a los feligreses y yo le explicaré como ha de hacerlo. No es que pretenda saber cómo se compone un sermón *in formis,* pero conozco al dedillo la época y las exigencias de los fieles".

Me imagino al pastor muy apenado decir: "¿Acaso es mi misión de maestro la de halagar a los fieles o la de levantar fondos económicos?" Pero el administrador de empresas contestara: "No tengo tiempo para histéricos, eso que usted dice es producto de la exaltación y todo eso. Todo mundo roba en su propio trabajo, y mi trabajo consiste en mantener a vuestra Reverencia a la altura de las circunstancias".

Es ya nauseabundo, en sí mismo el que la persona adinerada hurgue en el sermón y lo juzgue en términos comerciales, se revuelve el estomago (Pap VII 1 A 77, 1846) (JP, 2767).

Kierkegaard hace teología a partir de su crítica del maridaje iglesia-Estado orientado hacia sus valores supremos del consumismo y la comodidad: "La regla consiste en que 'el pan y la mantequilla' juegan un papel decisivo en el mundo; dondequiera que este término medio desaparezca, la persona se vuelve irresoluta". Los cristianos nominales y el clero son "comerciantes" y buscadores del "pan y mantequilla". Según este laico, ese estado de cosas contradice la esencia del cristianismo: "Cuando una persona particular es religiosa en el sentido estricto y así se expresa, la consideraran loca. ¿A qué se debe eso? A que el término medio del 'pan y mantequilla' está ausente" (Pap. VII 1 A152).

Ante una sociedad basada en la competitividad y el individualismo burgués, Kierkegaard denuncia a quienes se han "casado con el dinero" y lo único que saben hacer son las comparaciones sociales para retornar a su estilo de vida: "En la eternidad no te preguntarán por el tamaño de tu fortuna que dejaste atrás, tus sobrevivientes harán esa pregunta" (TA, 200, 223). Utilizando el lenguaje del mercado el danés hace un balance de la reserva del banco de la cristiandad: "Los pastores predican la indulgencia y enseñan que la renuncia total es sólo para ciertas personas". Las reservas han aumentado debido a la flexibilidad de la proclamación del evangelio, "La renuncia de todas las cosas provee el espacio para la libertad. Dios dice algo así: 'me causaría mucho placer si tú renunciaras a todo por la causa de Cristo, pero no es absolutamente indispensable'" (Pap. VIII 1 A 572, 1848) (JP, 3744).

El Tenedor coge la sartén por el mango al traspasar al clero que le ha dado la espalda al pobre: "Sólo imagínense la situación presente cuando se afirma (basándose en la experiencia) 'Si un padre tiene un hijo el cual no es tan bueno para los estudios, que se vaya a estudiar teología; ese es el medio más seguro de vida'" (Pap. X 2 A 543, 1850) (PC, 346) (Pap. X 3 A 244, 1850, JP, 3151). El banco de la cristiandad posee fondos enormes para liberarlos a los oficiales asalariados y la gente honorable quienes "han tornado los sufrimientos y la sangre en dinero, ventaja económica, honor, prestigio, estima..." Dicho capital se ha ganado con trabajo duro y se ha acumulado durante 300 años (JFY, 129). El fondo de seguros es parte importante del capital del banco de la cristiandad: "Concedido. Son los proclamadores quienes echan mano de ese seguro no obstante; es su audiencia, el mundo, el que más sale ganando al forzar a los predicadores hacia esta mentira, a fin de no tomar muy en serio al cristianismo" (JFY, 136). Kierkegaard se distancia de esta versión religiosa-política de la cristiandad. Para él, seguir a Jesús no se relaciona con el "fondo de seguros", pues "por mucho tiempo nadie ha confesado que todo este negocio de los 1,000 pastores no representa realmente al cristianismo. Ello es más bien una versión descolorida y adulterada en relación con el cristianismo genuino" (JFY, 133).

El Tenedor es una afrenta para el narcisismo europeo, al combatir la pobreza material desde las entrañas de ese continente. Sin embargo, su vida no estuvo libre de tensiones. Digámoslo sin ambages: Kierkegaard no tuvo la vocación para vivir la pobreza material. Él lo reconoció con humildad: "el extraordinario en términos del carácter, la capacidad de vivir en la pobreza, etc. yo no la poseo" (Pap. X 4 A 339, 1851) (JP, 6771). Lo confesó sin rodeos: "Estoy plenamente consciente del hecho de que haya tenido el privilegio de ser independiente económicamente, por lo mismo me siento muy inferior a las personas que han desarrollado una vida auténtica de mente y espíritu en la pobreza real" (Pap. IX A 43, 1848) (JP, 6153).

Kierkegaard vivió con mucha holgura especialmente en la década de 1838-1848. Su tren de vida como soltero fue caro. Vivió en el "segundo piso" (*Belle-Etage*) de la "clase alta" de Copenhague. Cuando compartió con su hermano Pedro la venta de su casa paterna, rentó departamentos costosos, uno de ellos por 200 rix-dollars[154] (Pap. X 2 A 10, 1849) (JP, 6489). Él no era una asceta: "Me hicieron ver como si hubiera querido introducir un pietismo, una renuncia trivial y desganada a las cosas que no importan. No. Gracias, nunca he hecho el más mínimo gesto en esa dirección –y confiesa– Lo que quiero es incitar en la dirección de convertirse en caracteres éticos, testigos de la verdad, de estar dispuestos a sufrir por la verdad y renunciar a la astucia del mundo" (Pap. X 3 A556, 1850) (JP, 3319). Kierkegaard como Salvador Allende, no tenía pasta de austero, pero al igual que el presidente chileno, usó su poder para que todo mundo tuviera acceso a la vida abundante del evangelio de Juan 10:10. Allende, como pediatra y político, luchó para que la niñez obtuviera su suficiente de leche y, en medio de una reforma agraria de verdad, fue acribillado el 11 de septiembre de 1973.

Kierkegaard predicaba la pobreza material no como un fin en sí misma, sino para ser erradicada: "Lo pertinente en este caso es que aún Cristo aprueba cierto despilfarro, por ejemplo el perfume costosísimo con que lo ungieron. Aquí es apropiada la observación de que la austeridad corrompe" (Pap. X 3 A 342, 1850) (JP, 14).

Al final de su vida Kierkegaard fue más cuidadoso con su herencia. La dividió en pequeñas unidades y las puso bajo la custodia de su cuñado Henrik Ferdinand Lund funcionario del Banco Nacional. No fue sino hasta cerca de su muerte que retiró la última porción (PC, 398 n.62).

Kierkegaard no romantiza la pobreza: "Convertir la pobreza en piedad es algo muy arbitrario, como si la pobreza fuera un fin en sí misma" –y continúa- "Ahora, cuando la pobreza se relaciona con una idea, al servicio del cual la persona apuesta su vida, eso es harina de otro costal" (SKJ, 403). Lo que hizo fue enganchar a los pastores del faraón quienes, como Orígenes apuntó, por un lado reciben su salario del Estado, y por el otro predican: "Quien no renuncia a todas sus posesiones no puede ser mi discípulo". El danés califica esto como un crimen doble: "¿Cómo tenemos la osadía de predicar tales verdades a la audiencia, o hasta de leérselas. Nosotros que no sólo no renunciamos a todo lo que poseemos sino que luchamos por ganar más? Pero si nuestras conciencias nos condenan, ¿debemos esconder lo que está escrito?" –y extiende el tenedor– "No. Yo no seré culpable del crimen doble. Confesaré, confesaré delante de todo el pueblo lo que el evangelio proclama y lo que yo no he podido lograr" (Pap. X 4 A 121, 1851) (JP, 3162).

Aunque no existe la pureza en asuntos del dinero, su fortuna lo mantuvo al margen de las estructuras de dudosa reputación: "Únicamente cuando acepte un cargo oficial podrá Mynster imponer su interpretación más fácilmente" (Pap. X 4 A 511, 1852) (JP, 6795).

La injuria narcisista kierkegaardiana no se refiere a la sana doctrina sino al mal ejercicio de la misma: "La doctrina de la iglesia establecida y su estructura son muy buenas. Pero sus vidas, créeme que sus vidas son mediocres". Digámoslo otra vez. Kierkegaard no fue un reformista sino un revolucionario: "No añadan más culpa al querer reformar la iglesia pues el cristianismo ya no existe" (Pap. X 4 A 33, 1851) (JP, 6727).

El Tenedor pinchó de manera magistral a Mynster en el análisis minucioso que hizo de su sermón "Meditación acerca del destino de las personas inhabilitadas". El obispo primado de Dinamarca predicó esa homilía en la primavera de 1850 con el propósito de romantizar la población con defectos físicos en particular, y a la gente pobre en general. Con maña espiritualizó el sufrimiento real y terminó confortando a su audiencia de abolengo.

Kiekegaard ataja a Mynster con la injuria narcisista a la iglesia rica y poderosa que representa. A lo largo del análisis del discurso revela el ayuntamiento existente entre el clero y los ricos; la trivialización de la pobreza material; la falsificación del evangelio por parte de los poderosos; la correspondencia que hay entre el lugar social del predicador y su discurso; la interpretación interesada de la Biblia, etc., todo ello en detrimento de la clase pobre. Nordentoft[155] ha observado cómo la mancuerna de los ricos y el clero legitimador ha desplazado a los pobres del lugar privilegiado que tienen en el cristianismo, por lo que constituye todo "un campo de observación psicológica".

Por razón de que dicho análisis está disponible en su totalidad únicamente en danés, nos hemos tomado la licencia de citarlo íntegramente:

"Meditación acerca del destino de las personas inhabilitadas"[156]

> El sermón de Mynster[157] en realidad no ha sido predicado con el fin de consolar a los que sufren, sino para la agradable seguridad de los afortunados, de tal manera que éstos últimos vayan de la iglesia a casa armados en contra del impacto causado por esa gente que sufre.
>
> Aquí hay algo astuto. Mynster es de la opinión de que no se puede ignorar totalmente a los que sufren, acerca de los cuales el evangelio habla constantemente. Por consiguiente, él trata el asunto pero lo hace de tal manera que, a final de cuentas termina negando que los que sufren realmente sufran. Él no predica para confortar a quienes sufren. En cambio, a los privilegiados les dice: "¡alégrense!, las cosas no están tan mal, también hay un aspecto benigno en esas personas. Hay ejemplos de personas ciegas con una más clara visión intelectual (pienso, por ejemplo, en Homero); ha habido pensadores muy profundos entre las personas sordas.
>
> ¡Esto es lo que se llama predicar! Ésta es ciertamente una manera de burlarse de los que sufren. Sin embargo, los afortunados, obviamente, están felices con sermones de este tipo; los cuales los confirman en su total e ininterrumpido placer, de modo que puedan disfrutar de la vida al máximo sin ser molestados por las miserias de la vida –"después de todo las cosas no están tan mal. El sufrimiento también tiene su lado benigno".
>
> En general, éste es todo un campo para la observación psicológica: la astucia con la cual el egoísmo humano, bajo la apariencia de compasión, busca defenderse a sí mismo en contra del impacto causado por la miseria de la vida, con tal de no interrumpir la voraz codicia por la vida.

Esto es *à la Goethe*. Obviamente, el mentor de Mynster.

> ¡¿En esto consiste realmente el cristianismo?! ¿Es un sermón que trata de Él, el Compasivo, alguien que cuidó de la gente que sufre poniéndose todo él en su lugar?

¡Con cuánta frecuencia uno escucha sermones y pláticas acerca de este tema: de que los pobres son mucho más felices que los ricos! Y esto es dicho con una aparente compasión. ¡Cuán felices viven los pobres, libres de todas las cargas de las riquezas! Esto es predicado de un modo muy conmovedor. Pero, ¿es éste en realidad un discurso para consolar a la gente pobre? ¡No! ésta es una muletilla con la cual se les da la más calurosa bienvenida a los ricos. Pues de este modo, ellos no precisan darles nada a los pobres, o por lo menos no mucho –los pobres son de hecho más felices. La pobreza tiene su lado bello. Los ricos salen de la iglesia hacia casa y sus tesoros, a los cuales se aferran ahora con más tenacidad que nunca, edificados por la encantadora predicación, la cual habló el lenguaje de la compasión.

¡¿Es esto también el cristianismo?! ¿Es asimismo un sermón acerca de Él, el compasivo, quien a fin de consolar a la gente pobre Él personalmente compartió sus mismas circunstancias?

No obstante, así como el "Estado Cristiano" reconoce de hecho únicamente un tipo de crimen: el robo[158], el cual constituye un terrible testimonio indirecto en contra del "Estado Cristiano", del mismo modo las clases privilegiadas tienen también sus pastores, como si fueran sus co-conspiradores. Ellos ciertamente saben cómo predicar, de tal forma que no se interrumpa en lo más mínimo el goce de la vida.

Tales pastores cultivan el arte de aproximarse tan cerca como sea posible al evangelio, pero lo hacen de tal forma en que no se entrometan con la posesión y el disfrute de todos los bienes terrenales, o el estilo de vida ocupado en adquirir y preservar dichos bienes. Si alguien intentara predicarles el evangelio sin goce de sueldo, no lo soportarían. Lo que a ellos les interesa es que "su pastor" posea más o menos los mismos bienes que ellos; su salario ha de corresponder aproximadamente al de ellos; su rango y posición en la sociedad ha de ser similar al de ellos; sus circunstancias domésticas han de reflejar aproximadamente la de ellos. El debe ser un caballero de más o menos sus mismas órdenes. A fin de que la gente tenga la garantía de que éste es un hombre el cual sabría cómo mostrar la debida consideración; la garantía de que él permanentemente predique avergonzado el evangelio sin vergüenza.

A propósito, esto es válido para todas las clases sociales: todos quieren tener a su pastor en las mismas circunstancias que las de ellos, para que correspondan aproximadamente a sus propias condiciones externas. Como resultado, uno se asegura de que él no vaya demasiado lejos. El pastor clasemediero puede así, por supuesto, pronunciarse celosamente en contra de la opulencia, de la aristocracia y demás. Es muy placentero para los clasemedieros puesto que ellos no poseen las oportunidades de la clase rica. No obstante, él ha de bendecir el estilo de vida de su respectiva clase social.

Escuché a un pastor predicar celosamente en contra de los rangos eclesiásticos más prestigiosos. Él sostenía que a un pastor se le debe pagar lo necesario para llevar una vida decente, y nada más. ¿Pero de cuánto estamos hablando? Correcto. Se trata de aproximadamente su mismo sueldo, moneda tras moneda. Él consiguió un trabajo, el cual no espera perderlo.

Escuché a un pastor predicar celosamente en contra de que el clero reciba condecoraciones de estrellas y listones. Sin embargo, consentía en que él sí podía ser un caballero de la bandera danesa[159] sin que con ello ofendiera a nadie. Naturalmente, él mismo era un caballero" (Pap. X 3 A 135, 1850).

2.3 El cristianismo vs la cristiandad

Metodológicamente Søren Kierkegaard hizo importantes matizaciones en su vocación profética de denuncia al orden económico injusto de la *Belle Epoque* danesa.

El joven Kierkegaard hasta 1846 se inclinaba hacia el ala política conservadora. No obstante y debido en parte a los acontecimientos sociales europeos, se fue moviendo en otra dirección. 1852-1855 fueron años definitivos durante los cuales orquestó su asalto a la cristiandad, abandonó prácticamente la pseudonimia, su audiencia fue la masa, empleó varias metáforas en su análisis estructural de la realidad, y reveló agendas escondidas de las autoridades civiles y religiosas.

El Tenedor ensartó su presa. Desde temprano discriminó entre cristianismo (*Christendommen*) y cristiandad (*Christenheden*). Sin romper con el cristianismo, ello le dio la libertad de valorar positivamente la contribución de los hegelianos de izquierda como Feuerbach: "Si miras más de cerca, verás que realmente ellos han hecho suya la defensa del cristianismo en contra de los cristianos contemporáneos". Según Kierkegaard, el problema estriba al nivel de las repercusiones de las doctrinas en la cotidianidad: "La cristiandad establecida erra al sostener que Feuerbach está atacando al cristianismo. Eso es falso. Él está combatiendo a los cristianos al demostrar que sus vidas no corresponden con las enseñanzas del cristianismo" (Pap. X 2 A 163, 1849) (JP, 6523). Kierkegaard está bregando con todo el sistema político-religioso: "Soy humano y yo también, humanamente hablando, amo la vida feliz sobre la tierra". Y en seguida agrega el aderezo: "Pero si lo que vemos a lo largo de Europa es cristiandad, un Estado, entonces mi intención es empezar por casa, en Dinamarca, mencionando el precio de ser cristiano. De esa manera todo el concepto de la iglesia-Estado, sus oficiales, su mantenimiento, ha de ser sacudido" (SKJ, 321-322). O lo que es lo mismo, puesto patas arriba.

Kierkegaard no vivió para ver cómo Francia, la campeona del Estado laico, echó todo al zafacón o basurero con el discurso de su actual presidente Nicolás Sarkozy. Él lleva a flor de labios el nombre de Dios a la vez que condena al hambre a la gente de color e inmigrantes del sur.

El danés se alejó del salvacionismo individualista: "Cristo verdaderamente murió por toda la humanidad, también por mí. Pero, este 'por mí' ha de interpretarse así: murió por mí en la medida en que yo pertenezco a los muchos" (Pap. II A 223 abril 6, 1838) (JP, 1976). O más claro ni el agua: "La persona solitaria no puede salvar su generación; sólo puede expresar la zozobra de ésta" (Pap. X 1 A 171, 1849) (JP, 4157). Obviamente sabía del peligro del colectivismo que engulle al individuo. Por esos días compró el libro sobre el socialismo escrito por Alexander R. Vinet y publicado en Berlín: "Acabo de obtener *Der Sozialismus in seinem Principe betrachtet* por Vinet, *Übersetzt Von* Hofmeister". Después de echarle en cara al autor que favorece la opinión pública en detrimento del individuo, termina con su evaluación del escrito: "No obstante, hay espíritu" (Pap X 4 A 185 Marzo 9, 1851) (JP, 4211).

En su análisis de su época, Kierkegaard pone de relieve la "guerrilla espiritual", o terrorismo espiritual. El Estado no tiene que echar mano del ejército, la policía, diplomáticos o estrategas políticos, sino de los pastores. Si la Reforma se asemejó a un movimiento religioso pero resultó ser político; esta vez "todo parece ser político pero terminará siendo un movimiento religioso" (Pap X 6 B 40, 1848(?)-49) (JP, 6256).

Con tal de cercar el concepto de la cristiandad, Kierkegaard se pregunta ¿qué es un pastor? Y él mismo da la respuesta: "Un pastor es quien recibe su salario del Estado a fin de proclamar la doctrina de la pobreza. Un pastor es la persona respetada, honrada y estimada en la sociedad por proclamar que no debemos perseguir el honor mundano, la estima y la riqueza" (Pap. X 5 A 164, 1849) (JP, 3139).

El Tenedor apuntó hacia las instituciones sociales que en su tiempo creaban corriente de opinión: la universidad, el teatro, la prensa y sobre todo la iglesia.

2.3.1 La iglesia: Jakob Peter Mynster (1775-1854)

"Mi padre cree que la verdadera Canaán queda al otro lado del diploma teológico, pero él también ascendió, como lo hizo Moisés al monte Tabor, y ha regresado para informar que yo nunca la alcanzaré" (Pap, I A 72, JP, 5092). En 1835 así le escribe una carta a su tío Vilhelm radicado en Brasil. Lo que El Tenedor sabía muy bien era que, para llegar al cuerno de la abundancia donde fluye leche y miel, una generación ha de morir primero, y él recogió el reto.

Mynster representa el símbolo del poder religioso durante la mayor parte de la vida de Kierkegaard. El obispo nacional influyó grandemente en su vida; a pesar de ello, ya en *La Posdata* se notan algunas grietas en su amistad. Allí nombra a los profesionales de la religión, asalariados del Estado (CUP, 389, 404, 426). En su *La pureza de corazón* se distancia de la burguesía y su visión de la vida. El mismo año de 1847 Kierkegaard descubre el precio de la vocación profética: "Desde ahora en adelante mi carrera como autor realmente no es espectacular. Está claro que seré una víctima" –y agrega después del punto y seguido: "Mynster nunca ha estado a una distancia de 70,000 brazas de agua y ha aprendido allí; él siempre se ha asido al orden establecido y ahora se ha fundido completamente con él. Si me opongo a idolatrar el orden establecido (*den bestående*) à la Mynster (y en esto consiste la herejía de Mynster), y en mi celo por la moralidad, tarde o temprano lo confundo con la mentalidad burguesa... Entonces personalmente no puedo rechazar lo que claramente ha sido mi objetivo" (Pap. VII 1 A 221 enero 20, 1847) (JP, 5961).

No ha de extrañarnos entonces que el primado de Dinamarca lo haya tildado de suspicaz y peligroso, pues como sostenía Marx: "La *crítica de la religión* en general se ha completado en Alemania. Y la crítica de la religión es la premisa de todo criticismo"[160].

El Tenedor enfiló sus púas rumbo al clero y su función santificadora de la mentalidad burguesa adicta a las condecoraciones, membresías honorarias, afiliación con ciertos clubes... (Pap IX A 404, 1848) (JP, 2753). Él calificó a los pastores de prostitutas públicas quienes no predican acerca del Cristo escupido, sino acerca de "ser simpático, bueno y altruista y así te amarán en Cristo, quien amó y fue amado por la humanidad" (Pap. IX A 288, 1848) (JP, 6254).

Ante la duda de si Kierkegaard promueve el banquete en el más allá (*pie in the sky*), él se asemeja más al tortillero o a la panadera que ante el incremento brutal de los precios del grano confiesan que "no hay mása-llá". Su dialéctica emerge con fuerza, ni lo uno ni lo otro: "el tipo de cultura y educación supuestamente de inspiración cristiana, es casi el tipo de cultura que ingenuamente se caracteriza por la frase 'poseer el mundo' ". Kierkegaard rechaza la identificación que Mynster hace entre cristianismo y cultura burguesa: "Si el cristianismo se supone que es igual a la cultura, ésta ha de tener carácter y producir personas de carácter" (Pap. X 3 A 588, 1850) (JP, 2712).

Cuando Kierkegaard se engancha con Mynster, tiene en mente al obispo de Sjællands, pero asimismo al líder absoluto, al más prominente representante de la cultura danesa. Por consiguiente, mientras más desarrolla su crítica a Mynster en su *Praxis del cristianismo*, más cuestiona la cultura en general. Debido a que la Iglesia del Pueblo [*Folkekirke*] había cambiado sólo de nombre y no de esencia, su ataque a la misma era inevitable. En 1851 ensartó a la sociedad toda: "En un tiempo la objeción contra el cristianismo... consistía en que éste era antipatriota, revolucionario y una amenaza para el Estado; ahora el cristianismo se ha convertido en patriota y en la iglesia del Estado". O todavía más directo: "En un tiempo el cristianismo era una ofensa para los judíos y locura para los griegos, y ahora es cultura. Pues el obispo Mynster, la marca del verdadero cristianismo, es cultura" (Pap X 4 A 126, 1851) (JP, 4209). La Cristiandad (*Christenheden*), se relaciona con la dimensión sociopolítica en general, coronada con la Edad Dorada danesa.

El cuerpo pastoral era parte importante de los círculos de intelectuales como lo delata su misma indumentaria, la cual es un remedo de la toga universitaria. De ahí al parlamento hay un paso: "Y lo hermosea el nombre enaltecido de trabajar por el todo, es decir, quedarse en Copenhague y disfrutar de uno mismo, abrir el apetito, votar, y todo eso. En eso consiste la seriedad" (Pap. X 2 A 357,

1850) (JP, 3140). Y del parlamento a la opción por los ricos también hay un paso: "Aquellos interesados en la corporación burguesa son canonizados y, obviamente, son canonizados por la más reciente orden clerical aparecida en el protestantismo: los buscadores de puestos o cazadores de posiciones" (SKJ, 407).

Kierkegaard se desencantó de su obispo temprano en 1847: "Al único contemporáneo que le he puesto atención es a Mynster. Pero a él sólo le importa ejercer su cargo y la administración creyendo que eso es la verdad" (Pap. VIII 1 A 414 Noviembre 20, 1847) (JP, 6075). En 1850 con la publicación de su *Praxis del cristianismo,* su relación llevadera prácticamente terminó. Este libro aborda la brecha existente entre el discurso y los hechos de la iglesia, lo cual le valió el siguiente comentario del obispo: "El libro me ha enfurecido; es un juego profano con las cosas sagradas... la mitad del libro es un ataque a Martensen, la otra mitad a mi" (Pap X 3 A 563, 1850) (JP, 6691). Kierkegaard por su lado con lucidez arrostró las consecuencias: "Considero que es mi deber mantener la causa, de tal manera que deje que el orden establecido tome los pasos en contra de mí, los cuales determinen en qué medida y qué tan lejos he de llegar" (Pap X 3 A 563, 1850) (JP, 6691).

El Tenedor traspasó las estructuras de poder. En 1851 declaró que su misión no consistía en el mejoramiento personal de tipo asceta, o el virtuosismo griego: "El cristianismo no llegó a fin de desarrollar las virtudes heroicas individuales; sino para erradicar el egoísmo y establecer el amor: amarnos los unos a los otros". Pero el prójimo no es "el dueño de propiedades, culto, poseedor de poder". Por prójimo tiene en mente a la persona pobre: "siempre he sostenido que el cristianismo es propiamente para los pobres quienes tal vez se fatigan y sudan todo el día y a duras penas logran vivir al día. Mientras más grandes son las ventajas más difícil es llegar a ser cristiano, pues la reflexión muy fácilmente puede seguir un rumbo equivocado" (Pap. X 3 A 714, 1851) (JP, 991).

La asociación de la figura pastoral con el prestigio y el poder político le lleva a Kierkegaard a solidarizarse con la gente del pueblo. En sus *Diarios* "La moderna proclamación del cristianismo y con buenos dividendos" pesca a los ricos: "Si eres un don nadie, no debes involucrarte en predicar que el verdadero cristiano repudia los honores del mundo, las medallas, los listones y títulos. La congregación gritará: qué exageración!" Mynster no pasa desapercibido:

"No, debes ser por lo menos un Caballero de Dinamarca si vas a predicar con éxito y ventajosamente, acerca de la edificación, el contentamiento, el disfrute de la congregación. Si apruebas en este tipo de predicación cristiana, entonces llegarás a ser su excelencia, es decir, de acuerdo con los filósofos, un desarrollo necesario". Los ricos y el clero logran reconciliar lo irreconciliable: "Al expresar justamente lo opuesto a lo que presentas con hermosura y pintas con fascinación, tu vida ha de ser la garantía de que toda la cosa es un juego, una actitud teatral, de esa manera la congregación declara: 'Dios mío, qué sermón tan encantador'" (Pap. X 3 A 720, 1851) (JP, 4559).

En la *Posdata* Kierkegaard reflexiona en torno a la fórmula: "Una relación absoluta con el *telos* absoluto, y una relación relativa con los fines relativos" (CUP, 386). Seis años después, en sus *Diarios* "Servir a Dios más que al rey" concretiza su pensamiento: "Ni la seda, ni el terciopelo, ni el oro, ni las estrellas y, obviamente, si se trata de servir a Dios, Dios también contribuirá en la mayor escala posible. Ténganlo por seguro, o sea, si hubiera algo más distinguido que servir a Dios se caracteriza por la pobreza y la bajeza". La agenda de Kierkegaard es poner al descubierto la cristiandad: "Todas las ilusiones de la cristiandad, de principio a fin, se deben al hecho de que la noción secular de distinción ha substituido lo divino" (Pap X 4 A 671, 1852) (mi traducción).

Intencionalmente Kierkegaard escribió su *Obras del amor* a fin de disipar las sombras que aún hoy en día lo persiguen al tildarlo de individualista[161]. Es a través de su categoría de la cristiandad donde aborda a toda la sociedad. Como un crítico punzante de la realidad pudo ver la relación que se da entre la fe y la burguesía, o en palabras de un teólogo político contemporáneo: "Si estoy en lo correcto, la crítica de Kierkegaard a la 'cristiandad' puede considerarse una forma temprana de crítica a la religión burguesa del cristianismo. De hecho, de acuerdo con Kierkegaard, la cristiandad sin espectacularidad o aún, sin notarlo, ha identificado la existencia cristiana con la existencia 'natural' del burgués. Esto es, lo que aconteció fue una transformación encubierta de la praxis cristiana del discipulado en el estilo de vida burgués"[162]. Consecuentemente, el asalto a la cristiandad corresponde a la acción de El Tenedor de trabar al Estado danés y su política anti-pobre en el nombre de la fe cristiana: "Bajo la forma de la cristiandad, el cristianismo ha una vez más salido airoso al aliarse con el poder imperante en la sociedad, en este caso, con la sociedad burguesa. Pero ¿a qué precio? Nada menos –responde Kierkegaard con insistencia– que la abolición del mismo cristianismo, el cristianismo del discipulado. Yo considero ésta como la primordial y eminente crítica profética al cristianismo como religión burguesa. Una crítica de ninguna manera obsoleta hoy en día tanto para católicos como para protestantes, y más urgente que nunca"[163].

Kierkegaard jugó con el concepto de iglesia triunfante. En lugar de la interpretación tradicional que se refiere a la persona fallecida dentro de la fe cristiana, lo toma literalmente: "Y esta iglesia triunfante, o cristiandad establecida, no se parece a la iglesia militante, así como un cuadrángulo no se asemeja a un círculo. Imagínense a un cristiano de esa época cuando la iglesia era en verdad militante, le hubiera sido absolutamente imposible reconocer la iglesia en su perversión presente" (TC, 207).

Cuando Kierkegaard habla de separar la iglesia del Estado no está rechazando la política como cosa mundana. Todo lo contrario. Está luchando en pro de la preservación del mensaje cristiano como instrumento crítico al servicio de la sociedad. En lugar de emprender la huida del mundo, él des-velaba la manipulación del discurso religioso. El Tenedor enganchó a Mynster y su eclesiología llevada a remolque de la filosofía hegeliana que favorece al *status quo* de la aristocracia.

2.3.2 La universidad: Hans Lassen Martensen (1808-1884)

> En la catedral suntuosa, aparece delante de un grupo selecto el Más Honorable Muy Reverendo, General Superior Privado y Predicador de la Corte Real, el favorito elegido del mundo refinado, y predica con gran emotividad acerca del texto que él mismo seleccionó: "Dios ha escogido lo más bajo y despreciado del mundo". Y nadie se ríe[164].

El Tenedor clavó sus punzantes dientes en la academia y su mayor representante, H. L. Martensen, conocido ya desde 1845 como "el predicador bello de la corte", encargado de hablar del pobre sin ponerse de su lado (Pap. X 2 A 227, 1849) (JP, 3491). Con su facultad de unos 200 profesores, había graduado los entre 1,300 y 1,400 pastores activos. Equivalente al mayor número de funcionarios públicos.

Martensen simbolizaba el ideal del éxito. Su currículo incluía: Predicador de la Corte, miembro de la Sociedad Científica Real, Caballero de Dannebrog, Obispo de Zealand, entre otros logros.

Estudió por dos años en distintas universidades europeas, y a su regreso empezó como docente en 1837. En noviembre de ese mismo año Kierkegaard se matriculó en uno de sus cursos: *Conferencias introductorias a la dogmática especulativa* (*Forelæsninger over Indledning til den spekulative Dogmatik*)[165]. Al siguiente año sucedió a Poul Martin Møller, el único mentor y gran amigo de Kierkegaard. Martensen coronó su investigación en 1849 con la publicación de su *Dogmática cristiana*, cuyo título original fue *Dogmática especulativa*. En dicha obra atacó a los jóvenes hegelianos y pretendió "ir más allá de Hegel". Ello le valió su ascenso al rango de profesor ordinario en 1850.

Martensen fue aristócrata por opción pues no estaba limpio por los cuatro costados. Nació en Flensborg, un pueblo del distrito central Schleswig-Holstein mezclado de alemanes como su madre y de daneses como su padre. Su progenitor era un capitán de barco. En 1817 se mudaron para Copenhague y ahí supo escalar hasta llegar al círculo selecto. Su audiencia era "la nobleza y la gente mejor educada de la capital". En su autobiografía hay un pasaje que nos recuerda la teoría económica de Ronald Reagan conocida como "reaganomics", la cual predica que produciendo más personas ricas, éstas a su vez irán desparramando su riqueza sobre la gente pobre, construyendo con ello un mundo feliz. Ante la crítica de que a Martensen sólo le importaba la élite, sencillamente él alegaba: "hay que tomar en cuenta que es de gran importancia que se le predique a la gente cultivada. Sería algo de lo más triste que los intelectuales permanecieran fuera de la iglesia, alienados e indiferentes en relación con el evangelio". Y remacha: "La cultura es la fuerza más alta de la sociedad, y el predicador que cautiva a los cultos, captura a la parte más importante de la sociedad, la cual puede influir en el resto"[166]. En años recientes la iglesia evangélica de Schleswig-Holstein cesanteó a su pastora Edda Groth por haber predicado que "Mao está más cerca de Dios que todos los papas y los obispos de los últimos 1,000 años puestos juntos".

En el apartado "la época de los santos ha pasado; ya no los hacen más", Kierkegaard subrayó la conexión existente entre la academia y los privilegios de clase. Menciona a una persona enlistada en el registro social debido a que obtuvo su Doctorado Honoris Causa, además del hecho de que sus hijas se casaron con un alcalde, un fabricante de velas, un comerciante, etc.: "En la cotidianidad del mundo uno puede escasamente tener éxito si uno no aparece en el registro social o posee un grado honorario" (Pap. IX A 475, 1848) (JP, 223).

Martensen, el prototipo de la intelectualidad, además de enseñar teología, de impartir conferencias y de predicarle a lo más granado de Copenhague, también era escritor. En 1849 sacó a la luz su *Dogmática Cristiana* y desde el prólogo le empieza a quemar incienso a Mynster y se distancia de los hegelianos de izquierda. Kierkegaard por su parte le reprocha que en esos años tan convulsos donde "toda la existencia se desintegra" Martensen se ocupe de organizar su sistema dogmático en donde lo que prima es "determinar dónde ubicar en el sistema a los ángeles, y cosas por el estilo" (Pap. X 1 A 553, 1849) (JP, 6448). Ese mismo año, el 30 de octubre para ser precisos, durante la convención de Roskilde, su hermano Peter Christian comparó la obra de Søren con la de Martensen (Pap. X 2 A 273, 275) (JP, 6553, 54). La relación tanto con su hermano como con su profesor se agrió: "Si me han de comparar con Martensen *qua* autor, me parece que es esencial que se marque la diferencia, es decir, que yo me he sacrificado de manera extraordinaria y que él ha tenido ganancias de manera extraordinaria" (LD, 240).

Tengamos presente que en su *Praxis del cristianismo* dos tercios los dedicó a desmantelar las argucias de Mynster y el resto lo usó para decodificar cómo la teología de Martensen era llevada en hombros de la filosofía especulativa hegeliana (Pap. X 4 A 604, 1852) (JP, 6813). Así, en un movimiento magistral, El Tenedor enlazó simultáneamente a la cristiandad y al hegelianismo.

Juzguen por ustedes mismos fue el libro más vendido de Kierkegaard, y el único que fue re-editado varias veces en vida del autor. Allí Kierkegaard retorna a su crítica del hegelianismo. Discrimina, por ejemplo, entre el cristianismo monástico-ascético de la Edad Media, y el cristianismo del siglo XIX donde lo que prima es el academicismo, con la figura del profesor como el cristiano verdadero: "Y con el profesor viene la investigación científica, y con la investigación vienen las dudas; y con la investigación y las dudas viene el público ilustrado; y entonces vienen las razones en pro y en contra; y *pro und contra* fueron alemanizados, en tanto que *pro un contra* les permite *sich* [a ellos mismos] entrar mucho en materia" (JFY, 194). Kierkegaard trasciende la comprensión del cristianismo como un simple acto de conocer; consiste también en la actividad de compartir. La academia no es el criterio último de verdad.

Durante la Edad Dorada danesa el 90% de la población pertenecía al campesinado y al público analfabeto (*Den Udannede*). La gente letrada (*Den Dannede*) concentrados básicamente en Copenhague, integraban el círculo de los bien educados (*Dannelsekulturen*). El Tenedor desde sus años de universitario picoteó al sistema educativo tan comercializado: "Toma cursos rápidos por correspondencia y en 50 horas comprimirás tres años. Serás una exitosa persona de negocios" (Pap. II A 4, 1837) (JP, 782). Apoyó nuevos métodos de enseñanza: "Grundtvig hizo una observación muy valiosa cuando en una ocasión sostuvo que está equivocada la instrucción infantil a través de preguntas. Pues debe ser a la niñez que ha de permitírsele preguntar" (Pap. X 1 A 647, 1849) (JP, 788).

Lo que importa para Kierkegaard es la articulación entre el saber y el hacer: "No se trata de una iniciación intelectual sino de la iniciación ética, la persona goza de enorme respeto al ser admitida en la comunidad cristiana, un respeto expresado no en seguridades o frivolidades sino existencialmente en la acción". La crema y nata de Copenhague no tiene las llaves del cielo porque éste es un cielo democrático: "Por lo tanto, nunca me olvido que en el cristianismo un zapatero, un sastre y un trabajador manual tienen las mismas posibilidades que el más grande investigador y el más articulado intelectual. Sí, en general la iglesia siempre ha de esperar su salvación de una persona laica, simplemente porque ella está más cerca de la iniciación ética" (Pap. X 2 A 341, 1850) (JP, 2793). Kierkegaard relaciona la ortodoxia con la ortopraxis: "La doctrina de la iglesia establecida y su organización, ambas son muy buenas. Oh, pero nuestras vidas, créanme, ellas son verdaderamente miserables" (DSK, 429).

Kierkegaard advirtió a su audiencia en relación con los bienes espirituales del ingenio, conocimiento, talento, aptitudes (CD, 123), los cuales pueden convertirse fácilmente en fines en sí mismos: "La persona estudiada continúa estudiando más y más pero en un sentido indeseable, y al final aprende tanto que nadie la entiende, sabe tanto que no puede comunicarse" (CD, 124). El intelectual callejero iba más allá de concebir la educación como pura información. Había que formar el carácter: "educar seres humanos es un don muy raro" (Pap. VIII 1 A 258, 1847) (JP, 787).

El Tenedor enganchó a su generación académica calificándolos de "filisteos burgueses" o sin espíritu (*Aandløshed*). Nada que ver con estupidez, falta de talento o un coeficiente intelectual bajo. "Sin espíritu" apunta hacia la ausencia del conocimiento de sí mismo y la falta de compromiso con la realidad. La mancuerna Martensen-Hegel es obvia: "Un pensador erige un edificio enorme, un sistema, uno que abarca el todo de la vida y de la historia mundial, etc. Y si uno entonces desvía su atención hacia su vida personal, uno descubre con asombro, el hecho pasmoso y ridículo de que él mismo no habita este inmenso palacio de bóveda alta, sino que vive en una bodega, o en una perrera, o en el mejor de los casos en el cuarto de servicio. Si alguien se atreviera mediante una sola palabra a resaltar esa contradicción, él se ofendería. Pues mientras pueda completar el sistema con la ayuda de su error, no teme vivir en el error"[167].

Con Martensen por delante, Kierkegaard la emprende contra las normas culturales de la burguesía ilustrada. Con ello simultáneamente toma el bando de los pobres culturalmente, quienes sí poseen espíritu[168]. Kierkegaard no es un anti-intelectual. Lo que hace es detectar el elitismo moderno y su versión contemporánea del gnosticismo: "En verdad el cristianismo nunca ha sido un misterio, de hecho aborrece el misterio, en el sentido de que éste sea del monopolio de pocas super personas que han sido iniciadas. No. Dios ha escogido lo pobre y despreciado (Santiago 2.6)".

2.3.3 El teatro real: Johan Ludvig Heiberg (1791-1860)

No cabe duda, "en gustos se rompen géneros". La ilustración francesa significó también una guerra abierta contra la comida muy condimentada, y particularmente desencadenó una campaña difamatoria contra el ají, rocoto, o chile de las Américas. Francia se impuso a México por la boca, cuando en 1838 lo invadió y le declaró la "guerra de los pasteles". En 1910 Chile y México celebraron el primer aniversario de sus independencias con sendos banquetes de la *cuisine* francesa. Heiberg, asimilado también por la gastronomía gala, no consentía en su mesa de etiqueta la diversidad de comida basada en la leche: sopas dulces, ensaladas dulces, salsas. Y de ningún modo toleraba el puchero danés. Prefería un consomé fuerte y denso a tres platos de sopa aguada dominguera[169]. Sus amistades eran tan selectas como la del concejal Don Zierlich, cuya pulcritud no consideraba propio colgar ropa de mujer y de hombre en el mismo ropero (MLW, 162).

Heiberg pertenecía a los "raros pocos", o los fabricantes de cultura. Junto con Mynster y Martensen constituía la trinidad decana de la época de oro, proveedores de cultura para los filisteos[170].

En 1824 Heiberg visitó a Hegel en su casa de Berlín. En 1833 publicó su conocido libro *Acerca del significado de la filosofía para el tiempo presente*, con el que popularizó a su *Magister*. En junio de 1837 fundó el *Perseus, revista para las ideas especulativas*, a la cual Kierkegaard se suscribió. Ese mismo año el pionero del hegelianismo en Dinamarca pronunció la conferencia *La lógica especulativa* contando con Kierkegaard entre su audiencia (Pap. II C 37 JP I 193).

Persona polifacética, dueño de las revistas filosóficas y literarias más prestigiosas, poeta, esteta, escritor de obras de teatro, crítico literario, traductor, editor, profesor de filosofía hegeliana, Caballero de Dannebrog, y director del teatro real por más de 50 años. Obtuvo un doctorado en literatura en español de la Universidad de Copenhague. Precisamente de *El rey y el campesino* de la autoría de Lope de Vega, Heiberg deriva su apego incondicional al régimen de la monarquía absoluta danesa. Pero hay un pelo en la sopa. El autor español en su *Fuenteovejuna* o "todos a una" deja en claro su postura política. Ahí anima a la solidaridad de toda la población frente al tirano Don Fernández Gómez. La comunidad hispana se ha inspirado en ese autor, para resistir precisamente a todo tipo de autoritarismo[171].

Heiberg se casó con su tocaya Johanne Luise H. (1812-1890), la más célebre actriz danesa y la mayor promotora de la ubicación del Teatro Real en el centro de la vida cultural danesa a quien Kierkegaard dedicara su *La crisis y una crisis en la vida de una actriz*. Por si fuera poco, la madre de Heiberg era Thomasine Gyllembourg (1773-1853), nada menos que la hija de comerciantes adinerados y autora de la novela *Dos Épocas; una reseña literaria*. Kierkegaard la reseñó y sugirió que la dama (*Frue*) Gyllembourg representaba la época de la revolución, mientras que Heiberg correspondía a la época de la reflexión desprovista de pasión.

En 1846 Kierkegaard analizó esa novela en el contexto de los cambios políticos que estaban teniendo lugar. La edad presente de la década de 1840 se caracterizaba por la reflexión de la burguesía conservadora coronada por Heiberg, el aristócrata campeón de la ideología autocomplaciente del *status quo*. La edad de la revolución pertenecía a la generación de 1790 cuando la intelectualidad se preocupaba por la noción del "ser humano". *Frue Gillembourg* tipificaba esa época al ser la escritora de prosa y ficción más popular de Dinamarca. Kierkegaard no se oponía a la reflexión en sí, más bien resistió la ideología que reduce a la nada al ser humano, en tanto que, "El individuo que se pierde, aunque sólo en principio, en las abstracciones del idealismo, en la práctica se pierde en las abstracciones de la modernización"[172].

Kierkegaard percibió con agudeza la amalgama existente entre el teatro y la iglesia: "En el paganismo adoraban el teatro; en la cristiandad las iglesias por lo general se convierten en teatro". En tanto que el aspecto económico juega un papel muy importante, el púlpito contribuye a "conservar artísticamente" una distancia de clase: "Es placentero, aún deleitable, comulgar con la gente de altura una vez por semana a través de la imaginación" (Pap. IX A 39, 1848) (JP, 6150). En el acto de predicar, Kierkegaard considera la gracia como la premisa mayor y al discipulado verdadero como la premisa menor, no obstante, sabe de las objeciones a su método: "Pero tal predicador, por supuesto, mete el desorden, porque queremos que 'gracia' signifique que tenemos el derecho de conservar nuestro dinero" (Pap. X 3 A 484, 1850) (JP, 3513).

El Tenedor ensartó muchas analogías entre la iglesia y el teatro: "Ayer, el decano John Doe, Caballero de Dinamarca, apareció como huésped de la catedral 'De Nuestra Señora'. La casa estaba a reventar, se agotaron las localidades. Probablemente nadie de los ahí presentes lo olvidarán" (Pap. X 4 A 90, 1851) (JP, 5040). Asociaba a la iglesia con el "entretenimiento teatral y el disfrute", y advertía acerca de los proclamadores: "Aunque Su Reverencia declame impresionantemente, aunque lo ilustre extraordinariamente, aunque llore en demasía, no ayudará pues *Frue Heiberg* puede hacer lo mismo" (Pap. X 4 A 227, 1851) (JP, 3519).

Los "predicadores gordos de profesión" están, en la opinión de Kierkegaard, orientados hacia el dinero. Al analizar el sermón de Paulli basado en Hechos 2, "El primer día del Pentecostés", afirma: "Los fieles vivían unánimes juntos...y no había pobres entre ellos, porque tenían todo en común". Kierkegaard apoya la institución de la diaconía de la iglesia primitiva e inmediatamente hace el cruce hermenéutico hacia su propio contexto: "Bueno, tenemos el poder de hacerlo realidad. Pero me sorprende si Su Excelencia realmente ha servido de esa manera, o lo ha deseado, o si tiene alguna idea de lo que dice. Me maravillo de si la congregación lo hace" (Pap. X 4 A 330, 1851 (JP, 3522).

Las iglesias con sus asientos asignados y con ujieres encargados de velar por ello son la versión religiosa del teatro: "Predicar acerca de los nobles que sufrieron por la verdad, a una congregación de gente honorable y culta de una iglesia ostentosa, produce el efecto de una hora placentera para el público espectador y de admiración por el predicador". Y picotea: "Predicar de esta forma en las grandes ciudades es traicionar al cristianismo" (Pap. X 1 A 125, 1849) (JP, 3481).

Los momentos gloriosos sobre el escenario teatral guardan un paralelo con la intensificación estética dominical. Kierkegaard menciona a un pastor quien, a la usanza de un actor, se siente descartado cuando no actúa: "En el edificio majestuoso donde el arte y el buen gusto producen el efecto estético pomposo y ceremonial, cuando las notas magníficas del órgano llenan la bóveda y los últimos sonidos mueren a lo lejos... un orador sale al estrado quien ahora echa todo a caminar para crear el efecto deseado en ese momento. Él mismo está inflamado al percibir lo efectivo que él es, está rebosante, etc.". Finalmente Kierkegaard traza la línea entre el predicador y el actor: "el pastor es pobre cuando predica sobre la pobreza, es ridiculizado cuando predica acerca del sufrimiento, etc. mientras que el actor simplemente tiene la consigna de engañar al sacudirse de lo existencial. El pastor, en el sentido más profundo, tiene la meta de predicar con su vida" (Pap. X 2 A 149 n.d, 1849) (JP, 3488).

2.3.4 La prensa: Meir Aron Goldschmidt (1819-1887)

> Visto en categorías animalescas, como un caballo de arrastre o como un bistec para la carnicería, yo soy muy inferior... No tengo ni músculos ni piernas fuertes, ni carne mantecosa. No es de sorprenderse entonces que la gente me mire con desprecio[173].

El Tenedor con sus dientes filosos penetró la prensa, la cual cierra el cuadrilátero de las instituciones que en sus días informaban a su sociedad. Considerada hasta el otro día el cuarto poder, hoy por hoy los medios de comunicación social se disputan el primer lugar.

Kierkegaard anticipó el eco de los recientemente inventados altoparlantes, al prever cómo tarde o temprano llenarían los estadios con sus ruidos (DI, 194). Asimismo visualizó la tiranía del radio: "Aunque por lo general yo odio las máquinas, me gustaría mucho que alguien inventara alguna (algo como una caja de música que se pudiera poner sobre el púlpito, allá en lo alto), a fin de que predicara estos sermones encantadores y edificantes. De esta manera cada congregación pudiera conseguir una máquina de estas. De esta manera por lo menos evitaríamos una situación escandalosa, pues no hay nada de escandaloso cuando una máquina predicadora no practica lo que predica"[174].

Igual de sorprendente resulta el hecho de que, a diferencia de la condenación casi total que mereció la invención de la cámara fotográfica, Kiekegaard le haya dado la dimensión que le correspondía. Primeramente detectó cómo la asociarían con el elemento de la envidia, o el resorte que hace que toda persona quiera ser igual a todo mundo. Contrariamente a la reciente moda, él nunca se dejó fotografiar. Los que pudieron pagar la cuota hacían cuernos con los dedos de la mano izquierda mientras los retrataban, por aquello del mal de ojo del lente. Pero este Profeta fue más lejos: observó que no se trata de que cada quien tenga su propio retrato, más bien lo que se busca es que "sólo un retrato sea necesario"[175].

La palabra obispo (*episkopus*) comparte la misma raíz *skopein* con el término microscopio, significando echarle un ojo, observar, clavar la mirada, investigar, explorar, reconocer[176]. Así tenemos que la obispa o el obispo es quien supervisa, pero conoce la realidad por vivir entre su gente. Lo que contrasta con el significado original que nos remite al supervisor de los esclavos, soldados o trabajadores manuales del imperio romano. El microscopio, recientemente inventado le arranca este comentario a Kierkegaard: "Si Cristo hubiera conocido el microscopio, a los primeros que hubiera examinado sería a los apóstoles". Pero expresa ese juicio en el contexto de la brecha fea de su sociedad que penaliza a las grandes masas de pobres[177].

En 1820 Hans Christian Ørsted descubrió el electromagnetismo. Por esos días llegaron a Dinamarca el telégrafo y la prensa hidráulica. ¡Hace más de siglo y medio Kierkegaard anticipó el chateo virtual! "En Alemania hay inclusive manuales para amantes; de manera que probablemente conducirá a los amantes a que se sienten y platiquen uno al otro anónimamente" (TA, 104: 97).

Los *Ludditas* eran los obreros ingleses ilusos que al destruir las máquinas creían acabar con la explotación y la exclusión de que eran objeto durante la revolución industrial. A pesar de que Dinamarca conoció la industrialización hasta la segunda parte del siglo XIX, Kierkegaard se adelantó al detectar la despersonalización del ser humano por parte de los dueños de la tecnología. Observó cómo al medir la fuerza de trabajo de 50 personas en términos de la fuerza de un caballo, la máquina terminaría sustituyendo a ambos: "Ayer tuvo lugar una reunión de 1,000 personas…tuvo lugar una reunión de 20 caballos, y quien presidió fue…" (¿Será que el presidente de la reunión fue el sentido común? ¡Pues en inglés se dice *horse sense!*) Pero regresando a Kierkegaard: "Y tarde o temprano el discurso humano se fundirá en el público: abstracción pura –no existirá más alguien que hable, sino una reflexión objetiva gradualmente creará una especie de atmósfera, una abstracción ruidosa que considerará superfluo el discurso humano, justamente como las máquinas convierten en superfluos a los trabajadores" (TA, 104:97).

La iglesia copió del Estado el concepto de la producción en serie y no tardó en producir creyentes en serie, con el sello de la corona danesa. Kierkegaard por su lado antepuso la categoría del ser humano como espíritu, es decir, como diferente *per se*: "Así es que el Estado se posesionó del cristianismo, y lo más importante de ser cristiano consistió en la más grande posibilidad de alcanzar la uniformidad de la producción de la fábrica". O si se prefiere: "El Estado, el cual no está completamente seguro, desea tanta uniformidad como sea posible –por causa de la supervisión" (Pap XI 2 a 112) (JP, 4502).

Goldschmidt, cuando contaba con sólo 21 años de edad, asumió la responsabilidad de ser el primer editor de *El Corsario* (*Corsaren*) el 8 de octubre de 1840. Este periódico era de corte izquierdista aunque desde temprano perdió su sabor, al empezar a ridiculizar de manera vulgar a personajes célebres. Durante los primeros años Goldschmidt y Kierkegaard se respetaron mutuamente, inclusive caminaron tomados del brazo. En 1841 *El Corsario* elogió su *El concepto de la ironía*. Dos años después, el 10 de marzo, reseñó en sus páginas con gran encomio *O lo uno o lo otro*. Sin embargo, su más íntimo colaborador, Peder Ludvig Moller (1814-1865) se enganchó en una disputa con Kierkegaard la cual desembocó el 2 de enero de 1846 con la publicación de una serie de dibujos satíricos de su persona.

La única bondad de esas caricaturas acerca de Kierkegaard es que evocan esa imagen olvidada de su gusto por los paseos a caballo, para tomar sus "baños de aire". Fuera de ello, esos dibujos lo marcaron de por vida. Allí nació el mito de su deformidad y de su individualismo sin matices. Kierkegaard sacó a Moller del cómodo anonimato desde el cual comía prójimo y lo forzó a renunciar el 9 de marzo de 1846. Dos años más tarde partió para Francia donde murió, dejando truncado su sueño de llenar la silla vacante de Oehlenschalager en la universidad. Goldschmidt también abandonó el país medio año después aunque sólo temporalmente. Pero el daño ya estaba hecho.

J.F. Giødwad, el editor de "La Patria", rompió con Kierkegaard, quien lo consideraba "mi amigo personal". C.M. Kunitzer, su sastre, se negó a continuar confeccionándole su ropa, pues perdería su clientela. Mynster permaneció callado durante los meses del linchamiento mediático: "Con el más grande tiraje en la ciudad y en el país, con escritores anónimos talentosos y caricaturistas de humor y veneno, con una serie de hombres de paja como 'editor responsable', con desprecio por el lugar del público y la vida privada, *El Corsario* aglutinó y explotó de manera inteligente los hechos, el rumor y el bochinche o chisme"[178].

El Tenedor "soltó la sopa". Dejó al descubierto la complicidad entre el periódico amarillista y las autoridades civiles y religiosas. Mynster contaba con la amistad personal del editor y con ello apostaba a lo seguro (Pap XI 2 A 296, 1853-54) (JP, 6846).

Concedido. *El Corsario* no representaba ni por un minuto la prensa oficial danesa. No obstante, es emblemático el modo en que Kierkegaard se adelanta a su espacio y tiempo y paga el precio con su muerte social por denunciar la prensa alimentada por el morbo.

Los medios actuales de comunicación basados en el entretenimiento, la fragmentación, la nota roja para justificar la violencia represiva institucionalizada, el bochinche o chismerajo, han rebasado a *El Corsario*, en una diferencia del cielo a la tierra. Así como las caricaturas acerca de Kierkegaard todavía gozan de buena salud, así también las caricaturas de Carlos Darwin en el siglo XIX que lo caracterizaban como un mono; las de Mahoma en el siglo XXI portadoras de la islamofobia danesa, o las actuales acerca del pueblo hispano siguen vivitas y coleteando.

En cualquier caso, la obra de Kierkegaard es útil para desmantelar los mecanismos ideológicos que sostienen a los medios masivos de comunicación que también, bajo el manto de la piedad cristiana, desfiguran y oprimen la imagen pública del ser humano.

Pero ya es tiempo de que pasemos a degustar el puchero de escritos cocinados por El Tenedor.

Preguntas para discusión

1. Escoge a alguien de tu grupo étnico que represente mejor la sospecha ideológica. Posteriormente avanza hacia la hermenéutica del compromiso: ¿Qué acciones concretas puedes desarrollar para no quedarte sólo con la denuncia?
2. ¿Hay espacio para agregar más injurias al narcisismo humano, además de las cuatro propuestas por estos varones europeos?
3. Elabora un contra-sermón respecto a alguna homilía que hayas escuchado o leído. Emite tus juicios con el sabor hispano.
4. ¿Qué piensas en cuanto a la predicación en nuestras comunidades? ¿Valora críticamente el uso del leccionario, la predicación seriada o sencillamente la selección de un texto al azar?
5. Al calor de este capítulo, problematiza los mismos nombres de "iglesias históricas" (*Main Line, Main Stream*), y de "iglesias litúrgicas".
6. Si se aplica a tu denominación, ofrece soluciones de cómo desprofesionalizar el ministerio ordenado.

7. La pantalla grande, la radio, la prensa y la televisión informan de todo, menos de ellas mismas. Menciona actividades específicas mediante las cuales has de llevar a tu iglesia a que desaprenda, a que des-cuente las más de 30,000 imágenes y millones de palabras que transmiten anualmente estos medios masivos.

---

[145] *Ecce homo*. Madrid: Alianza Editorial, 1985, 36.
[146] José Porfirio Miranda, *Being and*, 23 (énfasis y elipsis mías).
[147] Michael Plekon, "Kierkegaard and the Eucharist," *SL 22 (1992)*: 222.
[148] Michael Plekon, "Kierkegaard and the Eucharist," 218.
[149] Kresten Nordentoft. *Kierkegaard's Psychology*. tr. Bruce Kirmmse, Pittsburg: Duquesne Unversity Press, 1978, 251.
[150] Stanley R. Moore, "Religion as the", 17.
[151] Kresten Nordentoft, *Kierkegaard's Psychology*, 64-65.
[152] Kresten Nordentoft, *Kierkegaard's Psychology*, 65.
[153] Kresten Nordentoft, *Kierkegaard's Psychology*, 65.
[154] *Rigsbank Rigsdaler* [rix-dollar] era la unidad monetaria corriente en Dinamarca hasta 1875. Al *Daler* lo dividieron en seis arcos de 16 schillings cada uno. El *Daler* equivalía a $ 5 dólares en 1973.
[155] Kresten Nordentoft, *Kierkegaard's Psychology*, 253.
[156] Nordentoft y Plekon tocaron un poco este texto: Kresten Nordentoft, *Hvad Siger Brand-Majoren?* Pittsburgh: Duquesne University Press, 1978, 202, y *Kierkegaard's Psychology*. Tr.. Bruce Kirmmse, Pittsburg: Duquesne Unversity Press, 1978, 253. Michael Plekon, "Prophetic Criticism, Incarnational Optimism: On Recovering the Late Kierkegaard." *Religion* 13 (1983) 144-145. Bruce Kirmmse revisó mi traducción.
[157] *Prædikarne paa Alle Søn-og Hellig-dage i Aaret. af Dr. J. P. Mynster, Biskop over Siellands Stift, kongelig Confessionarius, Storkors af Dannebrogen en og Dannebrogsmand*. Kiøbenhavn: Gyldendalske Boghandlings Forlag, 1845, Vol. II, 211-224.
[158] El robo que atenta contra la propiedad privada de quienes pueden obtenerla, es el pecado imperdonable en una sociedad mercantilista.
[159] Nombre de la bandera danesa y de la orden que le sigue en rango a la del Elefante. La orden de Dannebrog se fundó en 1219 y sus miembros son designados directamente por el rey o la reina. Esta orden a su vez se divide en tres categorías: 1. Gran Comandante de Dannebrog y Portadores de la Gran Cruz de Dannebrog; 2. Comandantes del Primer Rango de D. y Comandantes del Segundo Rango y 3. Caballeros del Primer Rango de D. y Caballeros de D. (Document XVII, n.5).
[160] *Contribution to the Critique of Hegel's Philosophy of Law, Karl Marx - Frederick Engels Collected Works, Vol. 3*, 175.
[161] H. Richard Niebuhr, *Christ and Culture*, 243 ss. Cf: Dietrich Bonhoeffer, *Ethics*. ed. Eberhard Bethge, tr. Neville Horton Smith, Nueva York: Macmilan, 1967, 197-198.

[162] Johaness Baptist Metz, *The Emergent Church*. Nueva York: Crossroads, 1981, 5. véase también *Journals and Papers* (6076).
[163] Johaness Baptist Metz, *The Emergent Church*, 5.
[164] AUC, 181, mi traducción.
[165] Niels Thulstrup, *Kierkegaard's Relation*, 196, 157, 133.
[166] *Af mit Levnet*, vol. II, 94. Citado por Bruce H. Kirmmse, *Kierkegaard in Golden*, 192.
[167] Alastair Hannay, *Kierkegaard: A Biography*, 74.
[168] Kresten Norderntoft, *Kierkegaard's Psychology*, 240.
[169] Joaquim Garff, *Søren Kierkegaard*, 73.
[170] Bruce H. Kirmmse, "Psychology and Society", 178-79.
[171] Justo L. González, *Mañana: Christian Theology from a Hispanic Perspective*. Nashville, TN: Abingdon, 1990, 28.
[172] John W. Elrod, "Passion, Reflection and Particularity" en Perkins, Robert L. ed. *Two Ages; the Present age and the Age of Revolution, a Literary Review*. vol. 14, Macon, GA: Mercer University Press, 1984, 8.
[173] Joaquim Garff, *Søren Kierkegaard*, 431.
[174] Joaquim Garff, *Søren Kierkegaard*, 656.
[175] David Bruce Fletcher, *Social and Political Perspectives in the Thought of Søren Kierkegaard*. Washington, D.C.: University Press of America, Inc., 1982, 52
[176] Victor Moreno "Obispos y microscopios" www. *Rebelión.org*, 29/12/2007.
[177] Joaquim Garff, *Søren Kierkegaard*, 467.
[178] Nerina Jansen, "The Individual versus the Public: A Key to Kierkegaard's Views of the Daily Press," en *International Critical Commentary, The Corsair Affair, Vol. 13*. Macon, GA: Mercer University Press, 1990, 10.

Capítulo tercero
Popurrí de sus escritos

Si Martín Lutero sintió el llamado al ministerio sentado en su letrina: "alivia mi estreñimiento y me hago monje", Kierkegaard lo experimentó a través de la ingesta. Café tras café, puro tras puro, sentado en el Café de los jardines de Frederiksberg, hizo su opción por la pluma (CUP, 1:185,187).

Ya no fue literalmente la pluma de ganso, sino la recién nacida pluma de acero, siempre acompañada, en el caso de Kierkegaard, del lápiz. Con éste numeraba las páginas y lo usaba como borrador para tachonar con profusión páginas enteras. En 1838 consignó en su *Diario*: "ningún día sin una línea" (*Nulla dies sine linea*). Él escribía degustando las palabras con parsimonia: "Me preocupa particularmente un asunto arquitectónico-dialéctico: las oraciones han de revelar la forma al ojo y, al leerlas en voz alta, han de mostrar el ritmo de la voz" (WI, 144). Pero el hábito de la escritura viene de la mano de la disciplina de la lectura. El danés montó una biblioteca de 2,748 libros.

Popurrí, o la olla podrida, es el guiso comunitario donde todo mundo contribuye con algo para luego comer de la olla en común. Originado en la Europa de la Edad Media como resultado del hambre de sus soldados, el sancocho, cocido, puchero, el chupe, la harira, el ajiaco, el sudado, la mazamorra, continúa creando nuevos sabores de una diversidad de ingredientes. El Tenedor, de manera semejante, hace gala de su repertorio de géneros literarios con tal de picotear a su iglesia y a su sociedad tan encantadas con el progreso ilimitado: "Ese hombre ocupado debe estar equivocado, cuando alega que tiene infinidad de negocios por el hecho de emplear cinco asistentes y él mismo ni siquiera tiene tiempo para comer y beber" (CD, 59-60).

En una ocasión el rey Christian VIII le confesó a Kierkegaard que sus libros eran muy profundos para que él los pudiese digerir. Ni tardo ni perezoso éste asintió: "Por supuesto. Su majestad no tiene tiempo para leer libros, y lo que yo escribo no va dirigido a usted". El mejor consejo de esta introducción es el de empezar por el final: iniciarse con *El concepto de la angustia* por favor, ¡jamás ni nunca! Una lectura retrospectiva de Kierkegaard nos puede librar de la vergüenza que le hizo pasar a esta Majestad.

Escribir para él no era un fin en sí mismo: "Escribir un libro es lo más fácil de todo en nuestro tiempo. Según la costumbre, uno toma 10 libros antiguos que versen sobre el mismo tópico, y de esos compila el onceavo que gire en torno al mismo tema" (P, 63-65). Pero lo suyo no era la búsqueda de la fama o la ganancia económica: "de acuerdo con la dialéctica de la idea, servir [*tjene*] un ideal, el cual en mi simple opinión es algo diferente a ganar [*tjene*] dinero y estima". (Pap. VII 1 B 216, 1846-47) (JP, TA, 364). De hecho él consideró la publicación de sus libros como la redistribución de su fortuna con la humanidad. Curiosamente, entre la muerte de su padre en 1838 y la suya en 1855, ¡en sólo 17 años se gastó toda su herencia calculada en 45,035 rixdollars![179]

Kierkegaard se aproxima a esa vertiente de escritoras y escritores que tercamente apuestan por causas perdidas. En esta galería desfilan personajes como Pirry Thomas y su literatura en minúsculas (*lowercase*), Mario Santiago y los infrarrealistas, Eduardo Galeano y su contra-historia. En nuestro contexto evangélico hispano la Revista *Apuntes* es un foro para acompañar a un pueblo estigmatizado.

Pese a su falta de cuerpo, fue un escritor muy prolífico. En un espacio de 14 años produjo una obra que consta de 26 tomos en su recientemente terminada traducción al inglés. Además están los 22 tomos voluminosos de sus *Diarios y Apuntes* de la edición danesa. En inglés existen los 6 volúmenes de temas misceláneos vertidos del original por Edna y Howard Hong, aunque ya contamos con los primeros dos de un total de 55 tomos de la nueva traducción al inglés de *Diarios y libretas de notas de Kierkegaard*.

Popurrí de sus escritos

En español merece un brindis el trabajo pionero de Demetrio G. Rivero y su madre que a duras penas procuraba el pan para ambos. Gracias a ellos contamos con *Obras y Papeles de S. Kierkegaard*. Actualmente existe una media docena de libros traducidos del original y publicados por Trotta. De sus *Diarios* sólo tenemos poquísimos fragmentos traducidos de idiomas diferentes al danés.

Kierkegaard escribió 43 libros de 1838-1855 pero en vida, únicamente vieron la segunda edición nueve de ellos. *O lo uno o lo otro* por ejemplo, se agotó en dos años. Sus libros más conocidos hoy en día no tuvieron buena acogida. Su *Posdata Final Acientífica* vendió 50 ejemplares durante los primeros cuatro años. En ese entonces la tirada oscilaba entre 500 y 525 libros. De *Temor y temblor y El concepto de la angustia* se imprimieron 250 copias y de cinco de los seis *Discursos edificantes* 300 unidades. Todos sus libros de cortesía tenían las orillas de oro y el forro de piel negra (LD, 268 n. 6).

Kierkegaard también invirtió su capital en personal. Empleó más de un secretario. El Cand. P. V. Christensen copió *O lo uno o lo otro* (LD, 188). Igualmente contrató sirvientes como Anders Westergaard Christensen de quien opinaba: "él es mi cuerpo en realidad". Pagó a lectores de pruebas, pero Kierkegaard no le cargó al precio del libro el trabajo que él mismo invirtió en el proceso (Pap. X 1 A 584, 1849) (JP, 6458, 516, n. 905). Él pagó de su propio bolsillo el costo total de sus primeros 19 libros. A partir de agosto de 1847 firmó un contrato con Carl Andreas Reitzel (1789-1853) para la distribución de sus libros y empezó a percibir ingresos anuales de $1,500 dólares durante 17 años. (JP, V, 557, n. 1796) (LD, 152-157). Christian Peter Bianco Luno (1795-1852) fue su principal editor aunque P. G. Philipsen también le publicó. De sus *Discursos edificantes en varios espíritus* Kierkegaard obtuvo un honorario de 225 rix-dollars, unos $1,125 dólares (TA, 420 n. 33)[180].

Que quede claro, Kierkegaard no escribía por escribir. No persiguió ni el prestigio ni la ganancia económica: "Si me adaptara quizá llegaría a ser popular con el público, pero eso no es lo que quiero, por eso de ninguna manera he de ser un autor" (Pap. VII 1 B 211, 1846) (JP, 5881). Rechazó una propuesta indecorosa que le hizo nada menos que George J. B. Carstensen (1812-57), el fundador de varios periódicos y del parque de diversiones *Tivoli* (1853), donde se inspiró Walt Disney para construir su industria de la fantasía: "En Dinamarca me ofrecieron una cantidad enorme con tal de escribir en los periódicos (cuando Carstensen tenía a *Figaro o Portefeuillen* él me prometió 100 rix-dollars por una página impresa de un artículo en contra de Heiberg)" (Pap. X 3 A 99, 1850) (JP, 6624). Para tener un punto de referencia del valor del dinero, una empleada doméstica ganaba 30 rixdollars anuales libres de polvo y paja.

Al escritor danés le preocupaba la erosión económica que le significaban sus publicaciones (Pap. X 2 A 10, 1849) (JP, 6489) pero no estuvo ajeno a la dimensión mercantilista pues de toda su producción obtuvo ganancias de 2,835 rixdollars, en un tiempo cuando con 400 de ellos bastaba para vivir con lo básico durante un año. Tampoco conoció la falsa modestia: "Es incuestionable que soy un autor que definitivamente traerá honor a Dinamarca. He vivido *qua* autor prácticamente costeándome todo sin ningún subsidio del gobierno o del país" (Pap. IX A 169, 1848) (JP, 6204). Aunque se sabía en desventaja: "...fue mi destino ser un autor en Dinamarca. La existencia de tal autor en cualquier otro país hubiera estado en el camino rumbo a la riqueza. Pero en Dinamarca me cuesta dinero..." (Pap. X2 A619, 1850) (JP, 6603).

Kierkegaard fue un extranjero ante la élite de intelectuales daneses, como el flamante Martensen: "Él es un profesor, tiene un cargo importante, posee una pieza de ropa púrpura para el frente o para el estómago, es un caballero; mientras que yo soy un don nadie, he invertido mi dinero en mis letras" (Pap. X 2 A 596, 1850) (JP, 6595). En su último ensayo escribió: "Mi querido lector, como podrás ver, esto no conduce a la ganancia. Ella únicamente llegará después de mi muerte cuando los comerciantes jurados se apropiarán de mi vida, además de su provisión de barriles de sal"[181].

Kierkegaard lanza una curva: "¿Por qué un autor considera sus escritos de la propiedad pública?" Con ello quiere asegurarse que todo mundo comprenda la dimensión ética de su vocación como escritor: "Nunca he publicado un libro por esa razón [la monetaria], y en caso de que lo hubiera hecho, muy pronto hubiera comprendido en carne propia que mis libros no son para hacer dinero" (PC, 297). Su mejor pago fue el no recibir pago alguno (PC, 306). Rechazó, como nadie, el hacer dinero como el fin principal del ser humano. Aunque su vida, como la de todo mundo, no estuvo libre de contradicciones:

Popurrí de sus escritos

Nací en 1813, en ese año fiscal malo cuando pusieron en circulación muchos billetes falsos, y mi vida es bastante comparable a uno de ellos. Hay algo en mí que sugiere grandeza, pero debido a las malas condiciones de los tiempos, yo no valgo mucho (Pap. V A 3, 1844) (JP, 5725).

Henrich Ernst Schimmelmann (1747-1831), el traficante de esclavos, dueño de plantaciones en las Islas Occidentales y Ministro de Finanzas de Dinamarca, fue el directamente responsable de de la inflación y bancarrota de 1813 (Pap. I A 64, 1835) (JP, 5095, n. 116). Inmediatamente después del bombardeo de Copenhague por parte de los británicos en 1807, imprimió una cantidad desorbitada de dinero sin respaldo. No era de extrañar entonces que, para enero de 1813 el dinero se devaluó 1:10 y tuvieron que acuñar el nuevo rix-dollar. Posteriormente la nueva moneda se devaluó 1:100 y no fue sino hasta 1818 que se estabilizó la economía con la creación del banco nacional independiente del gobierno.

En los Estados Unidos fue el gobierno de Richard Nixon que dejó de respaldar con oro al dólar; que acuñó el término "hispano" con fines electorales y que inició el neoliberalismo con el país de Chile como laboratorio tras el golpe de Estado del 11 de septiembre de 1973. Pero "esos son otros 20 pesos", es decir, eso se cuece aparte.

Al nivel nacional 1813, el año en que nació Kierkegaard, fue un año fatídico; aunque al nivel familiar fue de bonanza. Su padre aprovechó las circunstancias para disparar su fortuna la cual, al momento de su muerte, repartió entre su familia inmediata al tiempo que estableció una fundación de 3,000 rix-dollars para sus hermanas y hermanos (LD, 66 n. 2). Søren alcanzó la mayoría de edad, en aquél entonces fijada en los 25 años, justo a tiempo para recibir su tajada del pastel. De manera similar a su pariente Wilhelm Lund, quien en 1832 se radicó en Lagoa Santa, Brasil, "perdido del mundo, absorto en excavar fósiles anteriores al diluvio", asimismo Søren resume así su misión: "vivo como si estuviera fuera del mundo, absorto en excavar conceptos cristianos, ¡ave María!, y todavía vivo en la cristiandad, donde el cristianismo florece, y se yergue con un crecimiento sabroso, con sus 1,000 pastores, y donde todo mundo es cristiano" (Pap. X 3 A 239, 1850) (JP, 6652).

Este escritor por segunda ocasión quiso retirarse del mundo literario en 1846 al terminar su *Posdata Final Acientífica*: "No debo ser un escritor por más tiempo... lo repito, es definitivo" (Pap. VII 1 A 4) (JP, 5873). Pero vendrían años intensos, pues apenas si había usado las púas de su tenedor.

Sus artículos publicados bajo el nombre de *Frater Taciturnus* indigestaron a M. A. Goldschmidt, el editor de *El Corsario*, la revista semanal satírica de alto tiraje, que emprendió la embestida directamente contra el verdadero autor. El obispo presidente Mynster, en lugar de ser pastoral, le atizó más al fogón al comparar a Kierkegaard y a Goldschmidt con "dos chícharos en una vaina".

Respecto al cuerpo de su obra, Kierkegaard la cocina en tres ollas: la seudónima de «naturaleza interina», la autógrafa incluyendo sus *Discursos edificantes* y, la de sus *Diarios y Apuntes*.

3.1 Libros seudónimos de la comunicación mayéutica o indirecta

Cuando estaba terminando su *O lo uno o lo otro* no podía darse el lujo de sus recorridos a pie, así es que cambió su estrategia para seguir apareciendo como alguien sin oficio ni beneficio. Todas las noches hacía una escala para cenar en Mini's, el Café más exclusivo de Copenhague, que también vendía chocolate, té y licores. De ahí se dirigía al Teatro Real, "se paraba en el teatro por 10 minutos, ni uno más" (Pap. X 5 A 153, 1849) (JP, 6332) pues eso le bastaba para pescar a su audiencia.

Las obras seudónimas las subdivide, a su vez, en estéticas, filosóficas y psicológicas. A través de ellas pretende interpelar a las personas mediante la mayéutica o comunicación indirecta, para que cada quien dé a luz sus propias ideas. A través del polinimato busca confrontarlas con la apropiación personal de la verdad.

Tanto la comunicación directa como la indirecta son transmisoras de verdades que tienen que ver con la existencia concreta. Pero la razón por la que Kierkegaard no puede hacer uso de la primera es porque su receptor no está en condiciones de percibir el mensaje vital. La comunicación directa "...presupone que la capacidad del receptor para recibirla no se halle alterada. Pero éste no es el caso, ya que se interpone en el camino una ilusión" (PV, 62), esto es, la ilusión de que ya se es cristiano. En esas circunstancias nuestro autor se pregunta: "¿Qué cosa es más difícil: despertar a uno que está dormido o despertar a quien, despierto, está soñando que no duerme?" (OP, IV,47). El danés desaparece en el pseudonimato para que su audiencia aparezca en primer plano: "Este arte consiste cabalmente en que el que comunica se hace a sí mismo un nadie, un algo puramente objetivo, y que así ininterrumpidamente pone en unidad oposiciones cualitativas" (OP, I,93).

Kierkegaard se "baja al nivel" de su "querido lector o lectora". A través de categorías estéticas, de preguntas graduadas, intenta "acercarse por detrás a la persona que está bajo la ilusión" (PV, 48) para, una vez que ensartado, traerle de regreso a la parcela auténtica de lo cristiano.

Éste no es un mero columpiarse con ideas. Con miras a fortalecer aún más su comunicación indirecta, Kierkegaard requirió de los servicios de varios secretarios, los cuales transcribían sus libros seudónimos para que, a través de otras caligrafías, pudiera mantener su anonimato inclusive ante el editor. No nos extrañe, pues, que el mismo Heiberg, el director del Teatro Real, le haya adjudicado una de sus obras a otro autor. No obstante, siendo Copenhague una ciudad pequeña, muchos de sus contemporáneos sospechaban de su anonimato, por lo que Kierkegaard optó por secundar a sus autores estetas mediante sus caminatas que realizaba por los barrios de aquella capital. Él deseaba proyectar una imagen de un vagabundo sin oficio ni beneficio, pero realmente, mientras deambulaba, él mismo nos cuenta: "Mis ideas laboraban en mi interior".

> Me ha ocurrido algo maravilloso. Fui arrebatado al séptimo cielo. Allí estaban reunidos todos los dioses. Por una gracia especial me concedieron el favor de cumplirme un deseo. "Si quieres –dijo Mercurio– tener juventud, o belleza, o poder, o una vida larga, o la muchacha más bella, u otra grandeza cualquiera de las muchas que tenemos en la caja de mercancías, elige, pero una cosa nada más". Me quedé un momento perplejo, y volviéndome después a los dioses, les hablé así: "Venerables contemporáneos, yo elijo una cosa: que tenga siempre la risa a mi lado". Ningún dios contestó; todos, en cambio, se echaron a reír. De lo cual yo saqué la conclusión de que mi ruego había sido atendido, y vi que los dioses sabían expresarse con gusto, pues sería impropio que me contestasen con voz seria: "Concedido".

Con este aforismo cierra el interludio musical o diapsálmata, de una sección de *O lo uno o lo otro*. Diapsálmata es el griego plural del hebreo *sela* que sazona a los salmos bíblicos. El Tenedor se valió de más de una docena de seudónimos, cada uno representado determinado punto de vista, todos ellos con la consigna de pescar a su presa, para hacerla volver en-sí.

Sócrates fue un filósofo que puso a Atenas patas arriba al enseñarles a sus conciudadanos a pensar críticamente. No en balde los jueces lo enviaron a la muerte. Pero antes de eso les pidió que en lugar de la sentencia el municipio debiera proveerle los alimentos de por vida, pues en eso consistía el mayor honor al que un ateniense aspiraba. Sobra decir que le negaron la pensión alimenticia. Sócrates practicó el método de la mayéutica o del dar a luz. Así como las comadronas sólo auxilian a la parturienta, él a su vez únicamente es el facilitador en el acto de conocer. Kierkegaard heredó ese método pero dio un paso más adelante: con sus seudónimos libera a quien lo lee de cualquier influencia de parte suya. Nos engancha forzándonos a discriminar entre su estilo irónico y la interpretación literalista de su obra de múltiple autoría. La pseudonimia era muy común en su época, pero lo prohibitivo era su uso en el campo de la filosofía rígida y frígida. Y precisamente en su libro filosófico más logrado, *Posdata Final Acientífica*, le concede la palabra a un pseudónimo quien a su vez da palique, o conversa con otros contertulios pseudónimos del mismo autor.

Cuando *Berlingske Tidende* publicó la empalagosa reseña de *Etapas en el camino de la vida* y de *Tres discursos en ocasiones imaginarias*, el firmante, un tal "n" declaró que Kierkegaard era el autor de ambas piezas, así como también de *O lo uno o lo otro*. Sin perder tiempo El Tenedor lo negó y terminó arrollando a ese periódico: "Cuando se trata de la crítica literaria, al *Belingske Tidende* puede... en el mejor de los casos comparársele con el papel de envoltura de sándwiches que uno lee mientras come –Es verdad que vi a una persona limpiarse con el periódico, a falta de servilletas"[182].

Tom Salinas considera a Kierkegaard el patrón de los payasos, al empujar fuerte la seriedad de dicho ministerio. Díganlo si no los payamédicos argentinos que en los hospitales de la Patagonia, a través de la risa ejercitan infinidad de músculos de la gente enferma, bajan su presión arterial y desintoxican sus cuerpos.

Acerca de este tipo de comunicación, Justo González capta muy bien su pertinencia para nuestro pueblo: "La teoría de Kierkegaard sobre la comunicación indirecta y sus cimientos teológico y psicológico para tal comunicación, ha servido para estimular los esfuerzos en expresar la fe cristiana a través del drama, la ficción y otros medios de dicha comunicación indirecta[183].

Pero metámosle el tenedor a algunas de estas obras mayéuticas de Kierkegaard[184]:

1834-36
Artículos, por A & B,
1838
De los ensayos de un sobreviviente,
1843
O lo uno o lo otro, por Víctor Eremita,
Temor y temblor, por Johannes de silentio,
La repetición, por Constantine Constantius
De omnibus dubitandum est, por Johannes Clímacus
1843-46
Ensayos, por A. F; Víctor Eremita; Frater Taciturnus; A.
1844
Migajas filosóficas, por Johannes Clímacus
El concepto de la Angustia, por Vigilius Haufniensis
Prefacios, por Nicolaus Notabene
1845
Etapas en el camino de la vida, editado por Hilarius Bookbinder
1846
Posdata final acientífica a las migajas filosóficas, por Johannes Clímacus
1848
La crisis y la crisis en la vida de una actriz, por Inter et Inter
1849
La enfermedad mortal, por Anti-Clímacus
Dos ensayos menores ético-religiosos, por H. H.
1850
La praxis en el cristianismo, por Anti-Clímacus

De las Notas de un Sobreviviente; publicado en contra de su voluntad por S. Kierkegaard, (septiembre de 1838).

Aquí encaja los dientes no sólo a su compatriota Hans Christian Andersen, el famoso cuentista y novelista, sino a quienes se suman a su literatura edulcolorada e ingenua del final lacónico: "y fueron felices y comieron perdices".

Con frases kilométricas y un estilo rígido arremete contra su célebre enemigo de toda la vida. Le echa en cara el no encontrar una visión de la vida (*Livs-Anskuelse*), alrededor de la cual debe girar toda buena novela.

Kierkegaard se considera un sobreviviente porque aunque creía que viviría hasta los 33 años y aunque a estas alturas contaba con 25 años en su haber, ya había experimentado la muerte de: 1817 Søren Mikael, 1822 Maren Christine, 1832 Nicholine Christine, 1833 Niels Andreas, 1834 su madre Ana Sørensdatter y 1838 su padre Michael Pedersen. La raíz de ese pesimismo tal vez se debía a su imagen del Dios vengativo e iracundo, que no perdona el que su padre lo haya maldecido y a su pecado de la alcoba, del adulterio con su prima y sirvienta.

O lo Uno o lo Otro, por Víctor Eremita (febrero de 1843).

Mi tío era "o lo uno o lo otro", mi padre "ambos-y" y yo soy "ni lo uno ni lo otro". Ésta es la confesión de su sobrino Paul, hijo de Peter Christian.

El Tenedor se ha burlado de infinidad de personas presurosas que no se han detenido a degustar la polifonía de ensayos y los distintos personajes que aquí desfilan, cada uno con un sabor distintivo. *O lo uno o lo otro* apunta hacia dos estilos de vida: el estético o de la inmediatez y el ético o de lo universal y el autor intencionalmente no da pistas de cuál camino seguir, para forzar a quien lo lee a decidir por cuenta propia. La primera parte se enfoca en el estadio estético y sus pobladores adictos al placer sensual y a la curiosidad intelectual. A-dicción significa sin-palabra, es decir que callan sus vicios. La segunda parte presenta modelos de vida ética reflejando la influencia de Emanuel Kant, aunque también está implícita la dimensión suprema, la religiosa. Víctor Eremita incluyó en sus dos volúmenes de un total de 838 páginas, una serie de artículos diversos: *La rotación de las semillas, El Diario del Burlador, Diapsálmata*, etc.

El ensayo, más conocido como *Diario de un seductor*, gira en torno al personaje inmortalizado por Mozart: Don Juan: él es pura pasión y a la vez razón calculadora y fría. En la República Dominicana sería el equivalente a Porfirio Rubirosa, en África a un nsäni, en Italia a Casanova, en México a Mauricio Garcés.

Él prefiere la caza a la bella presa Cordelia, quien evoca a Cornelia, la encantadora hermana de Regina. Durante el cortejo se vale de todo: de la conversación acerca de la producción de mantequilla, de los precios del mercado, y de la situación de la agricultura. Don Juan no seduce, él desea. Y ese deseo obra seductoramente; corteja hasta ese punto. Él disfruta de la satisfacción de los deseos; tan pronto los ha disfrutado, busca un objeto nuevo, y así *ad infinitum* (EOb, 46-47). Pero, por el hecho de estar fuera de sí, su seducción no es tal, porque carece de reflexión, no se sabe seductor. Todo se mueve en la inmediatez de los sentidos, juega con la existencia, no tiene vida interior, trivializa el amor (DS,147), mediatiza en general a los seres humanos (DS, 12,13), se cree libre pero es esclavo de la "vida organizada para el goce".

Por estética Kierkegaard entiende la actitud pasiva ante la vida, la ausencia de decisión, o el escoger no escoger. La persona yace engolfada en la turba de las distracciones. Su centro está en la periferia de sí misma. Tanto Don Juan como el irresponsable filósofo hegeliano que encuentra fruición en las ideas puras y nunca aterriza en la acción, son los prototipos estetas.

Quienes desenganchan este ensayo de su conjunto de *O lo uno o lo otro*, y peor todavía, de la obra completa de Kierkegaard, terminan asociando al burlador con el autor. Pero tengamos presente que él conoció a Regina Olsen en mayo de 1837. En septiembre de 1840 se comprometieron y en octubre de 1841 Kierkegaard rompió el compromiso. El *Diario del Burlador* fue escrito dos años después en Berlín. Además de ello, el título dice el burlador, no un burlador. Víctor Eremita, "el solitario vencedor" está engarzando a todo un segmento social, no a un individuo en particular.

Temor y temblor, por Johannes de silentio (octubre de 1843).

> Cierta vez, habiendo alcanzado las especias precios muy bajos en Holanda, los mercaderes arrojaron unos cuantos cargamentos al mar para así hacer subir los precios (TT, 209).

El Tenedor estaba muy consciente de que se podían invertir los roles. En el prólogo de este libro asienta: "El autor prevé su destino: pasar completamente inadvertido; presiente también algo tremendo:

que más de una vez la celosa crítica le expondrá en la picota pública; y le entran temblores cuando considera otra posibilidad aún más temible: que pueda surgir alguno que otro eficiente archivero, un devora-párrafos...[que] divida su discurso contando las palabras de manera que sumaban cincuenta hasta el punto y treinta y cinco hasta el punto y coma" (TT 57,58). A pesar de ello, dejó ir de su escritorio de a pié[185] su manuscrito para todo el mundo:

> Cuando yo haya muerto bastará mi libro *Temor y temblor* para convertirme en un escritor inmortal. Se leerá, se traducirá a otras lenguas, y el espantoso pathos que contiene esa obra hará temblar.

Eso opinaba en sus *Diarios* seis años después de su publicación, al considerarlo el libro más serio de su producción. Del cuento de hadas "El siervo fiel" de Grimms tomó prestado su nombre falso de Johannes de silentio, al que le devolvió el habla. Con este escrito avanza intencionalmente hacia la esfera religiosa del imperativo absoluto de la fe por encima de otros imperativos como el kantiano, útiles por demás está decirlo, para la vida en sociedad.

Johannes de silentio nos engancha con sus cuatro narrativas alternas a la historia bíblica del sacrificio de Isaac. Lo revelador de la primera de ellas es que Kierkegaard salta de improviso y delata su patriarcalismo al presentarse a sí mismo como la madre que tizna su teta para que su hijo no sufra más con falsas esperanzas de vida. En español también usurpamos el cuerpo de la mujer al hablar del "seno del padre Abraham". Pero Kierkegaard no se conforma con eso pues hasta le cambia el género a Regina por el de Isaac (TT, 64).

El padre de la fe, al intentar sacrificar a su hijo, se afirma en el estadio religioso superior al estético y al ético, pero no por ello deja de experimentar temor y temblor (Filipenses 2.12), psicológica y físicamente, al poner en suspenso las demandas éticas. La esfera ética, entonces, ha de permanecer al lado de la religiosa pero siempre en calidad de subordinada. Lo que Johannes de silentio está cocinando es su entendimiento de la fe cristiana como algo vital, ligado al discipulado profético, en claro contraste con lo que ha hecho Hegel al reducir la fe al dogma, al sistema, a categorías sin sangre.

Es en este contexto que Johannes de silentio sostiene: "La paradoja de la fe consiste, por lo tanto, en que el Particular está por encima de lo universal" (TT, 141), o con mayor claridad: "...el Particular determina su relación con lo general por su relación con lo absoluto, y no su relación con el absoluto por su relación con lo general" (FT 56, 70). Estas declaraciones aparentemente inocuas no significan en modo alguno que Kierkegaard haya asumido una postura medieval nominalista creyendo que lo que existe es el particular, real, concreto, en lugar del universal, abstracto, etéreo como lo sostenían los realistas. De ninguna manera. Lo que está de fondo es su distanciamiento de Hegel.

El Absoluto para Johannes de silentio equivale a Dios, no a la ley moral kantiana como el principio de la razón pura. Lo universal se refiere al orden social concreto. Johannes está contraponiendo al individuo particular con la política de determinado régimen. Por lo tanto, traba a su presa con su dicho: "Lo ético se reduce a lo relativo" (FT 70). O sea que relativiza las leyes humanas pues sólo la divina es absoluta. Johannes de silentio rompe con Hegel al deslegitimar su legitimación del discurso euro-céntrico e imperialista: "...la autoconciencia del mundo moderno no puede ser el Conocimiento Absoluto, como pretende ser en *La fenomenología* de Hegel, tampoco el Estado moderno como encarnación de la razón o el cumplimiento teológico del proceso histórico como lo presenta Hegel en *Filosofía del derecho* y en *Conferencias acerca de la filosofía de la historia*"[186]. Toda absolutización de lo relativo desemboca en la idolatría, o toda bendición religiosa del Estado también, como lo recoge nuestro dicho: "A Dios orando y con el mazo dando" donde Dios y el fuete o garrote son intercambiables.

Repetición, por Constantine Constantius (octubre de 1843).

Este librito disputa con *El concepto de la angustia* su grado de perplejidad. La repetición empieza desde el pseudónimo Constantine Constantius, que alude la fe constante de Job.

Aún después del rompimiento Kierkegaard escribía en *Temor y temblor* que así como Abraham recuperó a Isaac, así también pudiera darse un milagro para el reencuentro amoroso con su amada. Pero en su *Repetición* ya cae en la cuenta de que a diferencia de Job que en vida fue reivindicado por Dios, a él sólo le cabe recuperar a Regina en la eternidad, ya que ese mismo año se comprometió con alguien más. Pero ¿acaso no experimentó Regina la repetición al recuperar a su antiguo pretendiente Schlegel? O ¿es que repetición apunta al "soltero y sin compromisos" obtenido de vuelta e indispensable según Kierkegaard para la profesión de escritor? O ¿es mucho forzar el texto al sostener que el hijo pródigo regresó al seno maternal incompatible con el matrimonio por arrastrar los pecados capitales del sexo y de la maldición de Dios por parte de Michael Pedersen? O, ¿tal vez Kierkegaard actualiza la repetición al volver en sí y a sí mismo?

Hay que dudar de todo (*De omnibus dubitandum est*), por Johannes Clímacus (1843).

Johannes Climacus es el padre de esta criatura cuyas dos hermanas menores son *Migajas Filosóficas y Posdata Final Acientífica*. En esta trilogía la duda juega un papel central para contrarrestar la certidumbre hegeliana, caldo de cultivo de todo tipo de absolutismos y fundamentalismos ilustrados. Clímacus creyó poder escalar el cielo en su escalera de argumentos.

Este librito es asimismo muy autobiográfico. Narra por ejemplo sus caminatas virtuales en su casa de Nytorv # 2. Tomado de la mano de su padre, experimentaba su paso por el mercado, los gritos de las vendedoras y el regateo de sus marchantes. Todo ello a puerta cerrada.

Migajas filosóficas, por Johannes Climacus (junio de 1844).

No fue sino hasta dos años después de esta publicación que la comentaron en el *Theological Journal* pero eso molestó más a su autor: "Las revistas tienen la tarea de escribir para la gente ocupada que sólo tiene tiempo de leer en la tasa del baño, y que sólo a veces cuenta con poco de ocio, cuando tienen diarrea"[187].

Johannes Climacus de entrada se presenta como no cristiano. Con esa distancia crítica, se prepara a engarzar la versión hegeliana del cristianismo dinamarqués. Según Johannes el cristianismo tiene como centro a la paradoja absoluta: el Hijo del Dios trascendente que se hace inmanente en la oscura persona del Galileo ejecutado en la cruz. En el sistema de Hegel no hay posada para el pobre, lo que se impone es la razón clasemediera, blanca, masculina, heterosexual, protestante. Canjea la trascendencia divina de la teología por el logos euro-céntrico de la filosofía.

Johannes Climacus no es ni cristiano ni anti intelectual. Sencillamente denuncia todo tipo de conocimiento que se precie de acceder a la verdad absoluta, objetiva y universal sobre todo en cuestiones de la fe y los valores. Sus *Migajas filosóficas* son eso, migajas, y no el sistema omniabarcante totalizador de Hegel y sus epígonos como Martensen. Este ser estético, empantanado en lucubraciones fútiles, es al que pilló Kierkegaard. Sarcasmo significa morder la carne y eso es lo que hace al poner en boca de Hegel las palabras: "...el Sistema está casi concluido, o al menos bajo construcción, y estará terminado el próximo domingo" (CUP, 97).

De todas formas, retornará al tema dos años después con su monumental *Posdata final acientífica*, donde Climacus se presentará sencillamente como un Humorista (*Han er en humorist*).

***El concepto de la angustia: Una simple deliberación sobre las líneas psicológicas en dirección al problema dogmático del pecado original*, por Vigilius Haufniensis (junio de 1844).**

Poul Møller en una ocasión fungía como sinodal en la universidad (KE, 241). Le tocó su turno. Empezó su participación con el seño fruncido, diciendo: "Esto ha de ser seriamente criticado" (*graviter vituperandum est*), una vez contestada su objeción, su cara sonreía y exclamaba: "Concedido" (*Concedo*). El ritual iba de lo más bien hasta que se le cayó la disertación y todos los papelitos con las preguntas que tenía a modo de separadores volaron. Terminó prematuramente su participación, se retiró del recinto pero alcanzó a susurrarle a Kierkegaard que estaba entre la audiencia, "¿nos vamos al Pleisch?" Una vez ahí, al calor del café, rumiaron el mal trago.

Este es el único libro dedicado a alguien que no fuera Regina o su padre. La persona honrada fue Poul Martín Møller su mentor y amigo. En 1819 Møller se embarcó para China en calidad de capellán del barco. Tras un par de años le picó el hambre por el pan negro danés y la sació componiéndole poemas. Los hispanos no estamos huérfanos: Pablo Neruda y sus odas al pan son exquisitas.

Miguel de Unamuno (1864-1936) fue el primer filósofo que nos dio a conocer a Kierkegaard en español. En el mundo protestante latinoamericano lo hizo mediante su discípulo Juan A. Mackay, misionero en Perú y el presidente del seminario de Princeton. Unamuno aprendió danés para poder leer a Ibsen en su idioma original pero nuestro autor lo enganchó de por vida. Su libro clásico *Del sentimiento trágico de la vida*, lleva la impronta de *El concepto de la angustia*.

Oxímoron (*oxus*, afilado y *moros*, tonto) apunta hacia una contradicción, algo así como el concepto de la angustia, pues "la angustia es fundamento no conceptual de todos los conceptos"[188].

En la parcela de la teología, Haufniensis (vigilante del estercolero), brega con el pecado original y toma su distancia de la ética racionalista. Seis años antes, el día de su cumpleaños, con su tenedor trabó a su padre con motivo de su melancolía que le había contagiado. Michael Pedersen le abrió su corazón y le confesó sus dos grandes pecados: la blasfemia contra Dios y su incontinencia: "¡Horrendo! Aquel hombre, cuando era aún niño y cuidaba los rebaños en las landas de Jutland, descorazonado por el sufrimiento y por el hambre que padecía, trepó un día a una colina y maldijo a Dios: ¡y ese hombre no podía olvidarlo a los 82 años!". El texto de terror revoloteaba como gallina asustada sobre su cabeza: "Dios visita los pecados de los padres sobre sus hijos y sobre la tercera y cuarta generaciones..." (DI, 143). Como una confirmación de lo Alto, antes de que cumpliera 21 años ya habían muerto su madre de tifo, dos hermanas y tres hermanos: Søren Michael de hemorragia cerebral, Maren Kirstine de convulsiones; Nicoline Christine y Petrea Severine al dar a luz y Niels Andreas de tuberculosis.

Cuando Freud contaba con apenas 12 años de edad, Kierkegaard ya exploraba desde la psicología profunda y la teología, los recovecos y pliegues de su ser hasta extremos insondables. El deseo por lo que tememos produce angustia, "antipatía simpática" o ambivalencia. Concibe a lo demoniaco como a la cerrazón, el mutismo que obstruye al logos liberador. Este psicólogo se adelanta a su época y llega a diagnosticar que la desesperación y la angustia un día serían tomadas en serio y estarían bajo medicamento. Dígalo si no los Estados Unidos es el mayor consumidor de anti depresivos.

Prefacios, por Nicolaus Notabene (1844).

Nicolaus Notabene ensarta aquí nueve prefacios, sólo el primero perteneciente a un libro real, el suyo. Temeroso de su esposa que considera que un autor casado es un oxímoron, una abierta infidelidad, Nicolaus logra por fín la autorización de ella para escribir su único libro y más nada: *Prefacios*.

Parece ser que Kierkegaard evitó el matrimonio con Regina, su novia 10 años menor que él, pues tenía en mente escribir más de un libro.

Etapas en el camino de la vida, por Hilarius Bookbinder (abril de 1845).
Bookbinder hace un refrito aquí de la doctrina de los tres estadios presente ya desde *O lo uno o lo otro*.

Las esferas estética, ética y religiosa, por un lado son mundos cerrados, comunicados exclusivamente a través del salto cualitativo. Pero por otra parte se entrelazan en la vida de la persona humana pues nadie puede ser completamente el prototipo de uno de dichos mundos. De hecho, los tres se pueden llegar a confundir. Tal mezcla llega a darse entre otras cosas porque el tránsito de un estadio al otro no niega el anterior sino que lo redime.

La etapa estética es estática. El ser humano está volcado hacia el exterior, absorbido por la masa, eximido de toda acción responsable. Cree estar viviendo en el tiempo pero la verdad es que sólo ve su vida pasar. Pretende estar viviendo la vida pero lo cierto es que ésta lo está viviendo a él. Decide no decidir. Por tal razón, sus categorías son las del goce de los sentidos: salud, belleza, riqueza, fama. No es gratuito el hecho de que estético, teatro y teoría tengan en común la misma raíz. A esta persona que tiene su centro en la periferia de sí misma, Hilarius le propone: "vamos a hablar de estética. El engaño estriba en el hecho de que uno habla de ella simplemente para llegar al tema religioso" (PVb, 62,63). Kierkegaard conoció muchos de los recovecos de este estadio durante sus días de universitario: "También yo he experimentado el casi irresistible poder con que a veces un placer nos arrastra hacia el otro" (DI, 41).

La esfera estética asimismo representa la especulación racionalista cuyo mal estriba precisamente en ello, en que es puro pensamiento y nada de acción. No nos extrañemos entonces de que Kierkegaard ubique la filosofía hegeliana bajo la categoría de lo estético. Pues el pensador danés no entiende por estética la nueva teoría del arte como Adorno[189], ni tampoco la mera relación existente entre la posición del pensamiento frente a la objetividad, como Hegel; sino la actitud pasiva y conformista ante la vida. La fruición en las ideas. El regodearse con ellas sin comprometerse con la realidad lo cual es otra forma de evasión; es otra manera de caer en el cepo de ilusiones: "Cuando el sujeto no le pone un fin a su reflexión, se hace infinito en la reflexión, es decir, nunca llega a una decisión" (CUP, 105). A este segmento social precisamente quiere obligarlo a darse cuenta de su estado desesperante y quiere llevarlo a escoger por él mismo, entre *O lo uno o lo otro,* es decir, o permanecer en ese estado pasivo de la vida, o arribar a esferas más satisfactorias como la ética y la religiosa.

La etapa ética tiene en el Juez Guillermo un digno ejemplar. El "actualiza el universal": es esposo y tiene una vocación. En este estadio, la persona entra en sí, toma conciencia de sí misma a través de su decisión por la norma ética universal. El estadio anterior no ha sido anulado sino destronado: el barullo cotidiano, el extravío del yo, los ruidos de la muchedumbre, la reflexión como un fin en sí misma, han quedado atrás. El salto hacia lo ético se lleva a cabo mediante el deber, el cual tiene como metas en la vida tanto al matrimonio como a la vocación, los mismos que nos ubican dentro de la sociedad. Hilarius Bookbinder se alinea de este modo con los valores de su cultura y estas dos instituciones. Aunque no hace de la maternidad o del derecho a golpear a la mujer, por ejemplo, algo esencial a la mujer, sino que simplemente refleja en su obra a su época dorada danesa. Pero en Kierkegaard, la mujer no es un ser-derivado del hombre, sino un ser-para-sí misma. Ontológicamente igual al varón, delante de Dios.

Hilarius califica los móviles para el matrimonio. No habría que embarcarse impulsado por motivos meramente finitos: entendiendo el casamiento como una escuela del carácter; para tener hijos y para que no se extinga la extirpe de tanto abolengo; o para formar un hogar y así escapar de la soledad, etc. (OP, 137). Tampoco es una mercancía desechable: "...sólo se necesita notificar a la autoridad competente que el matrimonio antiguo se deshizo y se ha contraído otro nuevo, ni más ni menos que como se anuncia el cambio de domicilio" (OP, II,71). Tanto Kierkegaard como Regina pertenecían a una sociedad cuya misoginia romántica presentaba a la mujer como a la naturaleza, la tentación, la carne, la perfecta ama de casa, educada y programada para el mercado matrimonial, una "niña bien". Supuestamente Kierkegaard, apesadumbrado por los pecados inconfesables de su padre y los suyos propios, declaró la ruptura y escogió –como excepción– la vida célibe. Lo cierto es que puso patas arriba las costumbres de su clase: "Mi carrera de escritor podría también ser considerada como un monumento en su honor y gloria. La arrastro conmigo a la historia" (DI, 393).

La vocación, o la segunda marca distintiva de la persona ética, la entendió el autor, como la de ser un testigo de la verdad: "No hay que ser enigmático para los demás; hay que serlo también para sí mismo. Yo me estudio a mí mismo: cuando me canso, enciendo un cigarro y me pongo a pensar –bien lo sabe Dios– qué se ha propuesto el Señor conmigo o qué es lo que quiere sacar de mí" (D, 29). Kierkegaard desarrolló una actividad literaria volcánica como pocos. Después de la muerte de su padre en 1938, se entregó con furia a sus estudios teológicos con vistas a ejercer el pastorado, pero la cúpula de su iglesia lo bloqueó. Durante un año enseñó latín en la Escuela de Virtud Cívica, pero su verdadera vocación fue la de la pluma profética.

La etapa religiosa le corresponde a Abraham. La dimensión ética no es destruida sino "suspendida". En este nivel lo que prima es el Absoluto, el cual no se ordena a nada ulterior, a ningún relativo. No existe ningún tipo de mediación o de continuidad entre este estadio y los otros. A él se arriba únicamente a través del salto de la fe. La etapa estética se caracteriza por la inmediatez; la ética por el imperativo universal; y la religiosa por el imperativo divino.

Se dice que los judíos no reconocen a Jesús, que los ortodoxos no reconocen al papa, y que muchos protestantes no se reconocen entre sí…en una tienda de vinos. De cualquier modo, el protestante Hilarius Bookbinder abre su libro con la obra *In vino veritas* (La verdad está en el vino), escrito por el luterano William Afham: "*in vino*, y no hay que escuchar más verdad que la que hay *in vino*, cuando el vino es una defensa de la verdad, y la verdad una defensa del vino". Se trata de un simposio (de *symposia*), o literalmente "tomar juntos", evocando la cultura griega en donde después de cenar se llevaban esa mesa y traían otra con vino, para la "sobremesa". Al vino lo aguaban para prolongar el placer y no embriagarse de entrada. Además esos caldos eran muy espesos: generalmente añadían tres porciones de agua por una de vino, pues alcanzaban hasta 18 grados de alcohol. En algunas regiones de Grecia cortaban los caldos de la vid con agua del mar. Todo mundo sabía bien que "el vino tiene dos defectos: si le echas agua lo arruinas; si no le echas, te arruina".

El lugar de reunión es un bosque en las afueras de Copenhague. El simposiarca es el adinerado Constantino. La música de fondo está a cargo de Mozart y su *Don Giovanni*. Hilarius no espera hasta la segunda parte del banquete y descorcha el vino para lubricar la tertulia. Cinco criaturas pseudónimas kierkegaardianas disertan entre sorbo y sorbo, acerca de la esencia de la mujer y de las razones por las que hay que descartar el matrimonio. La conversación gira en torno a la sagrada familia, es decir, acerca de la familia tradicional, patriarcal, heterosexual, protestante, que hoy sería: papi, mami, uno o dos hijos, el perro y el gato.

Mientras el vino corre en esta obra mayéutica, paralelamente el autor entrega sus *Tres discursos acerca de ocasiones específicas* en donde, como buen luterano, nos introduce en la práctica de la confesión, del recogimiento, de la búsqueda del Reino de Dios.

En la segunda obra presentará la dimensión ética del matrimonio, donde aclara las posturas estéticas de la anterior. Bookbinder cerrará con "¿Culpable? ¿no culpable? Una historia de sufrimiento" a todas luces autobiográfica.

Posdata final acientífica a las migajas filosóficas: Una compilación mímico-patético-dialéctica: Una contribución existencial, por Johannes Clímacus (febrero de 1846).

> Si Dios tuviera toda la verdad atrapada en su mano derecha, y en su mano izquierda la eterna lucha de la búsqueda por la verdad, con el corolario de poder errar vez tras vez, y si Él me dijera: ¡escoge! –humildemente caería al suelo y tomando su mano izquierda diría: 'Padre, ¡dámela! ¡La verdad pura es en realidad exclusivamente para ti sólo! (CUP, 106). Lessing

Más largos que estos dos subtítulos resultó su posdata de 600 páginas, tres veces mayor al susodicho libro.

Este libro es una especie de acta de nacimiento de la corriente filosófica del existencialismo. Aquí por primera vez articula el término "existencialista" (*Existenforhold*) y acentúa esta categoría hasta más no poder. De aquí abrevarán existencialistas cristianos como Gabriel Marcel, agnósticos como Karl Jaspers o ateos como Jean Paul Sartre. Sartre puso de moda en todo el mundo la cadena de cafés existencialistas donde se filosofaba para entender y acompañar causas sociales.

Temor y temblor y la *Posdata final acientífica* afirman al *telos* más alto que el ético, ante el cual la esfera del deber ha de ser suspendida, pero no abolida, ya que la persona cristiana, en oposición a la filistea, tiene una alta estima hacia la ley. La esfera ética a lo más que aspira es a conducirnos hasta el arrepentimiento: "... el arrepentimiento y el remordimiento saben cómo debe utilizarse el tiempo en temor y temblor" (PCb, 50). Pero en cuanto al perdón, éste es en esencia anti-ético: "... el arrepentimiento es la más alta expresión ética, pero, como tal, es también la más profunda contradicción ética" (TT, 178). Por lo tanto es necesario realizar el *salto mortale*. La ética sólo pregunta: ¿culpable o no culpable? La religión nos re-liga con Dios a través del per-dón. O sea, el retorno al don, a graciela, el diminutivo cariñoso para gracia.

Johannes Climacus condimenta más su construcción literaria, aclarando que la esfera de la fe posee dos departamentos: la religiosidad A y la B. La primera es la socrática y brega con la filosofía del absoluto y del hecho religioso en general. Ella es una especie de antesala para poder ingresar al cristianismo. La segunda es la paradójica del escándalo de la encarnación de Dios: "... en el sentido formal puedo llamar perfectamente a Sócrates mi maestro, mientras que sólo he creído y sólo creo en Uno: Nuestro Señor Jesucristo" (PVb, 63).

Contra la pretensión de la filosofía hegeliana de ser una ciencia sistemática, poseedora de la verdad objetiva, capaz de contener, desde el punto de vista del conocimiento, a Dios, la propuesta de Johannes Climacus es más modesta: "la subjetividad es la verdad". No es que Kierkegaard haya cambiado "el silogismo por el catecismo", sino que junto con Lessing, rechazó la certeza total, madre de todo tipo de fundamentalismos.

Subjetividad no es sinónimo de lo caprichoso o de subjetivismo intimista. Es la relación y apropiación existencial de la Paradoja Absoluta: El Dios humanado. La subjetividad apunta también a la responsabilidad de cada persona por actualizar la fe.

Johannes picotea a los profesores y su ceguera intelectual que reduce la fe cristiana a un catálogo de doctrinas desencarnado de la cotidianidad. Si bien es cierto que Johannes consigna en este libro su animadversión por el régimen democrático y su predilección por la monarquía, no es menos verdadero que su análisis político es un antídoto contra los regímenes totalitarios de derecha o de izquierda.

Johannes Clímacus tiene la consigna de complicar las cosas, de no dar nada por sentado, de "hacer las cosas más difíciles". Su misión consistía en evangelizar a los evangelizados en el contexto de la cristiandad. Su escrito es un manifiesto "Primera y última declaración" en contra de un cristianismo hegeliano desabrido.

Kierkegaard pensaba cerrar su etapa como escritor con este libro, su más filosófico, pero el ataque del que fue objeto por parte del periódico *El Corsario* lo mantuvo tenedor en mano. Por lo pronto Clímacus cierra el ciclo de su literatura estética pseudónima. En un apéndice del libro hace un recuento de sus escritos mayéuticos, dialoga con sus autores en persona, todo ello con tal de combatir el pensamiento especulativo hegeliano que engulle el carácter paradójico del cristianismo.

La crisis y la crisis en la vida de una actriz, por Inter et Inter (junio de 1848).

Inter et Inter diserta acerca de la legitimidad del estadio estético siempre y cuando se le subordine a las esferas superiores, sobre todo la religiosa. Aplaude esa transición llevada a cabo por Doña Johanne Luise Heiberg, la actriz primadona de la época dorada danesa. La esposa del director del Teatro Regio y amiga cercana de Martensen, recientemente ascendido a predicador de la corte real, sufre una crisis: da el salto hacia la dimensión ética, al entrar en sí y ser sí misma.

La enfermedad mortal: Una exposición psicológica cristiana para la edificación y el despertar, por Anticlímacus (julio de 1849).

Miguel de Unamuno, el kierkegaardiano español, decía que cuando dos personas caminan juntas no son dos sino seis: una es la persona que la gente cree que es, otra la que la persona cree que es y la otra es la que realmente es. En esta obra Anti-Clímacus brega con la enfermedad de no querer ser uno mismo, de querer ser como los otros, una cifra, una copia.

Kierkegaard consideró este libro como "una de las mejores cosas que he escrito". Sin embargo nadie lo reseñó y su venta fue raquítica.

Popurrí de sus escritos

Si Johannes Clímacus se consideraba no cristiano, Anticlímacus es un cristiano en grado superlativo. La enfermedad mortal consiste en la muerte espiritual, la desesperación y al final de cuentas, el aburrimiento a que nada le importa, ni la misma muerte.

La desesperación es ansiedad acerca de algo, del no ser, de la nada. Anticlímacus concibe al ser humano como relativo, en el sentido de estar en relación. De este modo lo pone en tensión entre finitud e infinito; libertad y necesidad; temporalidad y eternidad. Este gran cristiano nos confronta con el instante –el tiempo de libertad, de posibilidad, de cerrazón o apertura de nuestro ser. El instante donde caemos en la cuenta de la necesidad de la fe. Lo opuesto al pecado no es la virtud sino la fe, la fe como confianza no como una serie de doctrinas. En la relación con Dios no importa el género, pues ontológicamente mujer y hombre somos iguales.

Anticlímacus ejemplifica la esfera estética con la gente bien educada pero ignorante de su ser, con la burguesía indolente, y con el Estado abstracto universal hegeliano.

Praxis en el cristianismo, por Anticlímacus (septiembre de 1850).
Prácticamente terminó de redactar este libro en 1848 pero le puso las hierbas de olor hasta 1850. No en balde el obispo presidente Mynster lo repudió, pues consideró que la primera parte picaba a Martensen y la segunda a él mismo.

Kierkegaard enganchó de antemano a Dietrich Bonhoeffer, el mártir luterano víctima del régimen de Hitler, a quien nunca excomulgó la iglesia católica. Bonhoeffer traicionó a su clase acomodada y se inspiró en el danés en temas como el costo del discipulado, la gracia barata y el sobre-énfasis en la justificación sólo por la fe. Bajo el tema de la imitación de Cristo, Anticlímacus brega con la gente marginada y denuncia la ausencia de una praxis cristiana liberadora por temor a menoscabar el elemento de la fe[190]. Ante una iglesia con-formada y una teología descafeinada, él insiste en el discipulado radical del Nuevo Testamento[191]. Aunque ya lo había esbozado en obras anteriores, en este libro es más intencional en su definición de la conversión como a una práctica real de la justicia y el amor: "... pues lo ético y lo ético-religioso son muy fáciles de entender, pero, por otra parte, muy difíciles de hacer" (CUP, 417).

Anticlímacus propone el hacerse coetáneo con Cristo en el sentido de imitarlo más que admirarlo. Hay que actualizar a Cristo del escándalo, no al Cristo explicado mediante el devenir histórico hegeliano. Anticlímacus es el apologeta del cristianismo y desarrolla sus temas centrales como la fe, la gracia, el pecado y la encarnación.

Kierkegaard tenía la fijación de ser pastor rural pero la buena acogida que tuvo su *O lo uno o lo otro* cambió el rumbo de su vida. Decidido a poner término a su vocación de escritor en 1846, el ataque de *El Corsario* le forzó a volver a sacar el tenedor del cajón.

3.2 Libros de su autoría o de la comunicación directa

Si todas sus obras seudónimas se las dedicó a Regina, las religiosas fueron para su padre. De esta segunda categoría declaró suscribir públicamente "cada una de las palabras en ellas" (CUP, 551ss), pero tomemos esta declaración de El Tenedor con el consejo "al hablar como al guisar, su granito de sal".

1836
Ensayo
1841
El concepto de la ironía
1842-51
Ensayos diversos
1843
Dos discursos edificantes
Tres discursos edificantes
Cuatro discursos edificantes
1844
Dos discursos edificantes
Tres discursos edificantes
Cuatro discursos edificantes
1845
Tres discursos acerca de ocasiones específicas
1846
Las dos épocas: Una reseña literaria
1847
Discursos edificantes en varios espíritus
Las obras del amor

1848
Discursos cristianos
1849
Los lirios del campo y las aves del cielo
1850
Un discurso edificante
1851
Dos discursos en la comunión del viernes
Acerca de mi actividad como autor
Para el examen de sí mismo
1851-1852
Juzguen por ustedes mismos
1854-55
Ensayos en "La Patria" 1-21
1855
El instante, 1-9
Lo que es el juicio de Cristo acerca del cristianismo oficial
Lo incambiable de Dios

El sancocho literario del pastor nórdico en general puede también apuntar hacia tres etapas de su vida[192]: La primera se localiza hasta el año 1846 y se caracteriza por utilizar los dos tipos de comunicación. La siguiente se extiende hasta el año 1851, y predomina en ella la comunicación directa, en obras firmadas por él mismo. Finalmente, viene su asalto a la cristiandad, que se prolonga hasta el momento de su muerte en 1855.

Mientras que Kierkegaard exclamaba acerca de sus libros estéticos: "Esta producción era de naturaleza interina" (PVb, 104), o aún más radical: "yo no diría que su falta de entendimiento fuera esencial" (PVb, 28), por otra parte se expresaba así de su trabajo religioso: "La producción estética fue arrestada por lo religioso" (PVb, 103). Pero no se piense que sus escritos religiosos corresponden a una etapa tardía de su producción, o que primero fue un autor estético y luego –en su evolución– llegó a ser escritor religioso. No. Desde el principio, su producción de multiautoría fue acompañada a chorro continuo con la religiosa: "La totalidad de mi trabajo como escritor se relaciona con el cristianismo, con el problema de `llegar a ser cristiano' "(*at blive Christen*) (PVb, 28ss, 64ss).

Al primer libro estético de Víctor Eremita, *O lo uno o lo otro*, no solamente lo siguieron dos discursos edificantes tres meses después. Aún a este escrito estético le incluyó un sermón de postre. La academia ha bifurcado el legado del filósofo de la calle en un currículo filosófico y otro religioso, a pesar de que a viva voz el autor lo haya resistido: "Mientras se producían las obras poéticas, el escritor vivía bajo estrictas reglas religiosas" (PVb, 103-104), o más claro que el agua: "Las obras de carácter estético, las cuales son un disfraz y un engaño al servicio de la cristiandad; porque yo soy un escritor religioso" (*religieuse Forfatter*) (PVb, 28).

El danés peripato o caminante publicó del 16 mayo 1843 al 3 de septiembre de 1855 88 discursos (*Taler*). En ellos rompe el turrón, se dirige en singular a quien lo lea y quiere que lo hagan en voz alta (*Pap*, VIII 1, A33). Son sermones pero los llama discursos debido a su carácter de laico, sin la ordenación religiosa, sin autoridad. Por no tener "licencia para bautizar y sepultar". Él sólo obtuvo su título de candidato a teología (*cand, theol*); le faltaba el grado episcopal llamado *collatio* o conferencia, expedido por la realeza o la iglesia/Estado del llamamiento y ordenación del obispo. No obstante, Kierkegaard calificaba para predicar, y hasta llegó a acariciar "la posibilidad de predicar extemporáneamente" o sea, sin un manuscrito preparado con antelación y sin memorización del texto correspondiente[193].

Un tema central en sus *Discursos edificantes* es el del valor del ser humano en una sociedad mercantilista, donde mandan los meritos económicos. El tener consume al ser, al concebirlo como una mercancía comerciable sin más: "De esta manera, lo que llamamos el ser de la persona equivale al valor del dinero; y quien conoce lo que vale hasta el último centavo, sabrá entonces como venderse a sí mismo con tal de obtener todo lo que merece" (ED, IV 29-30)[194]. El conocimiento del ser se deriva de los intereses monetarios de la clase burguesa: "...el gusto nacional, sí, el gusto exquisito de la ciudad reemplazan al ideal estético y hacen de él su copia más fidedigna" (Pap I A 222, Agosto 11, 1836) (JP, 853). Kierkegaard arriba a conclusiones semejantes con su contemporáneo alemán: "Marx no fue el único pensador decimonono en captar que las grandes teorías, 'vistas transversalmente', frecuentemente resultan ser producciones de una clase al servicio de los gustos de dicha clase"[195].

Kierkegaard reconocía que no podemos abstraernos de nuestro rol social, pero lo que sí podemos evitar es la identificación absoluta del ser de la persona con el rol[196]: "Podemos mitigarlo por ejemplo: Soy Canciller, Caballero de Dinamarca, miembro del Comité de Compras de Caballería, Regidor, Director del Club" (Pap. XI 1 A 284, 1854) (JP, 200).

El lenguaje accesible de sus *Discursos cristianos* describe al paganismo propio de la cristiandad, o del cristianismo sociológico. En su "preocupaciones de la gente pagana" pincha al cristianismo nominal de la clase urbana privilegiada: "Quien desea hacerse rico piensa todo el tiempo al ras de la tierra, ansioso por las cosas terrenales, camina con la cabeza gacha, mirando siempre al frente por si encuentra riquezas" (CD, 24).

La audiencia es muy importante para Kierkegaard. Él no espiritualiza la pobreza: "La persona que retraté (en el primer discurso de las preocupaciones de la gente pagana) hablando crudamente acerca de la seriedad de la vida, no es la persona pobre, como uno se da cuenta inmediatamente. Nunca podría imaginarme a tal persona hablar de esa manera" (Pap. VIII, 1 A 598, 1848) (JP, 6120). Los *Discursos cristianos* dejan de lado los tecnicismos y la jerga filosófica para bregar con una ensalada de asuntos económicos, sociales y sicológicos de la cotidianidad.

Pasemos pues a disfrutar de esta variedad de piscolabis de su comunicación directa:

El concepto de la ironía, con constante referencia a Sócrates, (septiembre de 1841).

Con Sócrates como mentor, El Tenedor da cuenta de la ironía analizándola y aplicándola. Nunca está de más su advertencia del abuso de la ironía y su poder destructivo, como el de la bruja que se propuso devorar todo cuanto existía y terminó engullendo "su propio estómago".

Éste es su libro más hegeliano, producto de su tesis doctoral. El "Sócrates Nórdico" rompió con la tradición universitaria de presentar sus investigaciones en el idioma de la academia, el latín. Consiguió permiso del rey para hacerlo en su danés tan adorado.

Dos discursos edificantes, (mayo de 1843).
La espera de la fe; Todo don perfecto viene de lo alto Stg 1:17

En el prefacio dedicado a su padre utiliza por primera vez el término "individuo singular" (*den Enkelte*) haciendo las veces de una caravana o un saludo inclinando la cabeza hacia Regina, como consta en su *Diario* de 1849. Fue una expresión desafortunada pues la gran mayoría de sus lectores la desencajó de su contexto, la tradujeron y la interpretaron como la robinsonada de "el individuo solitario", huraño, solipsista *(solus ipsus est,* solo en sí mismo está), cuando tiene que ver con la singularidad.

Tres discursos edificantes, (octubre de 1843).
El amor cubre multitud de pecados. Dos partes 1 P 4:8
La fuerza del hombre interior Ex 3:13ss

Cuatro discursos edificantes, (diciembre de 1843).
Dios dio, Dios quitó ¡Alabado sea su nombre! Job 1:21ss
Toda buena dádiva y todo don perfecto vienen de lo alto. Dos discursos. Stg 1:17
Salvar el alma mediante la paciencia Lc 21:19.

Dos discursos edificantes, (marzo de 1844).
Salvar el alma por la paciencia Lc 21:19
La paciencia en la espera Lc 2:33-40.

Tres discursos edificantes, (junio de 1844).
Acuérdate de tu Creador en los días de tu juventud Ec 12:1.
La esperanza de la felicidad eterna 2 Co 4:17.
Es preciso que él crezca y yo mengue Jn 3:30.

Cuatro discursos edificantes, (agosto de 1844).
La mayor perfección del ser humano es tener necesidad de Dios.
El aguijón en la carne 2 Co 12:7.
Contra la pusilanimidad 1 Ti 1:7.
La verdadera oración hace vencedor al ser humano.

Tres discursos acerca de ocasiones específicas, (abril de 1845).
En ocasión de una confesión, una boda y un sepelio.

Las dos épocas: Una reseña literaria, (marzo de 1846).

En este escrito El Tenedor cruza con su ironía a la riqueza y a la pobreza juntas: "Es realmente glorioso llegar a ser la persona superior a la que nadie puede aspirar ser. Es fabuloso comer sobre plata mientras otros mueren de hambre, vivir en palacios cuando otros no tienen techo, ser un intelectual como ninguna persona ordinaria lo puede ser, tener un nombre en el sentido de que excluye miles y miles, es eso muy excelente" (TA, 226).

Este resumen crítico de 50 páginas acerca de la novela de Doña Gyllembourg, la madre de Heiberg, contrasta los años de la década de 1790 con los de 1840. Los primeros marcados por la pasión revolucionaria y los últimos por el conformismo reflexivo. Los unos intensos, los otros extensos. La autora y Kierkegaard con ella, denuncian la era que les toca vivir signada por las medias tazas, las masas amorfas, la alienación.

Discursos edificantes espiritualmente diversos, (marzo de 1847) 80 sermones.

En este espacio continúa su valoración crítica de la cristiandad según las versiones de Mynster, Martensen y Grundtvig. Incluye discursos que se han publicado por separado y que gozan de buena salud como:

La pureza de corazón es querer una sola cosa Stg 4:8 donde hace un llamado a purificar los corazones a las personas de doblado ánimo. La "hora undécima" marca el momento oportuno para el arrepentimiento, y éste nunca está a destiempo. De la misma raíz de dúo proviene duda, o sea, las dos posibilidades, así como también la palabra doblez.

Lo que tenemos que aprender de los lirios del campo y las aves del cielo es otro discurso con el formato de sermón basado en su texto favorito de Mt 2:24-34. No menciona que en tiempos bíblicos las aves eran consideradas impuras, pero sí le recuerda a su época dorada danesa que la vida es más que amontonar riquezas.

En *El evangelio de los sufrimientos*, contrasta el estilo de vida del filisteo burgués de la cristiandad con el del verdadero apóstol de Jesús del cristianismo del Nuevo Testamento.

Las obras del amor; meditaciones cristianas en forma de discursos, (septiembre de 1847).

Este ensayo contiene su ética cristiana, donde desarrolla una crítica a los ideales del liberalismo de sus días: "Aquí yace un mundo que está a la venta y sólo espera por un comprador...pero el dinero es el dios del mundo, así es que éste cree que la seriedad consiste en todo lo que tenga que ver con dinero o que se relacione con el dinero" (WL, 296).

Las obras del amor (*Kjerlihedens Gjerninger*) es uno de los escritos de transición. Kierkegaard distingue entre *Kjerlihed*, el amor que excluye los pronombres posesivos "mío y tuyo", y *Elskov*, el amor romántico que implica la reciprocidad como en una relación contractual de acuerdo con el mundo comercial del dinero: "Uno paga dinero con tal de comprar esto o aquello que nos conviene. Uno paga dinero pero no obtiene lo que nos conforta. Sí, de esta manera nos hacen tontos. Uno hace una transacción de amor. Uno paga con amor en el intercambio, pero no obtenemos amor a cambio. Sí, de esta manera nos engañan" (WL, 223). *Kjerlihed* equivale al amor divino en donde Dios es el término medio y el prójimo es la primera persona que uno ve (WL, 70). Amar a Dios a quien no vemos viene mediado con el amar la primera persona que uno ve: "Si quieres amarme, ama a la persona que ves. Todo lo que hagas en su favor, me lo haces a mí" (WL, 158).

Esta obra, ignorada por quienes reducen a Kierkegaard a un existencialista promotor del individualismo, nos muestra claramente su concepto de comunidad, o si se prefiere, su individualismo dinámico: "La dialéctica de la comunidad o sociedad es la siguiente...El individuo se relaciona primeramente con Dios y luego con la comunidad; pero la relación primera es la más alta aunque sin negar la segunda" (Pap. VII 1 A 20, s. f.,1846.) (JP, 4110).

Discursos cristianos, (abril de 1848) 28 sermones.
Continúa con sus textos de Mateo y Santiago y desconociendo el cristianismo de sacarina. Abunda más en torno a: las preocupaciones de la gente pagana; estados de ánimo en la lucha contra el sufrimiento; pensamientos que hieren por la espalda; discursos para la comunión de los viernes.

Los lirios del campo y las aves del cielo, (mayo de 1849).
Un discurso edificante, (diciembre de 1850).
La mujer pecadora.

Acerca de mi actividad como autor, (agosto de 1851).
Este escrito deja entrever el contexto socio-político de la transición que estaba experimentando el país nórdico de la monarquía absoluta a la democrática. Tomó más de tres siglos para que el pueblo alcanzara su mayoría de edad. Da cuenta de algunos pseudónimos y claves para su lectura.

Para el examen de sí mismo: Recomendado a los contemporáneos, (septiembre de 1851).
Este libro fue el más vendido y el que más reimpresiones alcanzó en vida del autor.
Consiste en tres discursos en torno a la carta a Santiago, la favorita de Kierkegaard y la más desdeñable según Lutero, por cargarle la tinta a la importancia de las buenas obras en la vida del creyente. Picotea a la doctrina objetiva, al dogma especulativo o a la racionalización de la fe, útiles exclusivamente para la buena digestión de las clases acomodadas. Si sustituimos gracia barata por mundano, caeremos en la cuenta de la manera en que influenció a Bonhoeffer (FSE, 40-41).

Juzguen por ustedes mismos: Para un examen de conciencia recomendado a los contemporáneos, (1851-1852).
Publicado póstumamente en 1876, consiste en su denuncia profética en contra de la autoridad religiosa que por medio siglo bendijo el orden establecido injusto: Jacob Mynster.

Ensayos en La Patria (Fædrelandet) 1-21, (19 de diciembre de 1854 al 26 de mayo de 1855).
El Tenedor ensartó su objetivo en un ensayo escrito inmediatamente después del fallecimiento del obispo primado Jacob P. Mynster acaecido el 30 de enero de 1854. Sin embargo, con su fino olfato, esperó pacientemente 11 largos meses para publicarlo. Hans Martensen predicó el sermón de despedida del anciano y a la vez le dio inicio a su campaña política para reemplazarlo. No dudó en referirse a Mynster como "el nuevo eslabón en la cadena sagrada", "el testigo de la verdad", etc. Era un acto suicida obstaculizar el proceso de ascensión de Martensen a la silla vacante de obispo. Por eso Kierkegaard esperó la jubilación, ese mismo diciembre, del tan poderoso como conservador Anders Sandøe Ørsted. Por fin, el 18

de diciembre, en el #295 del periódico de corte político *La Patria*, Kierkegaard echa toda la carne al asador en su asalto a la cristiandad: "¿Fue el obispo Mynster un 'testigo de la verdad' uno de los 'verdaderos testigos de la verdad'?"

Ensayos en "El instante" 1-9, (24 de mayo al 30 de septiembre de 1855).

Con su último aliento y su escaso dinero Kierkegaard financia su propio periódico donde aparecen 9 de los 10 artículos de su puño y letra. El último número verá la luz hasta 1881 pues la enfermedad y la muerte se le adelantaron. Él no era un asceta, sino que amaba la vida: "¡Lejos de mí hablar despectivamente de lo confortable!...el agua es una cosa que puede obtenerse de una manera difícil, bombeando; pero también puede obtenerse de una manera cómoda, abriendo el grifo; por supuesto que prefiero la manera cómoda" (I, 32).

El niño precoz apodado El Tenedor está muriendo, pero su despedida o *Nunc Dimitis* tiene sabor propio. Se va no sin antes engarzar los espíritus y potestades, las entidades fácticas, los nombres y apellidos de quienes impiden actualizar el Reino de Dios y su justicia.

3.3 *Diarios y Apuntes*

> Ven acá, mira bien. Dinamarca tiene su más grande escultor en Thorvaldsen, su más grande poeta en Oehlenschläger, y su más grande estilista de la prosa en mí. Ahora Dinamarca no durará mucho.

Así mismo se lo dijo a Tycho Spang en 1850, próximo a empezar el periodo de su silencio autoinfligido. En el mismo año mientras se paseaba por el lago le aconsejó a su compañero de caminata Hans Brøchner que se dedicara a escribir: "Por supuesto que hay un lugar disponible en nuestra literatura *ahora que yo he terminado*". La buena noticia es que su tercer vertiente de escritos continuó a chorro continuo.

Del 15 abril de 1834 al 25 de septiembre de 1855 hizo anotaciones en sus famosos *Diarios,* los cuales son propiamente una especie de itinerario intelectual. Junto a ellos también se han conservado materiales variopintos como cuadernos de notas, folletos, borradores, prospectos, retazos de papel, notitas (WI). etc. a los cuales nos referimos sencillamente como "Apuntes". Sus *Diarios* contaban con márgenes muy amplios, en los cuales vaciaba después el contenido de lo que apuntaba en pedazos de papel que iba insertando en ellos. Muchas de estas ideas las pescaba al vuelo en los cafés donde era cliente favorito.

Esta tercera vertiente de su autoría es sin duda una fuente indispensable para la recta comprensión de Kierkegaard, para quien su teología es su biografía. El los diseñó para su publicación; y los 25 tomos voluminosos empezaron a difundirse a partir de 1869.

El *Diario* se compone de materiales de los más diversos. En él encontramos informes, aclaraciones básicas de conceptos y actitudes del autor. Contiene asimismo referencias relacionadas con algún momento decisivo en el transcurso de los veinte años que le llevó escribirlo y que evoca los 20 años de las *Charlas de sobremesa* de Martín Lutero. Aunque el llevar un diario era moneda corriente en su época, el de Hans Christian Andersen por ejemplo es muy indiscreto al incluir sus órganos pudendos y chijí chijá, etc., etc.

Kierkegaard da cuenta en su *Diario* de la tensión dinámica que le imprime a su vida y a su obra: "Es verdad lo que dicen los filósofos:`la vida sólo se comprende hacia atrás'. Pero es necesario recordar el otro principio: se vive hacia delante" (PVb, 121). Recontextualizándolo hoy diríamos: *Primum est edere, deinde philosofari*, primero comemos, después filosofamos o teologizamos. El estómago antecede a la búsqueda de sentido.

Al poner en perspectiva sus libros, o capítulos de ellos, notamos que desde el principio articuló el ser con el conocer, la vida con el pensamiento. Especialmente en sus *Diarios y Apuntes* nos topamos con el Kierkegaard peripatético desaforado, amigo de la niñez y de la clase trabajadora, el danés platicador, jocoso, festivo, sumamente sensible a las necesidades de la gente pobre del campo y de la ciudad.

1833-55
Diarios y Apuntes
1842-44
Johannes Clímacus
1846-47
El Libro acerca de Adler
1848

Mi punto de vista de mi actividad como autor (Obra póstuma, 1859)
El Señor Phister como Capitán Scipio por Procul
1851-52
Juzguen por ustedes mismos
1855
El instante, # 10

El libro acerca de Adler, (1846-47).
Al pastor Adolph Peter Adler lo suspendieron por causa de sus escritos. De haber sido un ferviente hegeliano se fue al otro extremo de suscribir una revelación directa de los apóstoles. Kierkegaard discrimina entre el genio y el apóstol: el primero lo es por cuenta propia, mientras que el segundo por la autoridad de lo alto. Martensen es el prototipo del primero al confinar la fe a la ortodoxia, a la recta creencia producto de la reflexión racional de los genios y separada de las demandas concretas del apostolado.
Kierkegaard no comulga con la teología de su compañero sino con la pasión con que arrostra el conflicto. En todo caso, sólo decide publicar un ensayo de todo el libro: "Acerca de la diferencia entre un genio y un apóstol".

Mi punto de vista de mi actividad como autor, (1848), (publicación póstuma, 1859).
O para orientar a su audiencia des-norteada, o para justificar su producción, o para no soltarnos de su tenedor, o para poner todo patas arriba, aquí el autor se sienta a rumiar su producción desaforada.

Juzguen por ustedes mismos, (1851-52) (publicación póstuma, 1876).
En esta serie de discursos retorna a pasajes claves conducentes a las buenas obras. Así como el pueblo alcanzó la mayoría de edad con el cambio de régimen, así también ya es hora de juzgar por cuenta propia.
A diferencia del Cristo Redentor de la cristiandad del aburrimiento, o de la investigación científica, intelectualizada, este libro presenta al Jesús del discipulado, de la praxis liberadora.
Kierkegaard utiliza un estilo más popular para comunicar que tanto quienes consumen como quienes producen la mentalidad

mercantilista mantienen nexos estrechos con la religión oficial: "esos cuya carrera consiste en predicar el cristianismo, vieron la necesidad (debido a su amor por la humanidad, por no decir nada acerca del amor propio) de hacer del cristianismo una extensión del comprar y vender. De este modo se convirtió en únicamente lo 'confortable'. Pero el vender al cristianismo como algo confortable sin un compromiso de por vida, eso es ser complaciente, eso equivale a negociar con el cristianismo" (JFY 132).

Después de este aperitivo de algunos de los escritos, Kierkegaard, tenedor en mano, le hinca ahora el diente a los diferentes intereses que están en juego en la tarea de hacer teología, o de dar razón de la esperanza que mora en nosotros (1 P 3:15).

Preguntas para discusión

1. ¿Qué sugieres para des-tronar al sermón-conferencia como medio exclusivo de comunicación del evangelio? ¿Qué harías para que esta experiencia sea más multisensorial?
2. Reflexiona acerca del dicho que recogí de Justo González, referente a las pastoras y pastores que, una vez graduados de su institución teológica, si no se disciplinan: "Al primer año dejan de escribir, al segundo año dejan de leer y al tercer año dejan de pensar".
3. En la Europa del siglo XIX la escritura de diarios personales era una práctica común, y no eran privados. En el caso de nuestra comunidad hispana, en general, ¿por qué no sólo no llevamos un diario, sino que nos cuesta hablar en primera persona singular y, sufrimos cuando nos piden que compartamos con un grupo lo buenos y diestros que somos?
4. En la eucaristía muchas personas se preocupan por la manera en que el cuerpo y la sangre de Cristo están presentes en el pan y el vino; y poca gente se interesa más por la forma en que Cristo está presente en sus vidas y comunidades. ¿Hay algún parecido entre este ejemplo y el uso de pseudónimos por parte de Kierkegaard? ¿Importa más el quién lo dice, o el qué dice?
5. El padre de Kierkegaard vivió encorvado por sus pecados de la alcoba y la blasfemia. Para la sociedad de Søren era normal beber alcohol y fumar. Hoy la gente comenta más el zapato

arrojado contra Bush que las bombas arrojadas por él. Expón ante el grupo tu escala de valores.
6. Así como "Cada quien estornuda como Dios le ayuda", así también Kierkegaard recurrió a infinidad de géneros literarios para decir su palabra liberadora. ¿A cuáles acude la comunidad hispana o qué medios utiliza para comunicar las buenas noticias del Reino de Dios?
7. Emanuel Kant, el filósofo que bañaba todo lo que comía con mostaza, influyó mucho en Kierkegaard respecto a la importancia del actuar bien. ¿Cómo concilias la justificación por la fe y las buenas obras?

---

[179] Frithiof Brandt y Else Rammel, *Søren Kierkegaard og Pengene. (Søren Kierkegaard y el dinero)*. Copenhagen: Levin y Munksgaard, 1935.

[180] *Rigsbank Rigsdaler* [rix-dollar] era la unidad monetaria corriente en Dinamarca hasta 1875. Al *Daler* lo dividieron en seis arcos de 16 schillings cada uno. El *Daler* equivalía a $ 5 dólares en 1973.

[181] Último número de *El Instante*/ SV 19, 323, mi traducción.

[182] Joaquim Garff, *Søren Kierkegaard*, 333.

[183] Justo L. González, *A History of Christian Thought: From the Protestant Reformation to the Twentieth Century*. Vol. III, Nashville, TN: Abingdon Press, 1990, 373.

[184] En esta clasificación sigo a Julia Watkin, *Kierkegaard*, 48-49.

[185] *Three Discourses on Imagined Occasions*. Introduction by Edna and Howard Hong, Princeton: Princeton University Press, 1993, x.

[186] Merold Westphal, "Kierkegaard y Hegel", 110, en Alastair Hannay y Gordon Marino, *The Cambridge Companion to Kierkegaard*. Nueva York: Cambridge, 1998.

[187] Joaquim Garff, *Søren Kierkegaard*, 287.

[188] Sartre, et al. *Kierkegaard vivo*, Madrid: Alianza Editorial, 1980, 43.

[189] Teodoro W. Adorno, *Kierkegaard; Ensayo*, 285.

[190] Michael Plekon, "Protest and affirmation: The Late Kierkegaard on Christ, the Church and Society," *Quarterly Review*. vol. 2, No.3 (Fall, 1982), 50.

[191] Michael Plekon, "Introducing Christianity into Christendom: Reinterpreting the Late Kierkegaard." *Anglican Theological Review*. 64 (1982), 339.

[192] Alastair McKinnon, ed. *Kierkegaard: Resources and Results*. Waterloo, Ontario: Wilfred Laurier University Press, 1982, 37.

[193] (A330), Cf. Michael Plekon, "Kierkegaard's Last Sermon." TMs (Type Written Manuscript Unsigned), (fotocopia).

[194] Kresten Nordentoft, *Kierkegaard's Psychology*, 87.

[195] John Douglas Mullen, *Kierkegaard's Psychology*, 134.

[196] Kresten Nordentoft, *Kierkegaard's Psychology*, 243 ss.

Capítulo cuarto
Bocadillos doctrinales

En una ocasión un erudito alemán tocó la puerta de Kierkegaard. Alguien lo puso en sobreaviso acerca de la existencia de Kierkegaard como una atracción local. Éste hizo lo que nunca estilaba hacer, y abrió la puerta. Pero inmediatamente lo atajó cuando el extranjero preguntó por su Søren: "Éste debe ser un error. A quien usted de seguro le gustaría conocer es a mi hermano el doctor, él es una persona sumamente ilustrada. Yo sólo soy un vendedor de cerveza" (EK, 238).

En otro momento le comentó a su hermano Pedro que estaba cansado de la controversia y que estaba considerando colgar la pluma y dedicarse a la cría de caballos. A lo que su hermano reaccionó con júbilo desbordado. El Tenedor ni vendía cerveza ni mucho menos iba a renunciar a la palabra profética. Sencillamente continuó enganchando a su audiencia mediante su letra filosa y oportuna.

Enemigo del espíritu absoluto y del sistema rígido de Hegel, Kierkegaard no se interesó en desarrollar una teología sistemática en el sentido tradicional. Pero no por ello dejó de hacer aportaciones muy pertinentes en torno a los grandes temas de la dogmática cristiana. En este espacio únicamente traemos a colación ciertos comentarios en forma de piscolabis, con todas sus especias, que condimentan algunas doctrinas cristianas.

4.1 El ser humano; unos más iguales que otros

> Es intolerable que todas las criaturas se hayan convertido en propiedad: los peces que hay en las aguas, los pájaros que vuelan en el aire, las plantas que crecen en la tierra, todos los seres vivos deben ser libres.
>
> Thomas Muntzer[197]

Los propios paisanos de Kierkegaard todavía hoy en día ponen en entredicho su solidaridad con los pobres. En el análisis de su *Obras del amor* (SV 12, 72, 77, WL, 80, 84), le echan en cara su increíble insensibilidad y ceguera de cara a la esclavitud tanto en la Europa como en la Norteamérica cristianas. Sostienen que fuera de la iglesia cristiana hay más voluntad de "salvar a la humanidad de estos males", "inhumanos" como lo son las instituciones de la esclavonía y el sistema de castas[198].

Digamos a favor de Kierkegaard que al hincarle el diente al tema de la iglesia danesa y en su asalto a la cristiandad, estaba denunciando los pecados económicos incluyendo el de la esclavitud, como vimos más arriba en el primer capítulo. Por otra parte, tengamos presente que el libro citado salió a la luz en 1847, y por lo tanto no representa su pensamiento maduro. Apuntemos, además que en su "tratado" de ética, *Las obras del amor* brega con la "impía religión del dinero" que presenta a éste como real y a lo eterno como lo quimérico; que considera al dinero como lo más serio en la vida; que en sus obras altruistas pero desprovistas de la misericordia divina el dinero expande un olor que apesta (WL,186-190). Allí mismo se distancia de la aristocracia danesa que segrega a la sociedad en dos bandos: ellos, los hombres; y los otros, los esclavos y siervos (WL, 84).

En *La pureza de corazón es querer una sola cosa* contrasta al adorador del dinero con el *homo viator* que se distancia del que amasa fortunas ahogando los escrúpulos y purismos éticos en el vértigo de una vida clavada en los negocios (PC, 121). El escrúpulo era una medida de un gramo.

En sus *Discursos edificantes* arrostra a la persona adinerada que "se ha casado con el dinero" y no sabe de otra cosa sino de comparaciones mundanales. A ella le comparte de su sentido común: "En la eternidad no te van a preguntar qué tan grande es la fortuna que dejaste. Tus sobrevivientes son los que preguntarán eso mismo" (TA, 200, 223).

En *La enfermedad mortal* Kierkegaard traza la línea divisoria entre el ser y el tener. Tener, o el definirse a sí mismo a través de lo externo, es permitir "ser engañado uno mismo por los otros, es convertirse en cifra, en copia". En este orden de ideas es más fácil y seguro ajustarse a las convenciones sociales y que nuestro ser sea derivado a partir de los otros: "Pues en el mundo el ser es por lo que menos se pregunta, y lo más peligroso de todo consiste en mostrar señales del tener. La amenaza más grande, la de perder el propio ser, puede pasar desapercibida en el mundo como si fuera nada; cualquier otra pérdida, un brazo, una pierna, cinco pesos, una esposa, etc. se percibe inmediatamente" (SUD, 62-62).

En esta misma obra articula varias tipologías sociales como la del "burgués filisteo". Esta corresponde a la persona citadina clasemediera, dedicada a los negocios: el *homo economicus* cuyo ídolo Mammon no es compatible con el Dios bíblico de la gente pobre. En *Los lirios del campo y las aves del cielo* denuncia al "filisteo burgués" que permanece aferrado a la tierra, marchando por el mundo buscando tesoros; al que se ha casado con el dinero y no sabe discriminar entre las necesidades reales y las imaginarias; a la persona lerda que permanece al ras de la tierra y cuya conversación gira en torno al dinero, al dinero y al dinero, aunque no necesariamente en ese orden (SUD, 57, 61, 97, 126).

En sus *Diarios* Kierkegaard deja clara la opción de Dios por la gente pobre y cómo el pastor termina capitulando ante la presión de la gente adinerada:

> Asumamos que ya es costumbre que un pastor tenga a un administrador de empresas como encargado de recoger su dinero, diezmos, ofrendas, etc. lo cual es legítimo en tanto que un administrador de empresas está al servicio del pastor. Pero supongamos que este administrador cuenta con medios propios para su subsistencia y que además él es el encargado de pagar el salario pastoral y que ahora él personalmente tiene planes y un proyecto financiero para el pastor y la congregación. ¿Qué pasa entonces? Bueno, en la práctica da como resultado el que todos los sábados por la noche una vez que termine la preparación del sermón, irá a verlo el administrador de empresas y le permitirá inspeccionarlo. Y el administrador dirá: "si vuestra Reverencia

habla de esta manera, ni los perros acudirán a la iglesia, y, ¡contra!, ¡demonios! eso no conviene a nuestros intereses. De modo que no podré liquidarle una suma anual, cosa que a usted también le interesa. No. Es preciso que usted halague un poco a los feligreses y yo le explicaré como ha de hacerlo. No es que pretenda saber cómo se compone un sermón *in formis,* pero conozco al dedillo la época y las exigencias de los fieles.

Me imagino al pastor muy apenado decir: "¿Acaso es mi misión de maestro la de halagar a los fieles o la de levantar fondos económicos?" Pero el administrador de empresas contestara: "No tengo tiempo para histéricos, eso que usted dice es producto de la exaltación y todo eso. Todo mundo roba en su propio trabajo, y mi trabajo consiste en mantener a vuestra Reverencia a la altura de las circunstancias".

Ya es nauseabundo, en sí mismo el que la persona adinerada urge en el sermón y lo juzgue en términos comerciales, se revuelve el estomago" (Pap VII 1 A 77, 1846) (JP, 2767).

"Pan y mantequilla" es lo que buscan los pastores cuya misión consiste en alagar a los ricos. Los paganos de la cristiandad y sus pastores son realmente "comerciantes" y buscadores de "pan y mantequilla". Eso contradice la esencia del cristianismo (Pap. VII 1 A152). (AN, 17).

En relación con la doctrina del ser humano, Kierkegaard delata el hecho de la segregación social en donde los líderes religiosos predican la renuncia a los bienes materiales por parte de la gente pobre; pero respecto a los ricos, pueden echar mano de las reservas del banco de la cristiandad: "La renuncia a todas las cosas provee el espacio para la libertad. Dios dice algo así como: 'me daría mucho placer si tú renuncias a todo por causa de Cristo, pero a ti no se te pide eso en lo absoluto'" (Pap. VIII 1 A 572, 1848) (JP, 3744).

En su *Juzguen por sí mismos* habla de los fondos enormes del banco de la cristiandad al servicio de la gente honorable y del clero. Esa inversión ha ganado intereses en 300 años de depósito y continúa incrementándose a través de la calmada adquisición de posesiones. Pero esa es una versión diluida del verdadero cristianismo (JFY, 129,133, 135).

4.2 El deseo mimético de apropiación[199]

> Soy feo, pero puedo comprarme la más bella de las mujeres. Así pues, no soy feo, en la medida en que el efecto de la fealdad, su fuerza repulsiva, es anulada por el dinero. Soy un lisiado, pero el dinero me da 24 piernas….
>
> Karl Marx

> Así es que, al final de cuentas, el objeto del deseo es el dinero, pero es de hecho dinero como símbolo, una abstracción. Hoy día un joven escasamente envidiaría a otro sus capacidades, o sus habilidades, o el amor de una chica hermosa, o su fama. No, hoy día ese joven le envidiaría su dinero. "Dame dinero", diría el joven, "y estaré contento" (PA, 40-41).

Marx dirá que la sociedad capitalista no solamente crea objetos para los sujetos sino que también crea sujetos para los objetos. Lo que El Tenedor persigue es ensartar a su sociedad y a la nuestra a fin de no ser una mera copia de lo que quieren que seamos las fuerzas del mercado que les confieren atributos humanos a las cosas. Un título del Diablo es el imitador de Dios o *simia Dei*—de donde provienen simio, simulacro, símil y similar. El *monkey see, monkey do*, o "¿A dónde va Vicente? A donde va la gente" es incompatible con Kierkegaard y su resistencia a ser asimilado por su sociedad ávida de dinero que engulle todo lo que está a su paso.

El deseo mimético de apropiación se refiere a esa manipulación del ser humano por parte de los poderes económicos, para seguir los patrones de conducta dictados por sus intereses. Las clases pobre y media terminan imitando, de este modo, a la rica, pues han interiorizado muy bien la lección: "el poder no se equivoca" (*might is right*), o "la raza blanca tiene la razón" (*white is right*).

El Tenedor advirtió a tiempo a su generación contra la manipulación del individuo frente a la realidad que se le arroja como mercancía. Según Adorno: "el principio del éxito en que se refleja el mecanismo competitivo de la sociedad burguesa, principio que se coloca en el lugar de la divinidad derrocada, es rechazado por Kierkegaard como por pocos"[200].

El 30 de marzo de 1846 publicó su *Las dos épocas: La edad de la revolución y la edad presente*, considerado su libro más político[201]. En este lugar aborda el asunto de la revolución de una manera positiva. Kierkegaard celebra el hecho de que emerja una nueva sociedad.

En su balance encuentra pérdidas en pasión y carácter, pero también ganancias en el gobierno democrático: "Hablando en general, comparada con la edad de la pasión, la edad de la reflexión desprovista de pasión *gana en lo extenso lo que pierde en lo intenso*. Pero esta extensión a su vez puede ser la condición para una forma más alta si la intensidad correspondiente asume el mando en lo extenso que está a su disposición" (TA, 97). Según Kierkegaard la dialéctica de la sociedad consiste en que "El individuo se relaciona primeramente con Dios y luego con la comunidad, pero esta relación primera es la más alta. Sin embargo, no niega la segunda" (Pap. VII 1 A20, 1846) (JP, 4110). El danés buscaba formar seres humanos pensantes, críticos, que escogieran por sí mismos. Él fue un pensador mayéutico que supo poner en tensión las fuerzas sociales: "cuando primeramente presento un aspecto de un modo claro y contundente, siempre inmediatamente afirmo la validez del otro aun con más fuerza" (Pap. VIII 1 A4) (WL, 17).

En medio del arribo de la nueva constitución de 1848, él resume su postura de este modo: "La última etapa es: el individuo particular. Entendido de tal manera que el individuo particular no está en contraste con la masa, sino que cada uno es igualmente un individuo" (Pap X2 A265, 1849) (JP, 2019). Esta situación final es clave para comprender toda la obra de Kierkegaard[202]. Lo que él rechaza es la masificación, el colectivismo homogeneizante, el "sujeto impersonal" presa fácil del deseo mimético de apropiación. Cuando Kierkegaard sostiene que "la verdad es la subjetividad", lo que quiere decir es que la verdad es tal únicamente si uno la hace suya.

En su declaración de que en el ser humano "la existencia precede a la esencia", lo que significa es que primero somos y luego preguntamos acerca de lo que somos. Y elabora esos juicios de cara a una sociedad de "existencias inauténticas", cuyo móvil es el deseo de ser como la multitud, ser una marca, ser como los otros, no darse permiso de ser uno mismo.

En sus *Obras del amor*, cuando afirma que hemos de amar a la primera persona que veamos, está ponderando el derecho del otro de no ser como nosotros; de no tener un valor derivado de mi mismidad; de que el otro no esté fuera-de-sí, sino que sea un en-sí, ante-sí, y para-sí mismo con sabor propio. En su apertura amorosa hacia el prójimo-próximo, El Tenedor discrimina entre el otro y el antagónico y entre el otro y el defectuoso. Le da la bienvenida a la persona en su ser otro, diferente, diverso. El otro como sujeto y no como objeto hecho a semejanza del mercado. El otro, en la opinión de Justo González, no como "el amor del anglo por sí mismo y por su raza blanca"[203].

4.3 La pobreza y sus muchas caras

Una manera muy pobre de definir la pobreza consiste en creer que se es pobre porque no se quiere ser rico. Eso equivale a la postura inocente que hace puré del nexo entre gente, países y continentes pobres y sus pares ricos.

Al encajarle el diente a los temas de la riqueza (*Rigdom*), el dinero (*Penge*), y la pobreza (*Armod*) (MLW, 201), Kierkegaard hace distinciones importantes. Incluye otros tipos de pobreza (*Fattige*) como a quienes sufren (*Lidende*), las personas desafortunadas (*Ulykkelige*), las personas condenadas y miserables (*Elendige*), las heridas (*Forurettede*), las jorobadas (*Krøblinge*), las cojas (*Halte*), las leprosas (*Spedalske*), las posesas (*Dæmoniske*) (X,4 a 578, 1852) (JP, 4685). Asimismo hay matizaciones semánticas que hay que tomar en cuenta en relación con la pobreza tales como la ontológica, la psicológica, la voluntaria, la simulada, la espiritual, etc. Pero la que aquí nos interesa es la pobreza material y su hermana siamesa, la riqueza.

En sus *Discursos edificantes* Kierkegaard aborda el tema de la pobreza de un modo dinámico y no ingenuo. Analiza la naturaleza injusta del ídolo Mammon en tanto que hay gente pobre porque hay gente rica: "todos los bienes mundanos y terrenales son en sí mismos egoístas, indeseables. Su posesión, puesto que son odiosos o envidiosos, han necesariamente de empobrecer a otros: otros no pueden tener lo que yo tengo; mientras otros tienen menos, yo tengo más..." (CD, 120).

Según el liberalismo económico, hay una correspondencia entre el número de gente rica y el bienestar de la sociedad. Donde abundan las personas adineradas la comunidad disfrutará más de los beneficios que drenarán de lo alto. De acuerdo con Kierkegaard lo opuesto es lo cierto ya que la esencia del ídolo Mammon es el retener, algo parecido al estreñimiento: "la posesión de dinero por parte de los ricos es una especie de envidia en tanto que se han apropiado del dinero de los pobres. Estos a su vez quizá también envidien por ello al rico, pues hay envidia en ambas partes, puesto que las riquezas terrenales son en sí mismas envidia" (CD, 121).

De acuerdo. Kierkegaard no realizó un análisis socio-económico del capital como lo hiciera su contemporáneo Karl Marx, y ni siquiera tuvo acceso a su obra. Sin embargo, pudo penetrar en los pliegues de los mecanismos ideológicos de su sociedad y romper con la tradición cristiana que reduce la pobreza material a la pereza, a la ignorancia o a la voluntad de Dios.

4.4 Los ministerios: doctores y pastores

Efesios 4.11 hace un catálogo de algunos ministerios cristianos entre los cuales incluye a los doctores o profesores de teología y los agentes pastorales. Ministerio significa servicio. Pero los tiempos cambian.

Kierkegaard apunta que el magisterio, supuestamente dedicado a bregar con lo más desinteresado como lo son las ideas, desafortunadamente ha asimilado la ideología mercantilista: "Ellos escriben libros y después libros acerca de libros, y libros acerca de sinopsis de libros –surgen revistas especializadas para reseñar los libros, y la industria editorial florece, y muchos, muchos miles tienen trabajo... y ninguna de todas esas manos contratadas ni siquiera remotamente refleja en su vida una existencia cristiana auténtica".

El conocimiento como mercancía se ha alienado de la praxis: "Yo, profesor de teología, caballero de Dinamarca, honorable y estimable, con un salario fijo y hospedaje libre de renta, autor de muchos libros eruditos acerca de los tres viajes de Pablo" (JP, 3568). O para decirlo sin tapujos: "Dejaré en mi testamento, desde el punto de vista intelectual, un capital no tan pequeño. ¡Ay Chihuahua!, pero ya sé quien habrá de heredarlo, ese carácter que encuentro tan repulsivo, ese que continuará heredando todo lo mejor de lo que se ha hecho en el pasado—es decir, el profesor asistente" (JP, 6817).

Kierkegaard pone los ministerios patas arriba al denunciar a los profesores por comprar y vender bienes intelectuales: "En periódicos, en libros, desde los púlpitos, desde el podium, y en las asambleas hay una solemnidad, una pompa—pomposidad que sugiere que todo gira en torno al espíritu, en torno a la verdad, en torno a lo intelectual... Quizá eso pase, pero quizá todo gira en torno al empleo, a la carrera, ¿es el empleo, la carrera, lo que inspira al estudiante de teología? (JFY, 123).

El Tenedor atrapa a los pastores y doctores en teología que alquilan sus servicios a la gente poderosa, y que racionalizan todo a fin de evadir la confrontación con el evangelio de Jesucristo: "nos protegemos a nosotros mismos detrás de grandes libros" (JP, 3597). Los ministerios cristianos así como también las artes y la investigación han sido subsumidos por el dinero: "Si un rico quiere hacer una contribución, es caravaneado y reconocido como un experto en arte y patrón de los poetas, no importa que no sepa nada de arte y mucho menos de poesía" (JP, 2570).

En el contexto donde el mercado es el juez absoluto de los valores y donde todo está en venta inclusive los pensamientos, el resultado será la compra y venta de los mismos seres humanos: "Cuando el fondo de la pensión nacional entre en vigor, será enteramente legítimo enlistar una vez al mes el precio de venta o el precio del mercado de los seres humanos: el gobierno ofrece tanto, el Fondo Nacional tanto" (JP, 3222).

La crítica económica de Kierkegaard analizó la dicotomía existente entre las capacidades humanas intelectuales y espirituales, las cuales son, de suyo, desinteresadas en cuanto al dinero, y una sociedad edificada en la ganancia y el intercambio injusto de bienes. De modo análogo al del poder y control que el administrador de empresas ejerce sobre el pastor, el factor económico determina el poder de los lectores sobre los editores, y el poder de los editores sobre los autores. Kierkegaard acusa a estos últimos por considerar que "los libros son mercancía y los autores mercaderes". Eso es inmoral porque corrompe la naturaleza de la empresa intelectual. En este tren de ideas las instituciones religiosas no escapan de su juicio, referente a las Sociedades Bíblicas advierte: "Esas insulsas caricaturas de misiones, sociedades, las cuales al igual que todas las empresas sólo trabajan con dinero y están tan interesadas en diseminar la Biblia como otras empresas lo hacen con sus productos, han causado un gran daño" (JSK, 275).

Para el gusto de Kierkegaard la teología social y geográficamente localizada de sus días estaba mediada por el interés pecuniario: "El Estado ha introducido 1,000 oficiales, los cuales han tenido dificultades en ser imparciales puesto que la pregunta por el cristianismo viene dada para ellos igualmente en términos económicos. Naturalmente no quieren abrir sus ojos hacia lo que hasta aquí ha sido considerado como el camino más seguro hacia el pan. La vía más segura de todas, aunque sea una manera dudosa de ganarse el sustento, quizá en el sentido cristiano, inclusive un 'camino prohibido'. La razón es que han introducido a cientos de hombres, quienes en lugar de seguir a Cristo, están acogedora y cómodamente establecidos, con su familia y una segura promoción, bajo la careta de que su actividad es el cristianismo del Nuevo Testamento. Ellos no consideran el hecho de que otros han tenido que sufrir por la verdad" (AUC, 42).

Kierkegaard tronó en contra del clero que se alineó con los ricos. Compara al Estado con un millonario que contrató miles de maestros del cristianismo y que les pagó de su propio bolsillo. Al hacer eso, el Estado cometió un crimen en contra de la esencia del cristianismo: "pues uno puede dar todo su dinero para los pobres con tal de servir al cristianismo en la pobreza, pero uno no puede servir al cristianismo con la contribución económica –esto confunde al cristianismo con lo que precisamente no es, una empresa humana ordinaria". Kierkegaard ensarta así a estas dos instituciones de sus días: "Ahora vemos, desde un nuevo ángulo, la confusión infinita y corrupta de toda la situación. Dado que el mismo Estado adquiere dinero al falsificar de una manera u otra al cristianismo, la falsificación del cristianismo trae consigo dinero, y este dinero a su vez compra la falsificación de lo que es el cristianismo" (Pap XI 3 B 115, 1855) (JP, 2774).

El Estado va más allá, advierte Kierkegaard, pues de hecho "ha convertido el sufrimiento y la muerte de Cristo en dinero". En este orden de cosas, el Estado está a cargo de proveer parques recreacionales como el de "El Tívoli", además de proporcionar la salvación eterna: "Pero si asumimos que el sufrimiento y la muerte de Cristo poseen un valor medible en dinero, entonces es realmente simple y sólo la prerrogativa de Cristo decir: esto cuesta tanto y aquello tanto". En sus *Diarios* habla de la venta al mayoreo organizada por el Estado ladrón y embustero: "Tú el más honorable Estado tienes una idea fija, si crees que él precisa de tu ayuda, o es una más de tus argucias que en el nombre del servicio al cristianismo tú has querido usar al cristianismo. Tal vez con el propósito de dominar a la gente de una mejor manera, como si el Estado controlara o tuviera la más mínima influencia en la decisión de la salvación eterna. No, deja al cristianismo subsistir por sí mismo. Y si hay alguien que quiera usar al cristianismo para engañar y chantajear al pueblo, entonces nos volveremos al Estado para conseguir protección en contra de los embusteros" (Pap XI 3 B 115, 1855) (JP, 2774).

El Estado danés tenía la tarea de proveer seguridad pública, agua, iluminación, caminos, puentes y también se encargaba del más allá: "Obviamente costará dinero, pues sin dinero uno no consigue nada en el mundo, ni siquiera un certificado de la bendición eterna para el otro mundo. No, sin dinero uno no consigue nada en el mundo". Lo que prima en todo esto es la lógica de la ganancia al por mayor: "Lo que el Estado hace, para la gran ventaja del individuo, es conseguir un precio más barato que si el individuo hiciera sus arreglos personalmente. Es más seguro, y al final de cuentas, es cómodo hasta el grado de que únicamente se consigue al mayoreo" (AUC, 99).

¿Qué decir del ministerio pastoral entre la hispanidad? ¿Cómo conciliar el llamado de Dios con el lenguaje de créditos, capital humano, comprar y vender ideas, registro de la propiedad intelectual, cliente, calidad total...? ¿Qué nos dice acerca del ministerio pastoral lo altísimo del costo de la educación teológica en las instituciones acreditadas? ¿Qué esperar del juicio de Antonio Machado: "ahora cualquier necio confunde valor y precio"?

4.5 El seguimiento doceta

Originalmente "testigo" era intercambiable con "mártir"; pero El Tenedor captura la falta de correspondencia: "En nuestros días un mártir, un reformador, es alguien que huele a perfume, que se sienta a la mesa con una corona de guirnaldas sobre su cabeza y tal vez con huéspedes, alguien que tiene todos sus bienes en compañías de seguridad, alguien que verdaderamente nunca arriesga nada y con todo siempre gana, inclusive el título de reformador. Su glorioso título" (BA, 33).

El seguimiento doceta se refiere a ese discipulado que no toma en serio las demandas del evangelio. Como si el Jesús histórico hubiera sido mera apariencia (*dokein*): "Cuando la persona adinerada está viajando cómoda en su carreta en una noche oscura pero estrellada, se siente segura con sus linternas encendidas, y no teme que haya dificultades. Ella está llevando la luz consigo misma, y no está oscuro alrededor suyo. Pero debido a la linterna encendida y a su luz poderosa a su lado, ella no puede ver nada de estrellas. Sus linternas opacan las estrellas que el campesino pobre, que viaja sin linternas, puede ver gloriosamente en la noche oscura pero estrellada" (TA, 310).

Esta parábola retrata el costo de seguir al Galileo desde la perspectiva del realismo de la gente pobre. Para la gente acomodada las estrellas son mera apariencia pues sus linternas las disipan. Kierkegaard no está descartando los bienes materiales. Al contrario, hasta pone en labios de Dios las palabras: "adelante, disfruta lo finito" pues la divinidad se relaciona con la cotidianidad por ordinaria que parezca ser. Y ante la duda en torno a lo finito: "¿cómo puedo saber si tomé la decisión correcta?", cita a Lutero: "Nunca. Sólo confía en Dios de que esta decisión es la correcta, ve y hazlo con firmeza. De otra manera nunca tomarás ninguna decisión" (CUP, 438,442-44). Ya lo decía Teresa de Ávila: "Entre los pucheros anda Dios".

Lo que está en juego es el concepto esencial de la existencia (*Tilværelsen*). Su sociedad nominalmente cristiana falla al no distinguir entre lo necesario y lo relativo: "Todo mundo está ocupado. Ocupado en trabajar y ocupado en hablar de las necesidades de la vida". A los círculos opulentos Kierkegaard les predica: "Y mientras más afortunada y más ventajas posea una persona, más fácilmente la persuadirá y seducirá lo temporal, hasta el punto de que, como todo marcha bien, le parezca que no tiene necesidad de nada más" (TA, 309).

Su cultura competitiva les dicta a las clases acomodadas tomar el control, el poder, el rango, la riqueza hasta terminar confinados a la esfera de lo relativo (TA, 79). La persona rica pierde así la perspectiva del discipulado y opta por el estilo de vida basado en la ansiedad vertiginosa por la seguridad, la comodidad, la fama, el dinero. Kierkegaard ubica al clero como cómplices de este estado de cosas, al proveer validación moral: "Por lo tanto todos ustedes pastores prudentes han de afirmar sin ambages: 'nosotros hemos omitido y puesto aparte la más importante visión de la existencia: lo que predicamos es la vida prudente y un evangelio burgués-filisteo especialmente para inspirar a los jugadores de la lotería'" (Pap. VIII 1 A 145, 1847) (JP, 305).

El clero ha dado en trueque el pacto con Dios por el contrato con el administrador de empresas; y el discipulado costoso por el jugar con las ideas: "Toma las Santas Escrituras y échale la cerradura a tu puerta –pero luego toma 10 diccionarios, 25 comentarios, después podrás leerlas tan relajado y placenteramente como lees los anuncios del periódico... Fíjate, quizá haya diferentes variantes, y tal vez hayan encontrado un manuscrito nuevo ¡Hay Dios Santo!" (FSE, 31-32).

4.6 ¿Qué marcas de la iglesia?

> [El cantinero] afirmó que vendió la botella de cerveza por un centavo menos de su precio real, y cuando alguien le dijo: "¿cómo es que sacas la cuenta? Pues realmente estás perdiendo dinero", él le contestó: "no mi amigo, es la cantidad la que compensa" (MLW, 36).

No es que El Tenedor rechace la comunidad. Lo que repele es el grupo amorfo que le rinde culto a lo numérico, como lo expone en su parábola del cantinero y el triunfalismo eclesiástico que se precia de representar una sociedad cristiana, un país cristiano y un mundo cristiano.

Si bien es cierto que la tradición luterana suscribe las notas de la iglesia enlistadas en el Credo Niceno de Una, Santa, Católica y Apostólica, en la práctica se han impuesto otras dos marcas: la Palabra y los sacramentos. En cualquier caso, Kierkegaard va más allá de la pura formulación teológica:

> La definición de la iglesia encontrada en la Confesión de Augsburgo, es la comunión de los santos donde la Palabra es correctamente predicada y los sacramentos apropiadamente administrados. Esto es más o menos cierto pues captó únicamente los dos puntos acerca de la doctrina y los sacramentos pero omitió el primero, el de la comunión de los santos, en el cual hay una calificación en el sentido de lo existencial. De esta manera la iglesia se constituye en la comunión de existencias indiferentes— aunque la doctrina sea correcta y los sacramentos sean administrados con propiedad. Esto es realmente puro paganismo (JP, 600).

En ocasión del libro de Rudelbach *Acerca de la constitución de la Iglesia*, Kierkegaard elabora juicios eclesiológicos irritantes. Parodiando Hechos 3.6 dice "Pedro dijo: 'No tengo oro ni plata, pero de lo que tengo te doy, levántate y anda'. Posteriormente los pastores dirán: 'Tenemos oro y plata pero no tenemos nada que darte'" (JP, 384).

Kierkegaard reflexiona en torno a la correspondencia que debe existir entre la iglesia y la gente pobre: "La vida en la cristiandad es completamente anticristiana en términos de lo que significa e implica vivir en comunidad con la gente sencilla". Aplaude la obra citada particularmente por esto: "Este libro tiene el mérito de haber mostrado que la iglesia del Estado propició la creación del proletariado... Respecto a esto mismo, mi vida es como un descubrimiento. Es anticristiano y perverso edificar al Estado sobre una subestructura de personas quienes son totalmente ignoradas y excluidas de la asociación personal—a pesar de que el domingo haya sermones emotivos relacionados con el amor 'a nuestro prójimo'" (JP, 4164).

Burlarse de Dios es tener como marca de la iglesia a la encantadora burguesía y la exquisitez de sus ceremonias religiosas como la de la confirmación: "una invención espléndida, si tenemos dos preconceptos: que la adoración divina se orienta hacia la burla de Dios; y que su objetivo principal es proveer la ocasión para las actividades familiares, sus fiestas, una tardeada amena, y un banquete. Éste diferirá de otros banquetes en el sentido de que este banquete (¡tan refinado!) posee asimismo un significado religioso" (AUC, 217).

4.7 El becerro de oro: el ídolo mercado

> Cuando el individuo ha llegado a ser completamente homogéneo con el mundo del tiempo actual, o como decimos del proceso digestivo: asimilado. Entonces la época se lo ha comido, él está perdido, evacuado. El tiempo, el mundo del tiempo presente, tiende a transformar todo en excremento o flatulencia (Pap XI 1 A 320, sin fecha) (JP, 2062).

Kierkegaard deja entrever la influencia de Feuerbach (MLW, 43) cuando habla de Dios en términos del superlativo supremo de la majestad humana. El dios hechura a imagen y semejanza del ser humano; y éste, reflejo fiel de su sociedad capitalista que ha entronizado al dinero.

En sus *Discursos cristianos* brega con la absolutización del bien relativo del dinero. Confronta a la persona apresurada que deja a la vera del camino a Dios, ya que su vida está centrada en los negocios y el dinero: "Es una esclava desde la mañana hasta la noche, hace dinero, guarda dinero, se compromete en transacciones financieras" (CD, 92).

Lo que cuenta para Kierkegaard es si hay correspondencia entre nuestra vida y la enseñanza de la iglesia; y no tanto el consenso calculador entre las diferentes declaraciones dogmáticas. Lo que viene primero es la comunidad transformada que reconcilia el culto dominical con los días de entre semana (CD, 222). Kierkegaard articula el concepto de idolatría precisamente al nivel de la práctica y no tanto al nivel teórico: "Si una persona vive en medio de la cristiandad, asiste a la casa de Dios, la casa del Dios verdadero, con el conocimiento del concepto verdadero de Dios, y ora, pero ora con un espíritu falso… ora verdaderamente a Dios, pese a que adora a un ídolo" (CUP, 179-80).

Kierkegaard menciona la contradicción escandalosa del burgués filisteo quien por una parte incrementa su tesoro y por otro lado declara no tener preocupaciones acerca de cómo ganarse el sustento. Esta persona adinerada se parece "al dueño de una colección excelente de medicinas que usa diariamente y que se dirige a ellas diciendo: 'No estoy enfermo'" (TA, 181). El danés des-absolutizó el lugar que se le ha asignado al dinero: "Si consideras como lo más serio de la vida al dinero ganado, entonces has caído del cristianismo" (Pap. X, 3 A 347, 1850) (JP, 1787). Para él el secularismo no tiene que ver con la falta de fe en Dios sino con la transferencia de esa fe hacia el ídolo dinero: "la mentalidad secular se expresa a sí misma amasando dinero, pues no cree ni en la Providencia ni en ella misma. Mientras más grande sea la fe en Dios, menos necesidad siente uno de acumular" (Pap. X, 4 A 13, 1851) (JP, 1266).

En su *Asalto al cristianismo* El Tenedor privilegió el lenguaje culinario y comercial para referirse a la cristiandad, tildando a sus pastores de caníbales, taberneros, parásitos, vendedores, agiotistas, comerciantes, meseros, cajeros; y refiriéndose a la iglesia como a una compañía, una tienda, una subasta. O como diríamos en nuestro contexto, "un *mall*, un centro comercial, o un mercado de la pulga".

4.8 La doctrina de la retribución temporal

Kierkegaard está poniendo el tenedor en la doctrina que predica la maldad esencial del ser humano pobre (*a natura corrupta*), pues los ricos salen bien librados con su dinero por delante, señal del beneplácito divino. Eso nos recuerda la crítica frontal del judío Spinoza: "...si alguien se da cuenta de que puede vivir de manera más agradable atado a una cruz que sentado a su mesa, será el último de los necios si no se crucifica. Asimismo, quien viera claramente que puede gozar realmente de una vida mejor y más perfecta cometiendo crímenes que practicando la virtud, también sería necio si no lo hiciera, pues los crímenes, respecto a una naturaleza humana pervertida en este modo, serían virtudes..."[204]

De manera penetrante El Tenedor ensartó al clero y al tratamiento que le daba al tema del dinero. De acuerdo con la doctrina de la retribución, los pobres son pobres porque no quieren ser ricos: "holganza no llena panza". O quizá por algún acto impío que cometieron, por lo mismo les corresponde no sólo el sufrimiento sino la culpa. Los ricos, por el contrario, debido a su trabajo duro es que tienen riquezas, y a eso hay que añadirle el placer de la santidad: "Los ricos y los poderosos no sólo han de conservar todo lo que tienen, sino que su éxito constituye la marca de su piedad, la señal de su relación con Dios. 'vean' dicen, 'porque este hombre es piadoso y temeroso de Dios, todo le sale bien, por eso puede amasar un barril de oro tras otro'. Y cuando le responde a los predicadores cristianos con una contribución apropiada, ellos le confirman que es bendición de Dios, porque él es un cristiano verdadero. Eso es lo más conveniente para ambos, para él y para los predicadores" (JP, 4685).

Al hablar del amor al prójimo empieza por calificar lo que entiende por prójimo: "Lo que Sócrates[205] expresa acerca de amar a los feos es realmente la doctrina cristiana del amor al prójimo. Se refleja al feo como el objeto ético; mientras que el hermoso es el objeto inmediato al cual todos nosotros debemos amar con nuestra voluntad. En este sentido el prójimo es 'el feo'" (Pap VIII 1 A 189, 1847) (JP, 942).

La doctrina de la retribución da por sentado que la justicia divina reina en esta vida. En su versión secular Adam Smith creerá ciegamente en la justicia del mercado y la mano invisible, como si fuera divina. Esta mano se encargará de velar por la propiedad privada, y la gente "bella" estará contenta. Pero ya desde la antigüedad Epicuro problematizó la realidad. Según él, no es fácil sostener la teodicea, es decir, la justicia de Dios en un mundo plagado de males. Pues, ante el mal y su erradicación, si Dios quiere pero no puede, es un Dios impotente; si Dios no quiere y no puede, es un Dios malo e impotente; si Dios quiere y puede, ¿por qué diablos no desaparece de una vez por todas[206]?

John D. Rockefeller, el devoto maestro de escuela dominical, también optó por la población "bella". Aficionado a la floricultura confesaba: "La rosa *American beauty*, sólo se puede cultivar con tal de alcanzar el máximo esplendor y fragancia. Ello produce mucho gozo a la gente que es capaz de apreciar que hay que sacrificar los primeros capullos que brotan a su alrededor". Esa misma técnica la aplicó sin remilgos a sus negocios, pues para él ambas son parte de "la ley natural divina"[207].

La persona "fea" es el ingrediente con el que El Tenedor le da sabor al caldo. En sus *Obras del amor* promueve el amar al objeto no amado—no sólo a lo bello y lo bueno— como la marca del amor verdadero, del amor de la autorrenuncia: "Por consiguiente, a fin de ser capaz de ensalzar al amor, es necesaria la autonegación interior y el sacrificio desinteresado exterior" (WL, 343). En sus *Diarios y Apuntes* declara que se ha abandonado el amor al "feo": "Se pronuncian conferencias en la cristiandad en el nombre del cristianismo, sobre el tema de que amar a Dios es llenar la vida de uno, su tiempo, sus pensamientos con la búsqueda de lo terreno y agradecer a Dios cuando uno ora a Dios por el éxito y triunfa. En otras palabras, amar a Dios es amar al bello". Y picotea con más fuerza: "Por lo tanto la cristiandad también prospera—algo de lo que hay que estar muy orgulloso y que da en llamarse el más nuevo desarrollo y la más hermosa flor del cristianismo. La vida familiar cristiana. ¡Espléndido!" (Pap XI 2 A 426 Julio 10, 1854) (JP, 2455).

Kierkegaard enjuició a la cristiandad geográfica de la Época de Oro danesa como una negación del cristianismo cuyos móviles son ajenos a la esencia del evangelio: "En muy poco tiempo—triunfo, triunfo, triunfo—quizá de 30 a 40,000 almas.... bajo el nombre del progreso, la iglesia no se preocupa en lo más mínimo por la gente que escasamente tiene un pedazo de pan duro" (JP, 3213).

Este laico luterano sacó a la luz el eslabón ideológico que se da entre el éxito económico y la elevación espiritual. Subrayó el acto de reducir el cristianismo a la mera fruición, al goce de la vida por parte de la clase acomodada y al olvido de la gente pobre cuya redención social se dará en el más allá. (JP. 3777). Mientras tanto, "los millonarios[208] son los únicos que tienen los medios para complacer perfectamente a Dios" (AUC, 289).

El Tenedor desmanteló la lógica perversa del sistema mercantilista: "Según el capitalista, lo más difícil de lograr es el primer barril de oro; una vez conseguido, los demás llegan por sí mismos" (CD, 28). Nuestro personaje recorre el velo del sistema económico injusto, menciona machaconamente que los seres humanos no viven de aire. Escribe acerca de la ansiedad de muchas personas pobres no por el mañana, ni por el día de hoy, sino "por el día de ayer, en vista de lo que ya se han comido…y no han podido pagar" (CD, 350). Consecuentemente, la gente avara que monopoliza los bienes de Dios para sí misma se ubican fuera del Reino de Dios: "Él siembra, cosecha y almacena en alhóndigas, y el mundo entero es como una gran troje para almacenar. La gente aburrida ha tenido la aburrida idea de convertir el mundo todo en un gran silo, a fin de valerse por sí misma sin Dios" (JFY, 184).

4.9 La ataraxia o el orden establecido

> Realmente soy tan buen comerciante que si pudieran comprobarme que el café que vendo no únicamente está dañado, echado a perder, sino que lo que vendo con el nombre de café no es tal cosa—si tan sólo supiera que este ataque no influiría en las ventas, esa embestida no me importaría en lo más mínimo. ¿Por qué preocuparme por lo que la gente bebe a tragantadas bajo el nombre de café? A mí sólo me preocupan las ventas…–la ganancia mal habida se presenta como la verdad, pero El Tenedor no se la traga– ¿Acaso he protestado porque al clero se le reconozca como una clase de comerciantes? No, por lo que protesto es porque se les considere testigos de la verdad" (MLW, 61-62).

Las iglesias de la Copenhague de la Edad Dorada únicamente tenían capacidad para el 5% de la población, o sea, los cocorocos, la crema y nata, los únicos que "valen" en una sociedad e iglesia jerarquizadas.

Kierkegaard cita el adagio del filósofo Epicúreo (Hch 17.18): "nada es feliz, a menos que esté en reposo" (*nil beatum nisi quietum*) (MLW, 18). Lo hace para poner al descubierto la manera en que Martensen, al llamar al recién fallecido obispo Mynster "Testigo de la Verdad", realmente está justificando al orden establecido.

Compara la función del clero con la de los tranquilizantes, que buscan la ataraxia, es decir, ese estado de quietud en donde nada perturba el disfrute de la vida. Aunque, para hacerle justicia a Epicúreo, recordemos que él no predicaba una vida desparramada hacia el placer como lo hacía el hedonismo. No, el epicureismo promueve precisamente un dominio de todo deseo. A la comida, por ejemplo, la consideraba un deseo de los más bajos. En esa tradición desabrida encaja Clemente de Alejandría (c. 155-220), enemigo acérrimo del célebre cocinero Gabio Apicio y antagónico de la niñez, a quien recomendaba una dieta austera, con tal de facilitar la buena circulación del espíritu[209]. Los oficios relacionados con la cocina, carnicería y pesca eran despreciados por bregar con el bajo vientre. El imperativo de Jesús de alimentar a la persona hambrienta cayó en desuso.

Cuando el Teólogo de la Calle sostiene que el Nuevo Testamento es heterogéneo con este mundo, no está hablando de la graciosa huida de él, sino del peligro de ser asimilado por ese orden social que engulle al mismo Reino de Dios y su justicia. El término "orden" ya viene cargado en frases tales como: "orden establecido", "hagan todo decentemente y con orden", "el orden de la salvación", …. pues, apunta hacia una idea estática de la realidad donde la clase dominante odia el cambio: hay que dejar las cosas como están. Esta interpretación tiene una larga tradición anclada en pasajes como Romanos 13, que termina quemándole incienso a las autoridades civiles. También se entronca en las obras de caridad, benevolencia o limosna cuyo objetivo es no ir a la raíz del mal, para que nada cambie.

Hasta su último aliento, el profeta danés desenmascaró los mecanismos ideológicos opresores: "Sostengo que la persuasiva defensa [de Mynster] del orden establecido, posiblemente bien escrita, calurosa, elocuente y entusiasta, ha de entenderse de alguna manera diferente, cuando sabemos que él está interesado en lo monetario. ¿es cierto o no?" (Pap XI 3 B 117 abril 7, 1855) (mi traducción).

Si Sócrates rechazó huir para escapar la muerte, igualmente el Sócrates Nórdico fue congruente. En lugar de la retirada del mundo (*fuga mundi*) o de la huida de Dinamarca (*fuga Denmark*), no evadió su cruda realidad: "Si hubiera una persona tanto capaz como deseosa de comprenderme, entonces a lo más que llegaría es a aconsejarme que viaje o escape. Esto significa que me ha malentendido profundamente" (Pap XI 2 A 12, 1854) (mi traducción). El Tenedor sabía la diferencia entre el síndrome de "No se puede hacer nada" y vencer esa ideología de la impotencia con el "No se puede hacer nada más". Había que dejar algo para las próximas generaciones, pero no todo.

La agenda política de Mynster de "aceptar el mundo tal y como es" (JFY, 127-8), y su cita fuera de contexto de 1 Corintios 14: 33,40: "Pues Dios no es Dios de confusión, sino de paz...hagan todo decentemente y en buen orden,"[210] apuntan a la fruición del obispo por la imperturbabilidad.

Lo más temible para la sociedad que no quiere cambios es la huelga. En este sentido el pueblo hispano organizó la huelga más prolongada en los Estados Unidos. Durante cinco años la gente trabajadora del campo, acompañada por César Chávez, se rebeló contra el "orden social", y gritaron a voz en cuello: "Sí se puede".

Preguntas para discusión

1. Inicialmente Europa consideró a los indígenas de nuestro continente mitad humanos y mitad bestias. La primera constitución de los Estados Unidos de América sostenía que las personas de ascendencia africana contaban como únicamente tres quintas partes de un ser humano. ¿Está la comunidad hispana libre del racismo? ¿Quiénes son el otro y la otra?
2. Ponle nombres y apellidos a otros rostros de la pobreza. Adelanta acciones pastorales para bregar con estos segmentos sociales discriminados.
3. Hay quienes piensan que el docetismo hispano protestante se aprecia de lleno en la cruz vacía de nuestras iglesias. Con ello, según esto, se niega la historicidad y la tortura a la que sufrió Jesús, en su lucha por erradicar toda forma de dolor. ¿Qué argumentas al respecto?
4. ¿Será que porque muchas iglesias son invisibles entre semana, son ininteligibles el domingo? ¿Te atreverías a poner las marcas tradicionales de la iglesia patas arriba?
5. Menciona ejemplos del quietismo que, como la ataraxia o la imperturbabilidad, impiden que circule el aire enrarecido de

tu congregación. Provee estrategias de cómo lidiar con este síndrome del "siempre se ha hecho de esta manera".
6. ¿Es vigente para nuestros días la crítica de Kierkegaard a la gracia trililí o barata? ¿Por qué sí o por qué no"?

---

[197] "Sobre la cuestión judía", Carlos Marx.
[198] Elsebet Jegstrup, "Kierkegaard on Citizenship, 252, n.24.
[199] René Girard desarrolla este concepto en su *La violencia de lo sagrado*. Barcelona: Anagrama, 1998.
[200] Teodoro W. Adorno, *Kierkegaard; Ensayo,* 249.
[201] Michael Plekon, "Towards Apocalypse," 20.
[202] Kresten Nordentoft, *Kierkegaard's Psychology,* 252.
[203] Justo L. González, *Mañana,* 169, nota 5.
[204] Baruch Spinoza, carta del 13 de marzo de 1665, dirigida al teólogo calvinista Blyenbergh.
[205] Platon, *Symposium,* 210 b-c.
[206] Citado por Lactancio, *De ira Dei,* 13, 20-21
[207] Richard Hofstadter, *Social Darwinism in American Thought 1860-1915*. Filadelfia: University of Pennsylvania Press, 1945, 45, 31. Citado por John Kenneth Galbraith, *A Era da Incerteza*. São Paulo: Pionera, 1982, 40-41.
[208] El término billonario se acuñó seis años después de la muerte del danés. Hoy en día con el capitalismo rampante ya es moneda corriente hablar de trillones.
[209] Clemente de Alejandría, *Lo mejor de Clemente de Alejandría*. Barcelona: CLIE, 2001, 123-158.
[210] Jakob Mynster, *Blandede Skrivter*. vol. VI, 315-16. Citado por Bruce H. Kirmmse, *Kierkegaard in Golden,* 133.

Capítulo quinto
El asalto a la cristiandad

Dos meses antes de su muerte encontramos a El Tenedor fiesteando en la casa de Jens Finsen Gjødwad, su amigo personal, intermediario entre el impresor y distribuidor de sus obras pseudónimas y el editor de *Kjøbenhavnsposten*. De repente Kierkegaard resbaló del sofá y quedó completamente tirado al suelo. Ante el susto de quienes lo rodeaban, sencillamente les guiñó el ojo y les dijo: "No se preocupen por mí. ¡En la mañana la empleada doméstica me barrerá!" (MLW, xxxi).

Así, con su falta de cuerpo, Kierkegaard resistió hasta el final a la cristiandad (*Christenhed*) o al mundo cristiano (*orbis christianus*), donde a la gente le gustaba vivir en el error. Sentía pesar por los líderes religiosos que habían abandonado su amor inicial por la verdad y terminaron capitulando ante el orden establecido: "Un hombre tiene que conservar un rostro bien encajado, se le empuja más y más lejos hacia la mentira y termina siendo menos y menos cristiano. Pero simultáneamente se ufana con obstinación en sostener que es un cristiano, puesto que él es un maestro de cristianismo" (Pap. XI 3 B 43, 1854) (JP, 3068).

El asalto a la cristiandad siguió este orden cronológico: Mynster, el Obispo primado murió el 30 de enero de 1854. El siguiente domingo, el 5 de febrero en punto de las ocho de la mañana, lo más granado de Dinamarca, la realeza, la nobleza y la inteligencia, todos menos Grundtvig y Kierkegaard, se dieron cita en la Catedral de Nuestra Señora para escuchar el panegírico de Martensen: "Mynster, el Testigo de la verdad" (*Sandhedsvidne*). El

Tenedor con presteza escribió un artículo, pero su olfato político le aconsejó esperar por "la hora undécima", o el momento preciso para publicarlo.

Primero quería evitar que Martensen lo demandara por obstrucción de su campaña por la silla obispal, la cual conquistó el 15 de abril, no sin haber librado una guerra sin cuartel contra su contrincante Clausen, apadrinado por el mismísimo rey. Dicho sea de pasadita, a su instalación el domingo de Pentecostés, Kierkegaard la comparó con una comida de "pescado en aceite bañado en jarabe", es decir, nauseabunda[211].

Segundo, porque el omnipotente protector de Martensen, A. S. Ørsted, era sintomáticamente tanto el ministro del culto como el ministro de finanzas y no fue hasta diciembre de ese año que lo relevó el liberal C. G. Andræ.

Y tercero, por respeto a la memoria del amor de su Padre por el obispo fallecido. En cualquier caso, después de cuatro años de silencio y una vez puesta la mesa, sacó a relucir su flamante tenedor mediante 21 ensayos publicados en el periódico "La Patria" y otros 10 más publicados por cuenta propia en su periódico "El Instante".

5.1 La etapa de *La Patria* (Fædrelandet), 18 de diciembre de 1854 a mayo de 1855

> Así como un poco de vino sabe sabroso en la limonada, para armar la fiesta en grande ayudaría si añadimos un poco de religión. Algo que Carstensen no puede hacer…. pero tal vez lo puedan ordenar pastor (MLW, 249).

Este empresario fundador del parque de diversiones Tívoli estaba en clara desventaja en relación con los pastores y su evangelio de limonada. Es en este contexto que El Tenedor entra en acción: "Oh Lutero, tu tenías 95 tesis…hay sólo una tesis. El cristianismo del Nuevo Testamento no existe para nada. Aquí no hay nada qué reformar" (MLW, 39).

En este periódico de corte político Kierkegaard amplía su audiencia y se dirige al pueblo en general con un lenguaje sencillo y dejando atrás sus pseudónimos: "Este es el asunto: será evidente que el nuevo obispo, desde el punto de vista cristiano, al canonizar al obispo Mynster convierte a la iglesia establecida en una indecencia impúdica. Pues si el obispo Mynster es un testigo de la verdad, entonces, hasta el más ciego puede ver que todo pastor en este país es testigo de la verdad" (AUC, 18).

Kierkegaard fue un creyente devoto. Asistía regularmente a los servicios dominicales. En algunas ocasiones visitaba más de una iglesia, en tiempos cuando la liturgia duraba tres horas. Concordaba con la teología de la iglesia. Sin embargo, por el año 1846 y principalmente en 1848 se nota una evolución en su pensamiento. Se trataba de re-definir a la iglesia, cuya nueva constitución denominaba "Iglesia del pueblo" y no más iglesia del Estado. En 1855 era evidente que el cambio se dio sólo en el nombre. En el entretanto el danés aumentó sus reservas espirituales e intelectuales en contra de una iglesia todavía llevada a remolque por la Corona. Finalmente rompe públicamente con la cristiandad. Abandona su comunicación indirecta, su jerga filosófica y el libro como medio privilegiado de comunicación.

El 31 de marzo arranca su boicot abierto en contra del "cristianismo oficial". El 31 de mayo insta al pueblo a dejar de asistir a los cultos religiosos en donde sólo administran tranquilizantes (AUC, 260). Carlos Marx lo llamará "opio de los pueblos".

El intelectual callejero percibió la manera en que las agendas ocultas determinaban las esferas teológica, eclesiástica y cotidiana. No ha de extrañarnos entonces el hecho de que haya promovido el que el pueblo continuara pagando sus impuestos religiosos, que incluso los duplicara, pero que dejaran de asistir a toda ceremonia de la iglesia. Su propuesta incluía además incrementar el salario pastoral al 1,000 %, pero simultáneamente vaciar los templos. Con esas medidas quería demostrar que el dinero no es un absoluto para el creyente. Lo es para sus pastores: "Todo depende del dinero, más que la pérdida del apoyo del Estado. Lo que más le atemoriza a la iglesia es el caos financiero. Asimismo es enteramente cierto que la bancarrota de los Rothschilds no se compara en nada con lo que pasaría si se acaba el negocio del cristianismo" (Pap XI 2 A 22, 1854) (JP, 2772).

Otro concepto clave de la epistemología kierkegaardiana es el compromiso. Desde 1847 le dio un tratamiento a la iglesia y la calle (*på gade*), al ligar el creer con el hacer. Él afirmó que la comunicación ética auténtica tiene lugar en la existencia. Por lo tanto, el maestro "vive y enseña en la calle". El cristianismo primitivo así "se predicaba al pueblo, se vivía y aprendía en la calle". El danés agradece a Lutero, quien sostenía que el evangelio era para ser anunciado en las calles y no en las iglesias: "La situación existencial descansa sobre todo en esta demanda de aquel entonces" (Pap. VIII 2 B 85, 1847) (JP, 653). Ese divorcio entre teoría y práctica redujo la predicación a la iglesia-teatro. Por eso Mynster fue incapaz de predicar en la plaza pública. Kierkegaard cambia el lugar tradicional teológico: "No hay que predicar en la iglesia sino en la calle, en medio de la vida, en la cotidianidad, en la vida entre semana" (VIII 2 B232 85:18; IX A39; X4 A287; XI 3 B120).

Religar al evangelio con la realidad necesariamente pisa algunos callos: "Pues todo este parloteo acerca de lugares quietos y la hora quieta, como los elementos propios y esenciales del cristianismo son puestos patas arriba". El cambio de lugar en la predicación tiene como objetivo alcanzar la realidad de la vida ordinaria de los días de la semana y de la gente sencilla, tan olvidada por la iglesia: "Con ese propósito he decidido usar este periódico. Es de tinte político, tiene intereses completamente diferentes, se ocupa de una gran variedad de asuntos, pero no del cristianismo" (Pap XI 3 B 120 Abril 8, 1855) (JP, 6957).

Kierkegaard confrontó la dicotomía existente entre los domingos y los días de entre semana, así como también entre la sala de la casa y el santuario. Su meta era la de erradicar esta idea supersticiosa: "El domingo hay que ir a la atmósfera de recogimiento" para conseguir la absolución, o sea, una especie de indulgencia para toda la semana que terminó (CUP, 415, 416, 424, 459). Asimismo buscaba cerrar la brecha de la injusticia de clase al reconciliar a la gente adinerada y al pueblo pobre quienes luchan entre sí entre semana pero adoran juntos el día domingo (CUP, 420).

Kierkegaard expone la disyuntiva: "O nuestra vida expresa en cierta medida que somos ridiculizados, que vivimos acompañados de la gente sencilla en las calles y avenidas y comemos con recolectores de impuestos y pecadores, que somos pobres y estamos exhaustos; o entonces es mejor frenar nuestra lengua en lo relacionado con esos temas, y predicar sobre las ventajas de ser un caballero magnífico tenido en alta estima, juntamente con los métodos usados para alcanzar estos bienes. Es mejor hablar acerca de las ventajas de ser una persona de status junto con las delicias de moverse en los mejores círculos. Es mejor hablar de las bondades de tener un salario gordo junto con los beneficios aledaños a la barriga blanda" (Pap. X, 1 A 650, 1849) (JP, 1056).

El Tenedor apostó por el pueblo oprimido, pero con una estrategia: "Me mantengo tan lejos como sea posible de lanzarme al ruedo a tontas y locas, o de odiar al ser humano con ataques ciegos". Era consciente de su ubicación social: "Pero, por supuesto, soy sólo un hombre, los otros tienen el poder". A pesar de ello, denunció proféticamente el monopolio de la interpretación bíblica que se arrogaba el clero: "Y en esto consiste básicamente la culpa, en que los hombres arrogantemente quieren decidir por ellos mismos y de acuerdo con su propia conveniencia, lo que ha de ser el cristianismo" (Pap X 3 A 483, 1850) (JP, 6683).

Debido en gran parte a su asalto a la cristiandad a Kierkegaard se le ha señalado como un asceta amante del sufrimiento. Lo cierto es que él rompió con cierta tradición luterana y en general judeo-cristiana acrítica del mismo. Está el sufrimiento ontológico producto de nuestra finitud humana. El patológico que ve al sufrimiento como un fin en sí mismo. El autoinfligido por el mal uso de nuestra libertad. El innecesario que se deriva de las muchas formas de pobreza que la clase dominante impone. Y el sufrimiento de Jesús y quienes le siguen, resultado de su compromiso por arrancar de raíz el sufrimiento evitable y absurdo del pueblo pobre. En la opinión del danés: "El sufrimiento en sí mismo nunca debe de ser el *telos*, tú no te debes de atrever a fin de sufrir, pues eso es presunción y equivale a tentar a Dios. Exponerse uno mismo al sufrimiento por causa del sufrimiento es una presunción e impertinencia personal y descaro ante Dios, como si uno estuviera desafiando a Dios a una competencia". La experiencia dolorosa responde a un compromiso más alto: "Pero cuando éste se debe a una causa, a pesar de que uno ve que el sufrimiento es humanamente hablando inevitable, pues atrévete y adelante. Tú no te atreverás por causa del sufrimiento, sino que te atreverás a fin de no traicionar la causa" (SKJ, 473).

En 1853 expresó con todas sus letras que su agenda no consistía en reintroducir el ascetismo, sino en problematizar el concepto de la civilización cristiana como la entidad que uniforma todo: "Esta cultura y civilización ha producido a la misma vez el desarrollo de la comprensión racional, la cual está en proceso de identificar el ser cristiano con la cultura, y la inteligencia, ansiosa de una comprensión conceptual del cristianismo. Aquí es donde la batalla comienza y yo pelearé en el futuro"(SKJ, 487).

Un año más tarde escribía en sus *Diarios*:

> En un tiempo han de haber vivido unos pocos jaibas o bribones, como dice Holberg, quienes embaucaron al Estado a creer que el sufrimiento, la muerte y la salvación eterna de Jesucristo eran algo que se podía usar para recaudar dinero (Pap. XI, 1 A 63, 1854) (JP, 4495).

A mediados de 1855 Kierkegaard cierra el ciclo de *La Patria* y echa toda la carne al asador a través de *El Instante*, periódico fundado y patrocinado con sus últimos ahorros. Según Bukdahl[212], el eterno Caminante de las calles de Copenhague hizo suya la causa de la gente pobre al concentrar su ataque exclusivamente contra la iglesia. Pero Bukdahl olvida que la cristiandad para Kierkegaard incluye no sólo a la iglesia sino a todas las instituciones sociales que sostienen al orden establecido. *El Instante* es precisamente eso, la hora suprema en la que el público en general y los sectores pobres en particular han de destetarse de la religión del Estado. Kierkegaard celebró el que las clases pobres hayan alcanzado su mayoría de edad[213], acompañándoles en su liberación del clero opresor: "De generación a generación ahí están los pastores, la clase grandemente respetada en la comunidad. Su oficio es invertir la situación entera, para que el ser humano encuentre el gusto por la religión, con la condición, no obstante, de invocar el nombre de Dios y pagar una suma fija a los pastores" (AUC, 221). Eso equivale a querer ser engañado: "Cuando uno examina el caso más de cerca, observa que el resto de la comunidad es visto como egoístamente interesado en mantener el aprecio del que gozan los pastores. De otra forma no pude tener éxito la falsificación" (AUC, 221).

Engancharse en este tipo de debates en sus 21 ensayos de *La Patria*, casi le cuesta la excomunión en abril de 1855 (MLW, 56), no obstante el hecho de que él ya había roto con la iglesia oficial. Kierkegaard sabía el precio alto de la vocación profética al pronunciarse en torno a cuestiones sociales y políticas: "Si el cristianismo oficial de este país quiere valerse de la ocasión para usar la fuerza contra mí por lo que digo aquí, estoy listo [*rede*], pues lo que quiero es congruencia [*Redelighed*]" (MLW, 49).

En lo que el hacha va y viene, El Tenedor afila sus púas para el siguiente platillo. Así como a la media noche se desenmascaraban en los bailes de disfraces, él le rasga el velo a la cristiandad con su "grito de medianoche" para ponerlo todo patas arriba.

5.2 Etapa de *El Instante* (Øieblikket), 26 de mayo a octubre de 1855

Sentado en un restaurante frente a un buen vino champagne, de pronto ve entrar a un representante del cristianismo oficial y le grita: "Quiúbole, Birkedal, te ves bien, los perseguidos están engordando". "Sí, y los perseguidores están enflacando" replicó enseguida su adversario, comentando que a pesar de que Kierkegaard comía mucho, parecía un pobre lombriciento (EK, 107). A "El Tenedor", por avorazado, le "dieron una sopa de su propio chocolate".

Cierta tradición anglicana reduce el pastorado al a, b, c: absolver, bautizar, comulgar. Algunas iglesias luteranas prefieren el c, c, c: confirmación, contribución, comulgar. En inglés se asocia al agente pastoral con la ch, ch, ch: *Hatch, match, dispatch* (cachar para el bautismo, casar, despachar). Las iglesias adoradoras de la figura esbelta reducen la pastoral al d, d, d: dieta, disciplina, discipulado. El Tenedor recurre al lenguaje culinario para describir el perfil del clero: "el deceso de uno es el queso del otro" (*one person's death, another's bread!*) (MLW, 211). Él sabía que para la feligresía era muy importante contar con una cristiana sepultura: "Tú has de morir, el precio son diez dólares. ¿Qué, diez dólares? ¿Para quién? Para mí, puesto que es mi sustento, mi carrera, proclamar que uno ha de morir" (JFY, 131). En este estado de cosas no ha de extrañarnos la actitud de la nueva confirmante, ante la pregunta de rigor: "Dinos, ¿es ésta tu primera o tu última comunión?" Sin asomo de duda la pequeña contestó: "Las dos".

El Instante (en danés Øieblikket) significa literalmente un abrir y cerrar de ojos y dice relación a la infinita y cualitativa diferencia entre el tiempo y la eternidad. Kierkegaard bautizó con este nombre el periódico que él mismo fundó y financió, como un recordatorio perenne a mantenernos en estado de vigilia ante ideologías tanto seculares como religiosas[214]. O, para acabar pronto: "Hay un elemento radical en su pensamiento social y político, un elemento anclado a la trascendencia. Sin un Dios trascendente en el tiempo, nosotros los seres humanos manufacturaríamos a Dios a nuestra imagen y semejanza, y apoyaríamos de ese modo el status quo"[215].

Para quienes piensan que el Sócrates Nórdico predicó un individualismo antisocial, con una probadita a seis temas en *El Instante* podrían cerciorarse de la presencia de su crítica a las estructuras sociales: aire fresco para esta generación; la visión piramidal de la sociedad; el edificio y los reformistas; la revolución interna y externa; el jefe de bomberos y la transformación estructural.

5.2.1 Aire fresco: la cura para la enfermedad de la generación

> Quien blasfeme deliberadamente contra el nombre sagrado de Dios negando, maldiciendo o reprochando a Jesucristo o al Espíritu Santo con contumacia o sometiendo a desprecio y ridículo las sagradas palabras de Dios contenidas en las Sagradas Escrituras, será castigado a encarcelamientote no más de un año o a una multa de no más de 300 dólares, y quedará obligado a mantener un buen comportamiento.
>
> Leyes Generales de Massachusetts, Cap. 22, parte 36

> Lo que el cristianismo necesita no es la protección sofocante del Estado. No. Necesita aire fresco. Necesita persecución. Necesita... la protección de Dios (AUC, 140).

Kierkegaard, con su fino olfato, siguió de cerca la transición hacia la constitución democrática de 1848-1849. Esperaba cambios substanciales en todas las esferas pero resultaron ser modificaciones cosméticas. Martensen, el recientemente electo obispo presidente, significó el continuismo con la tradición petrificada de la cristiandad. Era el instante para pinchar la modorra de su sociedad.

El Filósofo de la Calle se propone abrir puertas y ventanas para traer "aire fresco" a un mundo que le encanta que lo engañen (*Mundus vult decipi*). A una sociedad que pasa desapercibido el lenguaje equívoco: "Cuando un hombre tiene dolor de muelas, el mundo dice 'pobre hombre'; cuando la esposa de un hombre le es infiel, el mundo dice 'pobre hombre'; cuando a un hombre se le agota el dinero, el mundo dice 'pobre hombre'; cuando a Dios le place sufrir en este mundo bajo la forma de un siervo humilde, el mundo dice 'pobre hombre'; cuando un apóstol actúa en una misión divina y tiene el honor de sufrir por la verdad, el mundo dice 'pobre hombre'. ¡Pobre mundo!" (*El Instante* # 6, mi traducción).

Los seres humanos, continúa al habla, tienen una "profunda necesidad de ser engañados" y el clero está a la mano para satisfacer esa ansia. En tales circunstancias, la prescripción de Kierkegaard para la cura de su generación es la introducción del cristianismo dentro de la cristiandad o, puesto en términos comerciales, oponer resistencia a la manera en que el Estado está lucrando con el evangelio. Compara al Estado con un carretero que decide no comprar un caballo increíble de cinco años de edad por no convenirle a sus intereses. Pero después de una docena de años decide comprarlo: "Ahora puedo ganar lo suficiente por el tiempo que le resta, ya que puedo ver que gastaré poco en su comida". El Estado no está interesado en comprar el "cristianismo eternamente joven", el cual significaría su ruina, sino el cristianismo domesticado. Es mejor comprar la cristiandad timorosa y decrépita, dañada y despistada... Mira, ahora puedo tratar con esto, e inteligente como soy, veo muy bien que puedo usarlo y sacarle el suficiente provecho puesto que sólo gastaré un poco en pulirlo" (Pap XI 1 A 366, 1854) (JP, 4232).

"Aire fresco" o el cristianismo eternamente joven es contrario al evangelio barato, descafeinado, en liquidación, del negocio redondo de comprar y vender Eternidad. El danés describe a los pastores como a los que tienen el monopolio comercial del evangelio. Al evangelio, por otro lado, lo describe como un artículo de venta de indescifrable y costoso valor comercial. Con la sospecha por delante advierte a su generación toda a no dejarse tomar el pelo con esa gracia barata, la venta de remate de ese producto de la posesión exclusiva y privada del clero: "Pero, lo que me hace sospechar es si 'el pastor' tiene tal relación con la salvación eterna que lo capacita para venderla" (Pap XI 2 A 75, 1854) (JP, 6926).

Kierkegaard se comprometió a erradicar la enfermedad de su época. La manipulación del cristianismo, la explotación del prestigio, la comercialización de lo santo, son el punto de partida para su análisis de la realidad en términos sociológicos y políticos. Culpa a los profesores, profesores asistentes, y en general a los círculos científicos e intelectuales por diseminar la enfermedad en toda la sociedad (Pap XI 1 A 56, 1854) (JP, 6859). La heterogeneidad de

Kierkegaard con el mundo significa su inconformidad con el presente estado de cosas. Por eso rompe con su época con el fin de curarla: "Conserven a su lado la ganancia, las condecoraciones, la púrpura, etc. Yo por mi parte he tenido que mantenerme vigilante con tal de que no alinearme y de que no exista la más mínima ganancia" (Pap XI 1 A 56, 1854) (JP, 6859).

5.2.2 La visión piramidal de la sociedad

> Dios es amor infinito y su ojo paternal con presteza mira cuán cruel es esta idea de la pirámide humana en relación con las personas desafortunadas, ignoradas y demás, de la raza humana (lo cual constituye la razón verdadera del porqué el Dios amoroso cuida de ellas) (Pap XI 1 A 330, 1854) (JP, 4231).

Kierkegaard recurre a la metáfora de la pirámide para denunciar los efectos devastadores de esa concepción jerárquica de la sociedad, la cual corre paralelamente con la imagen del organismo, citada por uno de sus contemporáneos: "El Estado es un organismo... en un organismo únicamente lo que es orgánico tiene valor y derechos.. [en] el organismo del Estado nada posee derechos políticos, excepto las cosas que se organizan por sí mismas, como lo son las haciendas y las corporaciones..."[216].

El pastor laico anuncia a los cuatro vientos la correlación que existe entre la sofisticada burocracia eclesiástica y la disponibilidad de dinero. La feligresía interioriza la jerarquización religiosa y económica y de esa manera deriva su sentido de dignidad dependiendo del poder económico que posea: "Pero si el clero explica que esto cuesta $100 dólares y $10 dólares para el pastor, entonces Martin Frandsen dice: Bueno, eso tiene sentido. Concedido, es mucho dinero, pero cuando una persona ha pagado $100 dólares, puede estar segura de que se ha involucrado con Dios" (Pap. XI 2 A 148, 1854) (JP, 3185). Y no suelta a su presa: "Si hay algún asunto importante para la sociedad, la gente ordinariamente concentra su energía en establecer un comité. Una vez establecido, se le asegura a la gente que no se preocupe mucho por si el comité trabaja o no, y terminan olvidando todo el asunto" (MLW, 147).

En la Copenhague de mediados del siglo XIX todo mundo pagaba impuestos eclesiásticos, pero las iglesias sólo albergaban al 5% de la población, es decir, a la crema y nata. En el encabezado de sus *Diarios* "Cuidado con los que andan con sus túnicas largas" Kierkegaard escribe que el clero tiene el legítimo derecho al salario siempre y cuando proclamen el cristianismo. No obstante, protesta en contra de la inversión del cristianismo: "En primer término se garantiza el salario para un hombre y su familia con la posibilidad de ser promovido. Después, muy después viene el asunto de la predicación del cristianismo", y lo condimenta con un poco de ironía: "No, uno debe primero poseer una toga clerical hecha a la medida por un sastre, la vestimenta, el disfraz" (Pap. XI 1 A 68, 1854) (JP, 3172).

Kierkegaard desmanteló la visión piramidal de la sociedad sostenida significativamente por el clero. En ocasión del adagio: "Cada quien roba en sus negocios", él lo puso patas arriba: "El pastor pronunció una bendición sobre esta sociedad cristiana, este Estado cristiano, donde ellos engañan como en el paganismo. Y lo hacen asimismo al pagarle al pastor, quien con esta marca es el más grande mentiroso. Ellos se defraudan a sí mismos bajo la noción de que esto es el cristianismo" (AUC, 164). Y pincha más hondo: "el pastor no es un ladrón sino un mentiroso en su negocio" (AUC, 214).

Al comentar en torno al ser humano como animal social y a su capacidad de asociación, este intelectual peripatético percibió muchas de las ramificaciones en la búsqueda de una sociedad más igualitaria: "Unámonos, si fuera posible, todos los reinos y países de la tierra." Pero ensartó también la absolutización de este principio: "y esta pirámide-unión, que se eleva siempre más y más, sostiene en la cima a un super-rey. Se le ha de considerar como el más cercano a Dios. De hecho está tan próximo y se le junta tanto que Dios se preocupa por él y le presta su atención". En este momento Kierkegaard pone "todo el negocio de la pirámide" patas arriba. Por un lado su sociedad privilegia al super-rey quien compite con el mismísimo Dios; y por otra parte el Dios de la Biblia escoge en primer lugar a "las personas despreciadas, olvidadas de la raza, las tristes abandonadas y condenadas a recaudar las sobras de la humanidad". El Tenedor filoso penetra la superficie y advierte que ascender hasta la cima de la pirámide equivale al intento de la burguesía de "desplazar a Dios de su trono" (Pap XI 1 A 330, 1854) (JP, 4231).

En la visión organicista del mundo, cada miembro tiene su lugar fijo y el clero se encarga de recordarlo: "El cristianismo es un sinsentido, entra por un oído y sale por el otro. Hoy tenemos millones de cristianos y la industria de los predicadores marcha viento en popa" (Pap XI 2 A 426 July 10, 1855) (JP, 2455). O más claridoso todavía: "Y esta religión se ha convertido en la religión nacional, de la cual viven 1,000 juramentados o veterinarios y sus familias" (Pap XI 2 A 421 July 2, 1855) (JP, 2454).

5.2.3 El edificio y los reformistas

Son legión quienes encajonan a El Tenedor a "la comida sorullo" de cada quien lo suyo: al "comamos a la holandesa" (*going Dutch*) de cada quien paga; al "Yo, como Juan Orozco, cuando como no conozco"; o a "la ley de Esparta, cada quien paga lo que se harta".

Nordentoft, sin embargo, discrepa de estas lecturas y lo ubica junto a Marx al engancharse con el conflicto social y político. Igualmente lo aleja de Feuerbach y su nostalgia de Dios como producto de la mente humana. Muestra cómo su paisano denunció la complicidad cocinada entre la ideología burguesa y la realidad socio-económica y política, así como también el contexto desde el cual orquestó su asalto a la cristiandad. Kierkegaard no se limitó a cuestionar a la iglesia, sino que su contribución consistió en elaborar: "una crítica temprana de su sociedad, cuya ideología garantizaba la proclamación de la iglesia"[217].

Kierkegaard articula su crítica social a propósito de la epidemia de cólera que azotó a Copenhague en 1853, y que dejó mal parados al clero y a la corona al salir a flote las miles de muertes debido a las condiciones tan precarias de sus casas. Cualquier parecido con el huracán Catrina que reveló la brecha económica fea que existe en Nueva Orleans desde hace siglos, es mera coincidencia. Piensen en un hospital. Los pacientes mueren como moscas. Los métodos se alteran de una forma u otra. No hay escapatoria. ¿en dónde se origina ésto? Proviene del edificio. El edificio todo está envenenado (AUC, 139).

Según el danés, no tiene caso curar a la gente una por una. Hay que desinfectar al hospital en su totalidad. Análogamente concibió al mundo cristiano como una ilusión monstruosa, como una entidad infectada en su estructura misma. La introducción de un himnario nuevo, de un manual del altar actualizado, de música sacra renovada, etc., eran meros analgésicos e intentos reformistas de lidiar con el asunto.

Su diagnóstico consiste en bregar con todo el edificio de la cristiandad impregnado de veneno (AUC, 139): "¿No es verdad que todo el negocio de la cristiandad se ha originado por una confusión?" Y a renglón seguido explica que esa confusión es el resultado de casar al cristianismo con la práctica de César Augusto de cargar con impuestos a todo mundo (Pap. XI 1 A 534, 1854) (JP, 4500). Ese maridaje entre la iglesia y el Estado, en su opinión, conlleva efectos psicológicos para toda la población. Una vez que la Corona estampa su sello sobre los ciudadanos: "La gente sencilla, el pueblo, siempre considera todo lo que venga del gobierno (estampado por el Estado) como algo mejor; es mejor el fabricante de sombreros con el sello real, que un simple fabricante de sombreros, etc., etc." La Corona ha penetrado y domesticado igualmente al cristianismo: "El hecho de que él [pastor] está autorizado por el Rey, le da peso ante los ojos de la gente; ella cree que es lo máximo. Mientras más alto el rango más estatus, más insignias. Esta proclamación del cristianismo es completamente un gran sinsentido" (Pap. XI 2 A 400 May 16, 1855) (JP, 3186).

A fin de bregar con la enfermedad de la estructura y no solamente al nivel individual, el Profeta Nórdico rompió con la cristiandad, pero no así con el cristianismo: "En su odio ciego hacia el cristianismo la persona atea es lo suficientemente cortés para asumir que, desde la perspectiva cristiana, se justifica la presencia del pastor. Lo que veo es que el pastor y el ateo son aliados, con la salvedad de que el pastor es el enemigo más peligroso" (Pap. XI 3 B 197, 1855) (JP, 3188). En tanto que el clero es prácticamente pagano, pues ha eliminado los elementos incómodos del cristianismo: "En esto consiste la importancia del pastor para la sociedad, la cual generación tras generación consume un número necesario de personas que juran en falso: en que en el nombre del cristianismo, garanticen de una manera totalmente segura poder vivir una vida pagana, un paganismo tranquilizador y refinado unido a la noción de que esto es el cristianismo" (AUC, 227).

5.2.4 La revolución interna y la externa

> Mientras trabajamos con el problema "psíquicamente", debemos también trabajar con él "físicamente"[218] (AUC, 97).

El Tenedor con una púa cogió al engaño que se agita al interior de la persona; y con la otra penetró al orden político que la deslumbra con la mentira[219]. Él comulga con la realidad de un modo dialéctico. En su asalto a la cristiandad tanto ahuyenta el encantamiento de la "ilusión de los sentidos", como opone resistencia al aparato gubernamental que perpetúa dicha ilusión, pues: "la revolución interior es sostenida por la revolución exterior"[220]. O para usar la voz activa; la revolución interna está comprometida a trabajar con la revolución externa[221].

La agenda del Estado, de acuerdo con el Profeta Nórdico, consiste en "de ser posible, hacer imposible el cristianismo", al reducir el evangelio al asunto del dinero: "El pastor está económicamente interesado en que la gente se llame a sí misma cristiana, pues cada persona es de hecho un miembro contribuyente (con la mediación del Estado), y simultáneamente contribuye con el poder del orden clerical" (AUC, 84). Kierkegaard llama al clero mercaderes que han intercambiado la fuerza del espíritu por la religión anclada en el dinero: "este cuerpo gigantesco de 1,000 pastores comerciantes, los cuales han declinado con gratitud la ofertad del espíritu, pero de corazón agradecen al gobierno por sus salarios, títulos, condecoraciones, y a la congregación por... su sacrificio, la ofrenda" (AUC, 186).

Kierkegaard se opuso a que el cristianismo fuera de carácter obligatorio y para ello se valió de todas sus armas, como la del sarcasmo: "¡Qué! ¿no sientes necesidad del cristianismo? Quizá entonces sientes la necesidad de convertirte en nada. Pues a menos que te hagas cristiano, todos los caminos de la sociedad están cerrados para ti" (AUC, 134-35).

El Tenedor es también un filólogo o amante de las palabras. Así pues estableció distinciones substanciales en su asalto a la cristiandad. Algunas veces quería cerciorarse de que su audiencia captara su crítica desde el nivel económico: "La cuestión en torno a la iglesia establecida no es una cuestión religiosa sino económica". Él era lúcido cuando se concebía a sí mismo como alguien sin poder político, no obstante ello, sabía de otras formas de poder a las que tenía acceso: "Lo que sostiene al orden establecido son los 1,000 maestros autorizados por la corona, quienes en su calidad de accionistas se plantan frente al orden establecido y, acertadamente permanecen en silencio en torno a lo que yo expreso. Pues yo no tengo el poder de tomar de sus ingresos" (AUC, 72, 135). Kierkegaard usó el lenguaje con responsabilidad, siempre cercaba o definía las palabras: "Es algo verdaderamente ridículo disputar y buscar el consenso acerca de palabras huecas. Pero ¿qué pasa cuando las palabras firmes se han erosionado? Así como el anciano desdentado ha de morder auxiliándose con sus raigones, así el lenguaje cristiano moderno ha perdido la fuerza de la terminología enérgica para morder" (CUP, 366-367).

El Tenedor no se queda en la superficie; llama al pan, pan y al vino, vino. Menciona a un pueblo que acoge a un extraño, el cual posee un documento bancario por una cantidad estratosférica la cual nadie puede completar. "Por fín un hombre que reconoce muy bien el valor del documento le dice: 'Yo soy tu amigo, y como tu amigo que soy te ayudaré a vencer tu vergüenza. Te ofrezco ....' y entonces le ofrece la mitad del valor. ¿Ves? Esto es ser refinado...Pero eso no salta a la vista, los habitantes del pueblo no pueden ver. Al contrario, lo que ven es la rara magnanimidad, etc." (AUC julio 7, 1855, 291). También nos cuenta la parábola de la esposa infiel pero rica. Un amigo del esposo engañado lo sabe y decide confesárselo, a lo que éste responde: "Ahora que lo sé todo debiera divorciarme pero –no, no puedo hacerlo. Después de todo, estoy acostumbrado a la rutina doméstica, no puedo vivir sin ella. Sobre todo, ella tiene dinero, y tampoco puedo vivir sin él" (MLW, 260).

Bajo el encabezado de "el monasterio", Kierkegaard persiste en la misma lectura que brega con lo individual y lo estructural—digámoslo sin más, con la revolución interna y la externa. Al evocar al monasticismo no lo hace para retirarse al desierto sino como una estrategia para resistir a la cristiandad. Afirma el mundo a través de la distancia crítica que establece con éste: "Si alguien va a traer el péndulo del cristianismo del extremo de lo mundano, es necesario exagerar violentamente la columpiada en la dirección opuesta, rumbo a lo no mundano"[222].

El Tenedor pone la realidad en tensión. No promueve el colapso de la inmanencia. Más bien enfrenta los desafíos de su contexto histórico: "como protestantes, no huimos de la vida como cobardes, Cristo tampoco lo hizo—no. Permanecemos como Cristo lo hizo, en el mundo—perdidos en el secularismo profano y áspero, peor que el paganismo". Simultáneamente tampoco promueve el funeral de la trascendencia. Para él la institución del monacato constituye un recordatorio perenne de la heterogeneidad del cristianismo: "¡Permanecemos—justamente como Cristo lo hizo—en el mundo! ¡Qué suprema mentirota para los oradores hipócritas y embusteros! Si por lo general el tema de los predicadores es el de los grandes logros, esta duplicidad y falsificación es para oradores hipócritas" (Pap XI 1 A 263, 1854) (JP, 2764).

Algo que viene a cuento del epistolario de Kierkegaard es su *Carta abierta* de 1851, en respuesta a la publicación *Acerca del matrimonio civil* (*Om det borgerlige Ægteskab*) escrito por Gottlob Rudelbach (1792-1862). En el análisis de la realidad se requiere echar mano de la introspección (*Inderlighed*), pero este vocablo ha extraviado a más de una persona. Introspección no tiene que ver con la subjetividad del individuo autónomo sino con el individuo intersubjetivo[223]. Introspección era un término cotidiano asociado sencillamente a: intensidad, pasión, sinceridad de corazón, compromiso, amor, confianza, etc. No tenía una carga filosófica sino todo lo contrario. El lector promedio entendía que cuando Kierkegaard afirmaba que la fe es un asunto de la introspección, no se refería a algo netamente personal, al nivel subjetivo. Lo que implicaba era hacer una decisión, y tener las agallas de arrostrar el mundo externo de una manera significativa[224]: "El cristianismo es introspección, la profundización interna. Si en determinado tiempo las formas bajo las cuales uno vive no son las más perfectas, si se pueden mejorar, en el nombre de Dios hay que hacerlo" (AN, 49-50).

El Tenedor picotea todo el tejido social. No vivió en una burbuja. Su concepto dinámico de la realidad minó la idea estática que prevalecía acerca de ella revoloteándolo todo. Pero conocer su obra no es suficiente. Ella nos engancha precisamente al no dispensarnos de forcejar con las revoluciones interna y externa desde nuestros contextos particulares: "Todo desarrollo es siempre dialéctico, la 'próxima generación' siempre necesitará del correctivo 'opuesto'" (Pap. X 5 A 106, 1853) (JP, 710).

5.2.5 El jefe de bomberos y la dimensión política del amor

> Quítenme de en medio a esos carajos, con sus jarras y chisguetitos de agua. Y si no hacen caso por las buenas, échenle a unos cuan-

tos el chorro de agua sobre sus espaldas, con tal de librarnos de ellos y podamos empezar a trabajar (AUC, 193).

El cambio de paradigma de Kierkegaard es tan dramático que el # 6 de *El Instante* demanda una relectura de su obra. Conocedores de su pensamiento como Nordentoft[225] han tomado en serio esta evolución de su persona. En el diagnóstico de su Edad Dorada recurre a la parábola del jefe de bomberos comparando las acciones de sus contemporáneos con simples paliativos, evadiendo ir a las causas.

El lenguaje fuerte del jefe de bomberos nos provee de un ángulo diferente para ver la realidad. Kierkegaard sostiene que la persona responsable mira con la mitad de su ojo (*han seer med et halvt Øie*) y cobra conciencia de que el remedio es peor que la enfermedad. Que esa gente bienintencionada debe hacerse a un lado. Que él "tiene que relacionarse lo menos posible con esa compañía". Pues hay que trascender el nivel de la caridad. De la promesa de las mejoras sociales hay que ir a la búsqueda de la raíz de los males sociales: "Pero todo gira en torno a deshacerse de aquella compañía, pues el efecto de ello, con simpatía verdadera, es erradicar seriamente la causa real" (AUC, 195).

En efecto, al implementar remedios sociales superficiales, el resultado inevitable es el de la validación de todo el orden de la cristiandad danesa. Digámoslo sin ambages: El Tenedor no es ni un "liberal enternecedor", ni un reformista, sino un revolucionario[226].

No es casualidad que filósofos cristianos marxistas, así como activistas sociales se hayan inspirado en Kierkegaard: "En honor a la verdad, Simone Weil no pudo leer a Kierkegaard sin sentirse conmovida. A pesar de que su educación racionalista todavía la alejaba de la enseñanza de Kierkegaard, ella estaba cerca de él en espíritu –tan próxima, de hecho, que no tenía necesidad de citarlo en sus escritos"[227].

A final de la década de 1840 el partido liberal estableció la "Sociedad de Amigos de los Campesinos". Con todo y ello los liberales arrastraron contradicciones. A principios de la siguiente década la Prensa Nacional Liberal "desencadenó una guerra de burlas e insultos, ridiculizando a la clase campesina y su simplicidad, vestimenta ruda, hábitos toscos, mentes estrechas y carencia de cultura"[228]. Kierkegaard por su lado denunció el clasismo del clero y puso sobre la mesa la dimensión política del amor: "Es muy conmovedor, por ejemplo, escuchar a éste o aquél exponer acerca de la pobreza de una manera estremecedora. Pero tiene cuidado de que él mismo con este discurso no se empobrezca. No. Mediante este discurso conmovedor sobre la pobreza consigue convertirse en rico, poseyendo si fuera posible todos los bienes terrenales: Caballero, te has anotado un triunfo. Le has atinado al gusto de los periódicos, del público, de la humanidad. Con él uno está a salvo, disfrutamos del sentimiento de seguridad, nos entendemos el uno al otro—pues lo que importa son las riquezas" (Pap. X 6 B 29:3, 1851-52) (JFY, 248).

La dimensión política del amor por el pobre condujo a Kierkegaard a desenmascarar los motivos reales de la predicación del cristianismo. En su opinión, los "maestros del cristianismo", es decir, quienes han hecho de la predicación su profesión, han transformado las buenas noticias para los pobres en lo opuesto. Se han constituido en los árbitros de la verdad ya que han "alcanzado realmente el punto en el que quienes sufren no obtienen ningún beneficio, en cambio, el pastor se congracia con los afortunados y poderosos al predicarles un cristianismo acogedor. Esto es lo que los 'maestros' están haciendo puesto que la predicación del cristianismo es su carrera profesional" (Pap. X 5 A 28, octubre 7, 1852) (JP, 4697).

El Tenedor pica fuerte. Evidentemente, al pastor no le interesa tomar partido por los feos pues los pobres no pagan bien: "Y no sólo eso. El caníbal, claro está, no pretende ser el mejor y más confiable amigo de quienes mata y se come. Pero el ministro, el profesor, goza igualmente del honor y de la estima de ser el amigo confiable y el seguidor de los nobles" (Pap. XI 1 A 100, 1854) (JP, 3583).

Kierkegaard se convirtió a la causa de la gente "ordinaria" (*Det menige folk*) y, al tenerla como su interlocutora, pudo ver la realidad desde su perspectiva. A partir de 1852 rechazó el sacramento de la eucaristía. Radicalizó su discurso en sus *Diarios y Apuntes* y se autoimpuso un periodo de silencio. Cuando regresa a la arena pública al final de 1854 lo hace con el pobre como su nuevo sujeto teológico. En estos años finales Kierkegaard emerge como un teólogo orgánico, o sea, como un intelectual comprometido con la erradicación de los males sociales de su sociedad: "No puedo dejar de ponerme del lado de la gente sencilla. A pesar de que el insolente periodismo ha hecho todo lo posible por confundirla en relación con mi persona, y ha dañado lo que amo más entrañablemente, la respiración más salutífera de mi empeño intelectual de vivir en compañía de la gente común" (Pap. XI 1 A 234, 1854) (JP, 2971).

Su último ensayo condensa muy bien la dimensión política del amor por la gente "fea":

> ¡Tú, persona sencilla! el cristianismo del Nuevo Testamento es infinitamente alto, pero fíjate en que no es alto en el sentido de que tenga que ver con la diferencia entre persona y persona respecto a su capacidad intelectual, etc. No, es para todas y todos...
>
> ¡Tú, persona sencilla! No he apartado mi vida de la tuya, tú lo sabes. He vivido en la calle, eso es sabido por todos. Por si fuera poco, no me he dado nada de importancia, no pertenezco a ninguna clase de egoísmo. Si es que pertenezco a algo, ha de ser a ti, persona sencilla... [respecto a la gente linajuda] definitivamente nunca me unido con ella sino que sólo he mantenido una relación de perdedor.
>
> ¡Tú, persona sencilla!... esquiva a los pastores... a los miembros asalariados de la iglesia del Estado, o de la iglesia nacional, o como quieran llamarse. Evítalos. Pero ten cuidado de pagarles de buena gana y con presteza el dinero que deben obtener. Por ningún motivo hay que tener diferencias económicas con aquellos a quienes uno aborrece, y mucho menos permitir que se diga que la razón para evadirlos es por no querer pagarles. No, págueneles el doble, con tal de que el desacuerdo con ellos quede claro: que lo que a ellos les importa no te importa a ti para nada, o sea, el dinero. O al revés, que lo que a ellos no les importa, te importa infinitamente a ti, es decir, el cristianismo (AUC, 287-88).[229]

Preguntas para discusión

1. Discute con tus colegas de la clase cómo implementar una pastoral que incida significativamente con la calle y con el barrio. Las experiencias anabautista, metodista y pentecostal pueden ahorrarte tiempo y desencantos.

2. La ronda africana, el batey caribeño, los círculos que hablan los idiomas nativos americanos, indican lo contrario de la jerarquía o poder sagrado. Aportan ideas de qué hacer para construir comunidades más circulares e igualitarias.
3. ¿Te ayuda Kierkegaard en algo ante las tentaciones del conversionismo—cambiar las cosas de uno a uno— y del colectivismo —cambio de la estructura? Fundamenta tu respuesta.
4. ¿Puede la iglesia abstraerse de la política? ¿Es buena o mala la política? ¿Qué significa eso de decidir no decidir?
5. La Dinamarca del siglo antepasado siguió el absolutismo de Cipriano de Cartago, quien dijo: "fuera de la iglesia no hay salvación". Sopesa esa decisión con la del español-salvadoreño Jon Sobrino de "fuera del pobre no hay salvación".
6. Ireneo expresó: "la gloria de Dios consiste en que el ser humano viva". Kierkegaard buscaba un ideal por el cual vivir y morir. Oscar Arnulfo Romero corrigió a Ireneo: "La gloria de Dios consiste en que el ser humano pobre viva". Y tú, precisamente tú, ¿qué dices al respecto? La teología ve con desdén el argumento *ad hominem* que, en lugar de enfocarse en el discurso, desautoriza al hablante. ¿Qué tú crees?

---

[211] Joaquim Garff, *Søren Kierkegaard*, 730.
[212] Jørgen Bukdahl, *Søren Kierkegaard og den menige Mand. Søren Kierkegaard and the "Ordinary" Person*. Copenhagen: Gyldendal Uglebøger, 1970, 114ss.
[213] Bruce H. Kirmmse, *Kierkegaard in Golden*, 462.
[214] Abrahim Khan, "Opposition within", 199.
[215] Stephens Evans, *Passionate Reason; Making Sense of Kierkegaard's Philosophical Fragments*. Indianapolis: Indiana University Press, 1992, 154.
[216] *Heibergs Prosaiske Skrifter*, 6, 270, citado por Bruce H. Kirmmse, *Kierkegaard in Golden*, 161.
[217] Kresten Nordentoft, *Hvad Siger Brand-Majoren?* 276.
[218] *Søren Kierkegaards Samlede Værker* 1a. ed. XIV 119,120, citado por Bruce H. Kirmmse, "Call me Ishmael –Call Everybody Ishmael: Kierkegaard on the Coming-of-Age Crisis of Modern Times." en *Foundations of Kierkegaard´s Vision of Community: Religion, Ethics, and Politics in Kierkegaard*. George B. Connell y C. Stephen Evans eds. Nueva Jersey: Humanities Press, 1992, 174.
[219] Bruce H. Kirmmse, *Kierkegaard in Golden*, 467.
[220] Kresten Nordentoft, *Kierkegaard's Psychology*, 331.
[221] Kresten Nordentoft, *Hvad Siger Brand-Majoren?* "Profit is Truth," 184ss.
[222] George J. Seidel, "Monasticism as a Ploy in Kierkegaard's Theology," *The American Benedictine Review*. 20 (1969): 301.

[223] Merold Westphal, "Levinas, Kierkegaard, and the theological task," *Modern Theology* 8, 3 (Julio 1992): 252.
[224] Kresten Nordentoft, *Kierkegaard's Psychology*, 241.
[225] Kresten Nordentoft, *Hvad Siger Brand-Majoren?* 217.
[226] *han er revolutionær*, Kresten Nordentoft, *Hvad Siger Brand-Majoren?* 217.
[227] Jacques Cabaud, *Simone Weil: A Fellowship in Love*. 1964, 117, citado por Martin Andic, "Simone Weil and Kierkegaard," *Modern Theology* 2, 1 (October 1985): 20.
[228] Bruce H. Kirmmse, *Kierkegaard in Golden*, 73.
[229] Jørgen Bukdahl, *Søren Kierkegaard*, 126ss.

Capítulo sexto
Para la sobremesa

Cuando dos personas están juntas comiendo nueces, y a una le gustan únicamente las cáscaras y a la otra sólo el corazón, se puede afirmar que ambas personas se complementan al dedillo. De la misma manera Dios y el mundo encajan a la perfección. Lo que el mundo rechaza, desecha, repudia, las sacrificadas cáscaras, Dios valora sin medida precisamente eso. Lo abraza con mucho más celo de lo que el mundo acogería lo que ama con más pasión (PK, 72-73).

En esta introducción hemos tratado de retratar el contexto original donde el maestro (*magister*) y cocinero (*mageiros*) Kierkegaard desempeñó su vocación profética. Hemos dado una probadita de la época dorada danesa, y cómo la transición de la monarquía absoluta a la democrática en 1848-1849 dejó mucho qué desear. Al pueblo pobre le dieron gato en lugar de la liebre famosísima de todo banquete. La revolución en muchos sentidos resultó ser "la misma gata nomás que empanizada".

Con la celebración de su 200 aniversario de su natalicio en el 2013, no emulemos a Karl Barth, quien rechazó la invitación en el 150 aniversario. Argumentó que la obra de su mentor ensartaba elementos fundamentales de la teología, pero siempre desde el margen y que ese tipo de congresos no hubieran sido del agrado de Kierkegaard, quien tan sólo aspiró a ser un correctivo. Quizá los

13 volúmenes tan gruesos de la dogmática de Barth ya pesaban tanto que era imposible, sobre todo con su insípida angelología, poner la teología patas arriba.

Hemos saboreado un poco de los distintos géneros literarios que trabajó con su apetito voraz, así como de los elementos a tomar en consideración en el quehacer teológico, y las maneras concretas en que contextualizó la doctrina cristiana. Hemos visto cómo, mientras la academia le quita el aguijón y hace de él un individualista melancólico, la verdad es otra. Sus *Diarios y Apuntes* nos enganchan con el Kierkegaard que hizo su opción por la clase pobre, por la mujer, por la niñez, por la teología patas arriba.

"Los años perdidos" de 1850-1855, el sabático forzoso que le concedieron sus enemigos, son desde la perspectiva de la teología hispana de la liberación "los años ganados". El Tenedor por ejemplo, pincha a su sociedad echando mano de un nuevo lenguaje. Bjerg[230] sostiene que desde el punto de vista literario, en 1850 Kierkegaard se convirtió en el momento que abandonó la narrativa como antinarrativa o como *coitus interruptus*. A partir de ese año no dejó nada para la interpretación personal de su audiencia. Kierkegaard ya no es un destructor sino un constructor de narrativas. Da el salto de la doctrina a la práctica, en tanto que "una cosa es predicar y otra dar trigo". Para decirlo con la boca llena: torna todo patas arriba.

La universalidad de su concretez le ayudó a romper con todo pensamiento único y a apostar por la variedad de saberes y sabores. Siempre fue lúcido y modesto en cuanto al alcance de ellos: "Es un error triste si la persona acostumbrada a introducir el correctivo, se impacienta y quiere hacer del correctivo la norma para los otros. Ese intento lo confundirá todo" (Pap. X 4 A 596, , 1852) (JP, 709).

Søren Kierkegaard puso patas arriba al pensamiento abstracto como un fin en sí mismo, al engancharlo con la pasión y el compromiso[231]: "El pensamiento abstracto me ayuda con mi inmortalidad al matar mi existencia individual particular y luego hacerme inmortal. Me ayuda de manera similar a como Holberg –el doctor que mató a su paciente con la medicina que le dio– pero también le quitó la fiebre..." (CUP, 302-303).

Si es que podemos calificar a Kierkegaard de anti-intelectual, hemos de calificar ese juicio. Sí, es anti-intelectual; pero de la razón noratlántica que equipara a la razón con la virtud. Sí, es anti-intelectual; pero de la razón hegeliana (u occidental, para usar el arcaísmo que nos remonta al siglo XV, cuando el Occidente, desde la perspectiva europea, llegaba hasta Iberia). Aunque no todo europeo es eurocéntrico, como este científico francés lo confiesa: "La sustitución de las ideas relativas por nociones abstractas fue una de las grandes conquistas de la ciencia"[232].

Según el Profeta Nórdico, el pensamiento especulativo tiene sus límites, no puede contener a Dios. No es tanto cómo informo mi mente acerca de Dios, sino cómo entrar en una comunión existencial con él, pues no se pude "tener a alguien que me cuente acerca de Dios, mientras yo me rasuro" (CUP, 391-392).

El Tenedor picoteó a la versión danesa del hegelianismo lidereada por Martensen y Heiberg, la cual predicaba el conformismo de la autocomplaciente mejor porción [*den finere Portion*] de los intelectuales, los cuales contaban con todo el ocio para poder pensar.

Kierkegaard no tenía problema alguno con la doctrina en sí, sino con sus heraldos. El suyo es un argumento *ad hominem,* en contra de la persona y no de su discurso, en tanto que éste se predica sólo de dientes para afuera. Por eso pincha a la élite religiosa que redujo el cristianismo a un mero asentimiento racional de la doctrina según la receta preparada por la alta burguesía: "La regla del cristianismo original era: tu vida ha de garantizar lo que dices. La regla moderna es: al expresar justamente lo opuesto de lo que describes bellamente y retratas de modo fascinante, tu vida ha de garantizar que todo es un juego, una escena teatral—de este modo la congregación confiesa: 'Por Dios que el sermón estuvo encantador'" (Pap. X, 3 A 720, 1851) (JP, 4559).

No sólo el seguimiento de Jesús, sino el servicio a la gente pobre es el lugar epistemológico desde el cual conocemos a Dios. Kierkegaard ensartó de un solo tenedorzazo el principio de lo realmente real: conocer, actuar y sentir. El salto de la fe precisamente reconcilia estas tres dimensiones del discipulado cristiano: "La verdad no es más alta que la bondad y la belleza, pero la verdad, la bondad y la belleza pertenecen esencialmente a toda existencia humana y están unidas por un individuo existente, no al pensar esto, sino al existir" (CUP, 311).

Mientras que el pensamiento especulativo consiste en escoger no escoger, la hermenéutica kierkegaardiana del compromiso mueve a la obediencia como el camino propio para conocer a Jesús. Kierkegaard no se traga ni la razón hegeliana ni el "solafideísmo" protestante, pues ambos son remilgosos respecto a la acción. Él concibe la fe de una manera dinámica, como algo que capacita al ser humano para la praxis del cristianismo. Ser contemporáneo [*Samtidighed*] o imitar [*Efterfølgelse*] a Cristo apunta hacia un Cristo localizado histórica y políticamente. No es ni el Cristo vestido de seda y púrpura, ni el ascético y dolorista; sino el que se vacía de sí mismo, el de la gente excluida y pobre.

Kierkegaard resistió tanto los embates de su siglo relacionados con la razón, ciencia y progreso infinitos como los de la pretensión de la supremacía y fetichización del cristianismo (CD, 85-86). Mientras que la teología especulativa mantenía un enlace fuerte con el Estado[233], el danés advirtió acerca de ese monarquismo y clericalismo donde la religión ora mantiene una relación de sirvienta del Estado, ora le toca ser la patrona.

Napoleón Bonaparte fue un estratega militar sumamente astuto. Se esmeró en alimentar muy bien a su ejército. Su esposa Josefina era dueña de plantaciones de patata o camote en su natal Martinica y él patrocinó con 12,000 francos en oro, nuevas tecnologías para preservar la comida pasando por el envasado y la industria de las latas[234]. Él estaba espeluznantemente claro acerca de la necesidad de la comida para sus soldados y de la catequesis para la población civil: "En mi caso, no veo en la religión la encarnación del misterio, sino el misterio del orden social: éste relaciona al cielo con una idea de igualdad, la misma que previene que los pobres masacren a los ricos"[235]. Napoleón estaba de acuerdo con la erradicación del hambre, pero en el más allá: "¿Cómo podemos mantener el orden en el Estado sin la religión? La sociedad no puede continuar existiendo sin la desigualdad de las fortunas personales, y para que la desigualdad continúe, debemos tener la religión. Cuando alguien está muriendo de hambre y alguien próximo lo tiene todo, sería imposible para el muerto de hambre digerir tal disparidad si no hubiera una autoridad que le dijera: 'es la voluntad de Dios. En este mundo han de haber ricos y pobres pero en el más allá por toda la eternidad, todo será patas arriba'."[236]

Kierkegaard ensartó esa ideología de la domesticación de las clases pobres, mejor conocida como la doctrina de la retribución temporal. Bajo el rubro de la cristiandad, el profeta de las calles y

Para la sobremesa

plazas tronó contra ese "desorden de cosas", al interior del cual se daba un trueque de ideología por dinero. La iglesia bendecía a las clases privilegiadas y éstas a su vez no olvidaban favores[237]: "Dado que la proclamación del evangelio a los ricos y poderosos, etc., ha resultado ser muy provechosa, hemos retrocedido hacia lo que el cristianismo originalmente se opuso. El rico y el poderoso no sólo consiguen tenerlo todo, sino que su éxito constituye la marca de su piedad, la señal de su relación con Dios" (Pap. X 4 A 578) (JP, 4685).

Ante el ideal de un mundo feliz estático es que Kierkegaard pone todo patas arriba. Articula el concepto del Dios transcendente, pero no para rechazar el mundo (*contemptus mundi*). Lo hace con la consigna de terminar con el secuestro del evangelio por parte de la cultura burguesa[238], de romper con la caricatura del cristianismo como un tranquilizador (léase "opio de los pueblos") y retornar a su verdadero carácter de ser sal de toda la tierra: "La religión, derivando su comienzo de arriba, busca explicar y transfigurar el mundo" (PV, 107). Este reformador radical derivó la pobreza material del sistema político basado en la envidia, la competencia, el deseo mimético y la ganancia voraz.

Una mosca sentada en un cuerno del ciervo de repente se vuelve ante él y le dice: "ojalá que no te sea una carga". "Ni siquiera sabía de tu existencia" fue la respuesta (AUC, 255). Análogamente a esta fábula de Esopo, el concepto del Dios trascendente pasa desapercibido para la Edad Dorada danesa. Lo que existe es la gracia ingrata: "El evangelio ya no beneficia a los pobres esencialmente. No, se ha convertido llanamente en injusticia para quienes sufren" (X 4 A 578, 1852) (JP, 4685).

El Tenedor que ensarta a medio mundo también lo hace consigo mismo. En el balance de su persona confiesa: "Mi vida no ha conseguido nada, un humor, un solo color. Mis logros se parecen al cuadro de un artista que supuestamente dibujó el cruce del Mar Rojo, y con eso en mente, pintó toda la pared de rojo. Explicó que los israelitas ya habían cruzado y que los egipcios se habían ahogado" (EO, I,28). Pero eso es falsa modestia. Él ancló su discurso con su práctica liberadora[239]. Hizo teología desde su propia existencia (*ex-homine*) como consta especialmente en sus *Diarios y Apuntes*. En su asalto a la cristiandad pinchó a su sociedad, fiel reflejo de la imagen del dinero (*imago Mammonis*).

El arranque del siglo XXI ha sido fascinante y cruel: fabuloso para los poquísimos ganadores y despiadado para las grandes masas de gente paupérrima y miserable. El presente siglo, más que ningún otro, demanda una teología patas arriba, desnorteada, que tome en serio la cruda realidad de pueblos y continentes enteros. El pensamiento punzante de Kierkegaard, su sospecha ideológica, su injuria narcisista, su alegato a favor de la pasión, la decisión y el compromiso a actuar, no ha de dejarnos indiferentes de cara a una élite empresarial y política insaciable, que se regodea en su guerra de "fabricar ininterrumpidamente pseudo necesidades".

El giro epistemológico kierkegaardiano nos advierte del "atracón de saber" sea hegeliano o de los *Chicago Boys* que venden su conocimiento al mejor postor. Iba a mencionar a los banqueros rescatados de *Wall Street* y de muchos otros países, pero mejor no lo hago:

> Cuando un hombre tiene la boca llena de comida que le impide comer de tal modo que al final morirá de hambre, ¿cómo se conseguirá hacerle comer: llenándole aún más la boca o quitándole un poco de comida? Del mismo modo, cuando un hombre sabe mucho, cuando su sabiduría no tiene o es como si no tuviera ninguna importancia para él, ¿qué es lo razonable: procurarle más conocimiento aún, aunque lo pida en voz alta, o quitarle en cambio alguna cosa?[240].

Estamos de acuerdo. Este cristiano punzante no trabajó con las categorías de la libertad y la igualdad. En su lugar se valió del concepto sociológico de la nivelación para elaborar su análisis social[241]. Por ello Marcuse sintetiza de manera convincente la pertinencia de El Tenedor, con la salvedad de que emitió estos juicios casi una década antes de que emergieran las teologías de la liberación: "La obra de Kierkegaard es el último gran intento por restaurar a la religión como el último órgano para la liberación de la humanidad del impacto destructor de un orden social opresor. Su filosofía implica a todo lo largo, una crítica fuerte a su sociedad, denunciándola como la que distorsiona y hace añicos las facultades humanas. El remedio lo encontró en el cristianismo y en la realización del estilo de vida cristiano. Kierkegaard sabía que en su sociedad tal estilo de vida incluía la lucha constante, la humillación más vil y la derrota, y que la existencia cristiana al interior de esas formas sociales era siempre algo imposible. La iglesia tenía que separarse del Estado, pues cualquier dependencia del Estado sería una traición al cristianismo. El papel verdadero de la iglesia, libre de cualquier fuerza restrictiva, era el de denunciar la injusticia y opresión que prevalecen y poner de relieve el interés último del individuo, su salvación"[242].

El Tenedor por fin dejó de pinchar a su presa. El 2 de octubre de 1855, en medio de su caminata acostumbrada, cayó en plena calle e inmediatamente lo internaron en el Hospital Frederiks. Ahí murió el domingo 11 de noviembre, para ser sepultado el 18 de noviembre. Emil Boesen, su amigo del alma, permaneció a su lado y el 19 de octubre asumió su papel de capellán:

–¿Quieres la santa comunión?
–Sí, pero no de manos de un pastor sino de un laico.
–Esos arreglos son difíciles de hacer.
–Entonces moriré sin comulgar.
–Eso no es correcto.
–No podemos debatir sobre esto. Ya tomé la decisión. Ya escogí. Los pastores son servidores públicos de la corona, y los servidores públicos de la corona no tienen nada que ver con el cristianismo.

Desde su lecho de muerte en adelante dio inicio un proceso para matarle el filo a su instrumento. Murió en el "Corredor Mynster" del Hospital Frederiks. Su funeral se realizó en la Iglesia de Nuestra Señora, el más importante templo de Dinamarca. El sermón estuvo a cargo de su hermano y ministro del gabinete Peter Christian. Su cuerpo fue enterrado con toda pompa en el Cementerio Assistens. En 1971 su estatua ingresó al círculo de lo sagrado, al colocarla junto a las de Mynster, Martensen, y Grundtvig entre otros monumentos que rodean la Iglesia de Mármol (*Marmorkirken*), ubicada a dos cuadras del Hospital Frederiks[243].

Peter Christian se sobrepuso a la afrenta social por no haber sido recibido en el hospital; pero ahí mismo, en los ritos fúnebres, machacó lo que había expuesto en la convención el pasado julio en Roskilde, que su hermano estaba loco. Irónicamente fue él quien terminó sus años en un manicomio. Por lo pronto, en 1857 Martensen lo consagraría como obispo.

Pero la campaña de domesticación no surtió efecto. Henrik Lund, su sobrino y médico que lo atendió en el hospital, rescató la palabra profética de su tío durante el entierro y arrebató el turno. Eggert C. Tryde, el archidiácono de la Iglesia de Nuestra Señora responsable de la ceremonia del adiós realizada en el cementerio, ordenó callar a Henrik puesto que no era un ministro ordenado[244]. Pero el sobrino incómodo contaba con la anuencia del "gran número de personajes oscuros" (EK, 135), y no se amilanó. Continuó diciendo que había esperado hasta ese momento para ver hasta dónde llegaría el clero en sus elogios de dientes para fuera. Que como Søren era rico, pensaban obtener una buena cantidad, pues si se tratara de un pobre ni caso le harían. Que la Cristiandad oficial no sepulta a los judíos, mahometanos, católico romanos, mormones, etc., pero que en este sepelio se ve el estado de cosas tan ambiguo. Que Apocalipsis 3 se refiere a la iglesia establecida como a Babilonia, la gran ramera. Que siguiendo a *El Instante* #2, "Ser enterrado con honores", él y su tío Søren se ubicaban fuera de la iglesia. La multitud respondió con un "¡Bravo!" y la consigna a voz en cuello fue "Abajo el clero" (EK, 133).

Henryk Lund pagó una multa de 100 rix dollars además de los gastos de la corte, por violar la ley que prohíbe hablar en estos eventos a personas no autorizadas. Martensen quería usar la mano dura: "Por lo que puedo ver, se deben de tomar medidas serias". A pesar de ello, el 5 de junio de 1856, cuando la corte emitió el fallo, Martensen consintió en que el orden establecido ganaba más si no levantaba mucho polvo (EK, 135, 307, n. 21).

Poco antes de morir su cuerpo de 42 años estaba exhausto, pero su palabra punzante estaba a la orden del día: "Cuando los cazadores persiguen al jabalí, lo atraparán, pero el perro que lo trae pagará por ello con su vida. Yo moriré con gusto. Entonces estaré seguro de que logré mi meta. Frecuentemente la gente prefiere escuchar lo que dice una persona muerta, que a alguien que está viva" (EK, 125).

Kierkegaard era la comidilla de Copenhague. La feminista y activista social Hansine Andræ, su contemporánea, se expresaba así de él mientras éste yacía en el lecho de muerte: "…tengan por seguro que sus escritos, los cuales llegan a una audiencia grande incluyendo a muchos teólogos, tarde o temprano tendrán un impacto revolucionario sobre asuntos relacionados con la iglesia" (EK, 118-119).

Para la sobremesa

El periódico *La Patria* lo consideró "el más grande escritor religioso de Dinamarca". En Suecia el "Periódico Nocturno" (*Aftonblade*) fue más allá al declararlo "El más grande escritor religioso de Escandinavia"[245].

El Tenedor murió en boca de todos. El domingo de palmas de 1855 todo el sermón de Grundtvig fue vinagre puro en contra de Kierkegaard al que calificó machaconamente de "burlón". Peter Christian consideró a la teología de su hermano como "literatura mística-ascética". Mynster despachó sus críticas como "cerveza chica". F. W. Trojel, su compañero de la universidad, lo tachó de "glotón" y, sin proponérselo, su siguiente juicio estaba bien sazonado: "Tú comes con los cerdos, no simplemente porque has producido literatura sucia, sino porque, con la gentuza echándote de porras, has comprendido el gusto de la época; a lo alto y santo lo pones patas arriba"[246].

---

[230] Svend Bjerg, "Kierkegaard's Story", 122.

[231] Fromm le dedicó una sección a *La pureza de corazón es querer una sola cosa,* particularmente a lo relacionado con la decisión y el compromiso: "La primera condición para alcanzar algo más que lo mediocre en cualquier campo, incluyendo el arte de vivir, es querer una sola cosa". *Del tener al ser.* Buenos Aires: Paidós Ibérica, 1991, 47.

[232] Gustav LeBon, *The Psychology of Peoples.* Nueva York: GE Stechert, 1912, 216-217.

[233] Hegel's *Phil. Der. Rel.* I, C, III, en vol. 16, 236. "La religión y los fundamentos del estado son una misma cosa, pues son idénticos en sí mismos y para sí mismos".

[234] María Leonor de Macedo Soares Leal, *A historia da gastronomia.* Rio de Janeiro: Senac, 2002, 50.

[235] Citado por Georges Casalis, *Las buenas ideas no caen del cielo; elementos de "teología inductiva".* San José, CA: Editorial Universitaria Centro Americana, 1979, 47.

[236] Carta de Napoleón Bonaparte a Roederer, en 1801. Napoleon Bonaparte, *Napoleón, Pensées politiques et sociales.* ed. Adrien Dansette Paris: Flammarion, 1969, 146, citado por Georges Casalis, *Las buenas ideas,* 47. Véase también: A. Liégé, *Présence mutuelle de l'Église et de la Pauvreté.* Paris: 1965.

[237] Michael Plekon. "Introducing Christianity, 329 ss.

[238] "Cualquier ser limitado—y la humanidad es limitada—que se considere a sí mismo supremo, el más alto y único, se convierte en un ídolo hambriento de sangre sacrificial. Además, posee la capacidad demoniaca para cambiar su identidad y para introducir un significado diferente para las cosas". M. Horkheimer, "La añoranza de lo completamente otro" en H. Marcuse, K. Popper, y M. Horkheimer, *A la búsqueda del sentido.* Salamanca: Sígueme, 1976, 68. Citado por Sung, Jung Mo, *Deseo, mercado y religión.* Santander: Sal Terrae, 1999, 139.

[239] "[Kierkegaard] no se interesa con un camino alejado y teorético de una 'introducción a', sino con el práctico 'entrenamiento en' el cristianismo." Hans Küng – Walter Jens, *Literature and Religion*, 194.
[240] Francesca Rigotti, *Filosofía en la*, 82-83.
[241] Kresten Nordentoft, *Kierkegaard's Psychology*, 249.
[242] Hebert Marcuse, *Reason and Revolution*, 264-265.
[243] David Cain, *An Evocation of Kierkegaard*. Copenhagen: C. A. Reitzel, 1997, 121.
[244] Kierkegaard consideraba que no tenía autoridad por no ser ordenado, quizá a eso se deba el que que llamó a sus sermons (*prædikener*) discursos (*taler*). Michael Plekon, "Kierkegaard's Last Sermon", 2.
[245] *Fædrelandet,* año 16, no. 270 [Lunes 19 de noviembre, 1855]), *Aftonbladet* citado por Bruce H. Kirmmse, "A Rose with Thorns: H C Andersen's Relation to Kierkegaard," *International Kierkegaard Commentary: Early Polemical Writings*. ed. Robert E. Perkins. Macon, GA: Mercer University Press, 1999, 72, n. 3.
[246] Joaquim Garff, *Søren Kierkegaard*, 780.

Glosario

Dialéctica
Arte de la discusión cercana a la mayéutica. Encuentro de dos *logos* o razones, que se traban en un diálogo de altura y honrado donde llegan a un acuerdo definitivo: el desacuerdo. Irónicamente, los famosos diálogos de Platón son todo menos diálogos, pues él hace las veces de ventrílocuo.

Exégesis
Voz griega que significa "guiar hacia afuera", o sea, arrancarle el significado original a algo. La eiségesis indica lo inverso, introducir nuestras propias ideas—en nuestro caso, en el estudio de la Biblia. La exégesis pura y absolutamente objetiva no existe. La comunidad hispana lo sabe y trata de estar consciente de su eiségesis, aunque prefiere articular su perspectiva a través de la hermenéutica.

Hagiografía
Género literario que muchas veces se confunde con la biografía, pero que—a diferencia de ésta—no se ciñe a los datos históricos sino que falsea la realidad. Según su etimología trata a determinada persona como si fuera santa.

Hermenéutica
Arte de la interpretación. Proviene de Hermes, el mensajero griego de los dioses hacia la humanidad. Por extensión significa la ciencia que traduce el mensaje de un contexto a otro. La mitología romana convierte a Hermes en Mercurio: el dios de la guerra y el

más paquetero o mentiroso. Kierkegaard corrigió la hermenéutica luterana anclada en la justificación sólo por la fe, poniéndola en tensión con las obras. Asimismo se movió hacia una hermenéutica Reino-céntrica.

Ideología
Engels definió la ideología (*ideo – legein,* lo veo, lo digo) alemana como la mentalidad burguesa que busca esconder la realidad y termina haciéndose ajena a ella. La ideología en esa línea es la "falsa conciencia" que legitima la realidad social injusta. En el sentido amplio, ideología es cualquier sistema de ideas, de manera que no hay nada más ideológico que pretender no tener una ideología.

Ortodoxia
Literalmente es la doctrina correcta. Se refiere al sistema de dogmas establecido como el verdadero y acerca del cual se demanda aceptación pública. Ésta tiene lugar en el bautismo de adultos en ciertas tradiciones; y en otras, mediante la confirmación, o sea la recuperación del sí personal, una vez empeñado por los padres en el bautismo infantil. Lo contrario es la herejía, que significa "escoger", como si la "sana doctrina" fuera una imposición.

Ortopraxis
Etimológicamente es la praxis correcta. Praxis es la práctica iluminada por la teoría. Del creer lo correcto hay que dar el salto al hacer lo correcto.

Mayéutica
Sócrates era de la idea de que el alumno no era un *a-lumnis,* es decir alguien sin-luz. Consecuentemente, él se consideraba como una "comadrona" que facilitaba el nacimiento del conocimiento y eso se conoce como la mayéutica. Curiosamente en la Inglaterra del siglo XVII, *gossip* era el nombre de la partera que asistía en el parto, el cual estaba vedado para los hombres, y que tenía que dar fe de ello en el registro civil. La asociación entre gossip, chisme, bochinche o comadrear vino después. La buena comadrona es anónima, como la buena maestra o maestro cuya misión es la de enseñar a pensar.

Ontología
Doctrina del ser. Según Aristóteles hay distintos niveles del ser, unos más densos que otros. Así tenemos la doctrina de la gran cadena del ser que predica su jerarquización: Dios, ángeles, humanos, animales, vegetales, minerales. Carlos Darwin nos enseña lo contrario. Hoy sabemos que nuestras vísceras son "entrañablemente" semejantes a las del chancho o cerdo. En otro sentido, el capitalismo es ontológicamente indiferente, porque reduce a todo ser a pura mercancía.

Paradigma
En el sentido amplio, es el conjunto de valores, intereses, inquietudes y visión de la vida compartidos por determinado grupo social, o por ciertas épocas históricas. Las teologías tercermundistas han cambiado de paradigma al colocar en el centro de la reflexión teológica y de la pastoral al pobre y sus muchos rostros, con ello poniéndolo todo patas arriba.

Peripatético
Del griego *peripato*, o caminante. Accidentalmente hace una década se descubrieron las ruinas del Liceo (o Apolo) de Aristóteles, donde se celebraban banquetes o simposios mensuales. Aristóteles enseñaba mientras caminaba por su jardín botánico en Atenas, y por eso su escuela se llama "peripatética". Su obra sobrevivió gracias a los árabes.

Rix-dollar
(*Rigsbank Rigsdaler*) era la unidad monetaria corriente en Dinamarca hasta 1875. El *Daler* equivalía a $5 dólares en 1973.

Bibliografía

De la autoría de Kierkegaard

AN *Armed Neutrality: and An Open Letter.* Introducción y traducción por Howard y Edna Hong. Comentado por Gregor Malantschuk. New York: Simon and Schuster, 1969. *Den bevæbnede Neutralitet, 1848-49,* publicado en 1965; *"Foranledigt ved en Yttring af Dr. Rudelbach mig betræffende."* Fædrelandet 26 (31 de enero, 1851).

AUC *Kierkegaard's Attack upon "Christendom 1854-1855.* Introducción, notas y traducción del danés por Walter Lowrie. Princeton: Princeton Univ. Press, 1991. 10a reimpresión. S. Kierkegaard. *Bladartikler* I-XXI, *Fædrelandet,* 1854-55; S. Kierkegaard. *Dette skal siges, saa være det da sagt,* 1855; S. Kierkegaard. *Øieblikket.* 1-9 (1855); 10 (1905); S. Kierkegaard. *Hvad Christus dømmer om officiel Christendom,* 1855.

AUCb *The Moment and Late Writings.* Introducción, notas y traducción del danés por Howard V. Hong and Edna H. Hong. Princeton, NJ: Princeton University Press, 1998.

BA *Book on Adler.* Introducción, notas y traducción del danés por Howard y Edna Hong. New Jersey: Princeton University Press, 1994.

CD *Christian Discourses; and The Lilies of the Field and the Birds of the Air; and Three Discourses at the Communion on Fridays.* Traducción del danés por Walter Lowrie. London and New York: Oxford University Press, 1952, segunda reimpresión. S. Kierkegaard. Christelige Taler, 1848; S. Kierkegaard. Lilien paa Marken og Fuglen under Himlen, 1849; S. Kierkegaard. Tre Taler ved Altergangen om Fredagen, 1849.

CN *Cartas del noviazgo.* Traducción del francés, Carlos Correa. Buenos Aires: Siglo XX, 1979.

CUP *Concluding Unscientific Postscript.* Traducción del danés por David F. Swenson y Walter Lowrie. Princeton: Princeton University Press, 1974, 3a reimpresión. S. Kierkegaard, *Afsluttende uvidenskabelig Efterskrift.* ed. Johaness Climacus, 1846.

D *Diapsálmata.* Traducción del danés por Javier Armada. Buenos Aires: Argentina, 1977.

DI   *Diario íntimo.* Traductora María Angélica Bosco de la versión italiana de Cornelio Fabro. Buenos Aires: Santiago Rueda, 1955.

DS   *Diario de un seductor.* Traductor León Ignacio. Barcelona: Ediciones 29, 1973.

ED   *Edifying Discourses I-IV.* Traducción del danés por David F. Swenson y Lillian Marvin Swenson. Minneapolis: Augsburg Publishing House, 1943-46. *Opbyggelige Taler,* by S. Kierkegaard, 1843, 1844.

EK   *Encounters with Kierkegaard: A Life as Seen by His Contemporaries.* Compilados, editados y comentados por Bruce H. Kirmmse. Nueva Jersey: Princeton University Press, 1996.

EO   *Either/Or I, II.* Introducción, notas y traducción del danés por Howard V. Hong y Edna H. Hong. Princeton: Princeton University Press, 1987, 1990. *Enten-Eller I-II, ed. Victor Eremita, 1843.*

EOb   *Either Or.* Traductor George L. Stengren, edición abreviada. EUA: Harper & Row, 1986.

EUD   *Eighteen Upbuilding Discourses.* Introducción, notas y traducción por Howard y Edna Hong. New Jersey: Princeton University Press, 1990. S. Kierkegaard. *Atten opbyggelige taler, 1845.*

FSE   *For Self-Examination; and Judge for Yourself.* Introducción, notas y traducción del danés por Howard y Edna Hong. Princeton: Princeton University Press, 1990. S. Kierkegaard. *Til Selfprøvelse, 1851. and S. Kierkegaard. Doomer Self, 1852.*

FT   *Fear and Trembling & Repetition.* Introducción, notas y traducción por Howard y Edna Hong. Princeton: Princeton University Press, 1987. *Frygt og Bæven,* por Johannes de Silentio, 1843.

I   *El Instante.* Traducción del danés por Andrés Roberto Albertsen, Madrid: Trotta, 2006.

JSK   *The Journals of Søren Kierkegaard.* Selección y traducción por Alexander Dru. Londres: Oxford University Press, 1938.

JP   *Søren Kierkegaard's Journals and Papers.* Notas, traducción y edición por Howard V. Hong y Edna H. Hong, auxiliado por Gregor Malantschuk. Índices preparados por Nathaniel J. Hong y Charles M. Barker. 7 vols. Bloomington and London: Indiana University Press, 1967-78.

LD   *Letters and Documents. Breve og Aktstykker vedrørende Søren Kierkegaard. Letters and Documents Concerning Søren Kierkegaard.* ed. Niels Thulstrup, 2 vols. Copenhagen: Munksgaard, 1953-54. Introducción, notas y traducción por Henry Rosenmeier. Nueva Jersey: Princeton University Press, 1978.

MLW   *The Moment and Late Writings.* Traducción, introducción y notas por Howard V. Hong y Edna H. Hong. Nueva Jersey: Princeton, 1998.

OP   *Obras y papeles de SK, tomo I, Ejercitación del cristianismo.* Traducción del danés, introducción y notas por Demetrio G. Rivero. Madrid: Guadarrama, 1961.

P   *Prefaces.* Introducción, notas y traducción del danés por Howard y Edna Hong. Nueva Jersey: Princeton University Press, 1991.

Pap.   *Søren Kierkegaards Papirer (Diarios y Apuntes de Søren Kierkegaard).* eds. P. A. Heiberg, V. Kuhr, and E. Torsting. 16 vols. in 25 tomes. Segunda

Bibliografía

	edición aumentada, ed. N. Thulstrup. Index by N. J. Cappelørn. Copenhagen: Gyldendal, 1968-78.
PA	*The Present Age and the Difference between a Genius and an Apostle.* Nueva York: Harper and Row, 1962.
PC	*Practice in Christianity.* Introducción, notas y traducción del danés por Howard and Edna Hong. Princeton: Princeton University Press, 1991. S. Kierkegaard. *Indøvelsen i Christendom.* Editado por Anti-Climacus, 1859.
PCb	*La pureza de corazón es querer una sola cosa.* Introducción, notas y traducción del inglés por Luis Ferré. Buenos Aires: La Aurora, 1979.
PK	*Parables of Kierkegaard.* Thomas C. Oden, ed. Nueva Jersey: Princeton University Press, 1978.
PV	*The Point of View of my Work as an Author: A Report to History, and Related Writings.* Traducción del danés por Walter Lowrie. Nueva York: Harper and Brothers, 1962. S. Kierkegaard *Synspunktet for min Forfatter-Virksomhed.* 1848, publicada en 1859; S. Kierkegaard. *Om min Forfatter-Virksomhed,* 1851.
PVb	*Mi punto de vista.* Traducción del danés por José Miguel Velloso. Buenos Aires: Aguilar, 1980.
SLW	*Stages on Life's Way.* Introducción, notas y traducción del danés por Howard y Edna Hong. New Jersey: Princeton University Press, 1988.
SUD	*The Sickness unto Death.* Traducción del danés por Howard V. Hong y Edna H. Hong. Princeton: Princeton University Press, 1980. S. Kierkegaard. *Sygdommen tilDoden,* 1849.
TA	*Two Ages: The Age of Revolution and The Present Age, A Literary Review.* Introducción, notas y traducción del danés por Howard y Edna Hong. New Jersey: Princeton University Press, 1978. S. Kierkegaard. En literair Anmeldelse, To Tidsaldre, 1846.
TC	*Training in Christianity.* Introduccción, notas y traducción del danés por Walter Lowrie. Princeton: Princeton University Press, 1972. 3a reimpresión.
TT	*Temor y temblor.* Traducción, introducción y notas por Vicente Simón Merchán. Madrid: Nacional, 1975.
UDVS	*Upbuilding Discourses in Various Spirits.* Introducción, notas y traducción del danés por Howard and Edna Hong. Nueva Jersey: Princeton University Press, 1993. S. Kierkegaard. *Opbyggelige Taler i forskjellig Aand,* 1847.
WI	*Written Images: Søren Kierkegaard's Journals, Notebooks, Booklets, Sheets, Scraps, and Slips of Paper.* Traducción por Bruce H. Kiermmse. Nueva Jersey: Princeton and Oxford, 1997.
WL	*Works of Love: Some Christian Reflections in the Form of Discourses.* Traducción del danés por Howard y Edna Hong, prefacio por R. Gregor Smith. Nueva York: Harper and Row, 1962. S. Kierkegaard. *Kferlighedens Gjerninger,* 1847.

General

Adorno, Teodoro W. *Kierkegaard; Ensayo.* Venezuela: Monte Ávila, 1966.
Andic, Martin. "Simone Weil and Kierkegaard," *Modern Theology* 2, 1 (October 1985).

Baa, Enid M. "The brandenburges at St. Thomas," ensayo leído en la 10a. Conferencia Anual de la Association of Caribbean Historians, St. Thomas, 1978.
Bjerg, Svend. "Kierkegaard's Story Telling," en *Studia Theologica*. Tr. David Stoner Vol. 45, (1991).
Bonhoeffer, Dietrich. Ethics. ed. Eberhard Bethge, tr. Neville Horton Smith. Nueva York: Macmilan, 1967.
Brandt, Frithiof - Else Rammel. *Søren Kierkegaard og Pengene (Søren Kierkegaard y el dinero)*. Copenhage: Levin and Munksgaard, 1935.
Brazill, William J. *The Young Hegelians*. New Haven: Yale University Press, 1970.
Bukdahl, Jørgen. *Søren Kierkegaard og den menige Mand (Søren Kierkegaard y la gente del pueblo)*. Copenhage: Gyldendal Uglebøger, 1970.
Busto, Rudy V. *King Tiger, the Religious Vision of Reies López Tijerina*. Alburquerque: University of New Mexico Press, 2005.
Bykhovskii, Bernard. *Kierkegaard*. Amsterdam: B. R. Grüner B. V., 1979.
Cain, David. *An Evocation of Kierkegaard*. Copenhage: C. A. Reitzel, 1997.
Casalis, Georges. *Las buenas ideas no caen del cielo; elementos de "teología inductiva"*. San José, CA: Editorial Universitaria Centro Americana,1979.
Connel, George B - C. Stephen Evans, eds. *Foundations of Kierkegaard's Vision of Community: Religion, Ethics, and Politics in Kierkegaard*. Nueva Jersey, London: Humanities Press, 1992.
Deer, Noel. *The History of Sugar II Vol*. Londres: Chapman and Hall, 1950.
Dookhan, Isaac. *A History of the Virgin Islands of the United States*. Epping Essex, United Kingdom: Caribbean University Press-Bowker Publishing House, 1974.
Dussel, Enrique D. *Método para una filosofía de la liberación: Superación analéctica de la dialéctica hegeliana*. Salamanca: Sígueme, 1974.
Curtin, Philip D. *The Atlantic Slave Trade: A Census*. Madison, WI: The University of Wisconsin Press, 1969.
Evans, Stephens. *Passionate Reason; Making Sense of Kierkegaard's Philosophical Fragments*. Indianapolis: Indiana University Press, 1992.
Feldbaek, Ole. "The Organization and Structure of the Danish East India, West India and Guinea Companies in the 17th and 18th Centuries." en *Companies and Trade; Essays on Overseas Trading Companies during the Ancient Reegime*. Leonard Blussé and Femme Gastraa eds. The Hague, The Netherlands: Leiden University Press, 1981.
Fletcher, David Bruce. *Social and Political Perspectives in the Thought of Søren Kierkegaard*. Washington, D.C.: University Press of America, Inc., 1982.
Forrester, Duncan B. "The Attack on Christendom in Marx and Kierkegaard." en *Scottish Journal of Theology* XXV, 1972.
Fromm, Erich. *Del tener al ser*. Buenos Aires: Paidós Ibérica, 1991.
Galbraith, John Kenneth. *A Era da Incerteza*. São Paulo: Pionera, 1982.
Gardiner, Patrick. *Kierkegaard*. Oxford – Nueva York: Oxford University Press, 1996.
Garff, Joaquim. *Soren Kierkegaard; A Biography*. Princeton, NJ: Princeton University Press and Oxford, 2005.
Girard, René. *La violencia de lo sagrado*. Barcelona: Anagrama, 1998.
González Faus, José Ignacio. *Migajas cristianas*. Madrid: PPC, 2000, 135.

Bibliografía

González, Justo L. *A History of Christian Thought: From the Protestant Reformation to the Twentieth Century Vol. III.* Nashville, TN: Abingdon Press, 1990.

——. Mañana: *Christian Theology from a Hispanic Perspective.* Nashville, TN: Abingdon, 1990.

Green-Pedersen, Svend E. "The Economic Consideration behind the Danish Abolition of the Negro Slave Trade." en *The Uncommon Market: Essays in the Economic History of the Atlantic Slave Trade.* Henry A. Gemery - Jan S. Hogendorn eds. Nueva York: Academic Press, 1979.

Hall, Neville A. T. *Slave Society in the Danish West Indies, St. Thomas, St. John, and St. Croix.* ed. B.W. Higman prólogo por Kamau Brathwaite. Mona, Jamaica: The University of the West Indies Press, 1992.

Hannay, Alastair. *Kierkegaard: A Biography.* Cambridge: Cambridge University Press, 2003.

Hannay, Alastair – Gordon Marino. *The Cambridge Companion to Kierkegaard.* Nueva York: Cambridge, 1998.

Hegel, George Wilhelm Friedrich. *Lectures on the Philosophy of Religion Vol. II Determinate Religion.* Peter C. Hodgson ed., Berkeley, CA: University of California Press, 1987.

——.*Lectures on the Philosophy of World History.* Cambridge: Cambridge University Press, 1975.

Heiss, Robert. Hegel, *Kierkegaard, and Marx: Three Great Philosophers whose Ideas Changed the Course of Civilization.* tr. E. B. Garside Boston, MA: Seymour Lawrence. Nueva York: Dell Publishing House, 1975.

Hernæs, Per O. "The Danish Slave Trade from West Africa and Afro-Danish Relations on the 18th Century Gold Coast," Roskilde, University of Trondheim, College of Arts and Sciences. Ph.D. Diss. 1992.

Hansen, Knud. *Revolutionær Samvittighed. Essays og Taler om Søren Kierkegaard og Karl Marx. Revolutionary Conscience: Essays and Addresses on Søren Kierkegaard and Karl Marx.* Copenhage: Gyldendal Uglebøger, 1965.

Hobsbawn, Eric J. *The Pelican Economic History of Britain vol. 3 From 1750 to the Present Day Industry and Empire.* Middlesex, England: Penguin Books, 1969.

Isherwood, Lisa. *The Fat Jesus, Christianity and Body Image.* Nueva York: Seabury Books, 2008,

Jegstrup, Elsebet, "Kierkegaard on Citizenship and Character: A Philosophy of Political Consciousness." Ph.D. dissertation, Loyola University of Chicago, 1991.

King, Martin Luther. *A Testament of Hope: The Essential Writings of Martin Luther King Jr.* ed. James Melvin Washington. San Francisco: Harper and Row, 1986.

Kirmmse, Bruce H. "A Rose with Thorns: H C Andersen's Relation to Kierkegaard," *International Kierkegaard Commentary: Early Polemical Writings.* ed. Robert E. Perkins. Macon, GA: Mercer University Press, 1999.

——."Call me Ishmael –Call Everybody Ishmael: Kierkegaard on the Coming-of-Age Crisis of Modern Times." en *Foundations of Kierkegaard´s Vision of Community: Religion, Ethics, and Politics in Kierkegaard.* George B. Connell y C. Stephen Evans eds. Nueva Jersey: Humanities Press, 1992.

——.*Kierkegaard in Golden Age Denmark.* Bloomington - Indianapolis: Indiana University Press, 1990.

——."Psychology and Society: The Social Falsification of the Self in The Sickness unto Death." en *Kierkegaard's Truth: The Disclosure of the Self*. Joseph Smith, ed. Psychiatry and the Humanities 5. New Haven: Yale University Press, 1981.

Khan, Abrahim. "Opposition within Affinity between Religion and Politics with Reference to Golden Age Denmark and Brazil." en *Religious Transformations as Socio-Political Change in Eastern Europe and Latin America*. ed. Luther Martin, 189-203. Berlin: Walter De Gruyter, 1993.

Khng, Hans - Walter Jens. *Literature and Religion: Pascal, Gryphius, Lessing, Holderling, Novalis, Kierkegaard, Dostoyevsky, Kafka*. Nueva York: Paragon, 1991.

LeBon, Gustav. *The Psychology of Peoples*. Nueva York: GE Stechert, 1912.

Lewisohn, Florence. *St. Croix under Seven Flags*. Hollywood, FL: The Dukane Press, 1970.

Lichtheim, Georg. *Marxism*. Londres: 1964.

Löwith, Karl. *From Hegel to Nietzsche*. Nueva York: Harcourt, Brace, 1964.

Lowrie, Walter. *Kierkegaard vol.I, II*. Massachussets: Peter Smith, 1970.

Soares Leal, María Leonor de Macedo. *A historia da gastronomía*. Rio de Janeiro: Senac, 2002.

Marcuse, Hebert. *Reason and Revolution: Hegel and the Rise of Social Theory*. Boston, MA: Beacon Press, 1960.

McKinnon, Alastair ed. *Kierkegaard: Resources and Results*. Waterloo, Ontario: Wilfred Laurier University Press, 1982.

Metz, Johaness Baptist. *The Emergent Church*. Nueva York: Crossroads, 1981.

Miranda, José Porfirio. *Being and the Messiah: The Message of St. John*. Maryknoll, NY: Orbis, 1977.

Moore, Stanley R. "Religion as the True Humanism: Reflections on Kierkegaard's Social Philosophy," en *Journal of the American Academy of Religion*. 37:1 (1969).

Moreno Fraginals, Manuel. *África en América Latina*. Manuel Moreno Fraginals, relator, México, D.F.: Siglo XXI, 1977.

——.*La historia como arma y otros estudios sobre esclavos, ingenios y plantaciones*. Barcelona: Crítica, 1983.

Mullen, John Douglas. *Kierkegaard's Philosophy: Self-Deception and Cowardice in the Present Age*. Nueva York: New American Library, Mentor paper back, 1981.

Mynster, J.P. *Biskop over Siellands Stift, kongelig Confessionarius, Storkors af Dannebrogen en og Dannebrogsmand*. Kiøbenhavn: Gyldendalske Boghandlings Forlag, 1845.

Niebuhr, H. Richard. *Christ and Culture*. Nueva York: Harper Torchbooks, 1951.

——. *The Social Sources of Denominationalism*. Conneticcut: Yale University Press, 1954.

Nietzsche, Frederick. *Ecce homo*. Madrid: Alianza Editorial, 1985.

Nordentoft, Kresten. *Hvad Siger Brand-Majoren*. Tr. Bruce Kirmmse. Pittsburgh: Duquesne University Press, 1978.

——. *Kierkegaard's Psychology*. tr. Bruce Kirmmse. Pittsburg: Duquesne University Press, 1978.

Oldendorp, C. G. *A History of the Mission of the Evangelical Brethren on the Caribbean Islands on St. Thomas, St. Croix, and St. John*. 1974. ed. Arnold R. Highfield - Vladimir Barac. (edición alemana, 1777).

Bibliografía

Paiewonsky, Isidor. *Eyewitness Accounts of Slavery in the Danish West Indies: also Graphic Tales of Other Slave Happenings on Ships and Plantations.* Nueva York: Fordham University Press, 1989.

Pelikan, Jaroslav. *Fools for Christ: Essays on the True, the Good, and the Beautiful. Impressions of Kierkegaard, Paul, Dostoyevsky, Luther, Nietzsche, Bach.* Filadelfia, PA: Muhlenberg, 1955.

Perkins, Robert L. ed. *The Corsair Affair. International Kierkegaard Commentary. Vol. 13.* Macon, Georgia: Mercer University Press, 1990.

———. *Two Ages; the Present age and the Age of Revolution, a Literary Review vol. 14.* Macon, GA: Mercer University Press, 1984.

Plekon, Michael Paul. "Blessing and the Cross: The Late Kierkegaard's Christological Dialectic." *Academy Lutheran in Professions 39, 1 (1983): 25-50.*

———. "Introducing Christianity into Christendom: Reinterpreting the Late Kierkegaard." *Anglican Theological Review* 64 (1982): 327-352.

———. "Kierkegaard and the Eucharist." SL 22 (1992).

———. "Kierkegaard's Last Sermon." TMs (Type Written Manuscript Unsigned), (fotocopia).

———."Prophetic Criticism, Incarnational Optimism: On Recovering the Late Kierkegaard." *Religion* 13 (1983).

———."Protest and affirmation: The Late Kierkegaard on Christ, the Church and Society," *Quarterly Review* vol. 2, No.3 (Fall, 1982)

———."Towards Apocalypse: Kierkegaard's Two Ages in Golden Age Denmark." *en Two Ages: International Kierkegaard Commentary. Vol. 14,* ed. Robert L. Perkins, 19-52. Macon, Georgia: Mercer University Press, 1984.

Rigotti, Francesca. *Filosofía en la cocina; pequeña crítica de la razón culinaria.* Barcelona: Herder, 2001.

Sartre, Jean Paul et al. *Kierkegaard vivo.* Madrid: Alianza Editorial, 1980.

Schoeck, Helmut. *Envy: A Theory of Social Behaviour.* Tr. Michael Glenny - Betty Ross Harcourt. Nueva York: Brace and World, 1969.

Seidel, George. "Monasticism as a Ploy in Kierkegaard's Theology," *The American Benedictine Review* 20 (1969).

Sobrino, Jon. *Christology at the Crossroads: A Latin American Approach.* Maryknoll, NY: Orbis, 1980.

———.*Resurrección de la verdadera iglesia: los pobres, lugar teológico de la eclesiología.* Santander: Sal Terrae, 1981.

Stepelevich, Lawrence S. ed. e int. *The Young Hegelians: An Antology.* Cambridge: Cambridge University Press, 1983.

Sung, Jung Mo. *Deseo, mercado y religión.* Santander, España: Editorial Sal Terrae, 1999.

Thulstrup, Niels. *Kierkegaard's Relation to Hegel.* tr. George L. Stengren. Princeton, NJ: Princeton University Press, 1980, 380.

Toews, John Edward. *Hegelianism: The Path Towards Dialectical Humanism 1805-1841.* Nueva York: Cambridge University Press, 1980.

Valls, Álvaro L. M. "Amar o Belo Amar o Feio Amar o Pobre" en *Estudos Teológicos,* 34 (2): 1994.

Watkin, Julia. *Kierkegaard.* Londres & Nueva York: Continuum, 1997.

Westergaard, Waldemar. *The Danish West Indies: Under Company Rule (1671-1754)*. Nueva York: Mcmillan, 1917.

Westphal, Merold. *Kierkegaard's Critique of Reason and Society*. Macon, Georgia: Mercer University Press, 1987.

——. "Levinas, Kierkegaard, and the theological task," *Modern Theology* 8,3 (Julio 1992).

Willis, Louise. *The Trade Between North America and the Danish West Indies, 1756-1807 with Reference to St. Croix*. Ph.D. diss. Columbia University, 1963, inédita.

Williams, Erick Eustace. *Capitalism and Slavery*. Londres: Andre Deutsch, 1964.

——. *From Columbus to Castro: The History of the Caribbean 1492-1969*. Nueva York: Vintage Books, 1984.

www.ingramcontent.com/pod-product-compliance
Lightning Source LLC
Chambersburg PA
CBHW070536170426
43200CB00011B/2438